导游业务一本通

导游入职一本通

周晓梅 主编

旅游教育出版社

·北 京·

策划编辑：丁海秀
责任编辑：张　毅

图书在版编目(CIP)数据

导游入职一本通/周晓梅主编. -北京：旅游教育出版社，2009.5
(导游业务一本通)
ISBN 978-7-5637-1834-4

Ⅰ.导…　Ⅱ.周…　Ⅲ.导游-基本知识　Ⅳ.F590.63

中国版本图书馆 CIP 数据核字(2009)第 065838 号

导游业务一本通
导游入职一本通
周晓梅　主　编

出版单位	旅游教育出版社
地　　址	北京市朝阳区定福庄南里 1 号
邮　　编	100024
发行电话	(010)65778403 65728372 65767462(传真)
本社网址	www.tepcb.com
E-mail	tepfx@163.com
印刷单位	河北省三河市灵山红旗印刷厂
装订单位	河北省三河市金星装订厂
经销单位	新华书店
开　　本	850×1168　1/32
印　　张	12.375
字　　数	245 千字
版　　次	2009 年 7 月第 1 版
印　　次	2009 年 7 月第 1 次印刷
印　　数	1-8000 册
定　　价	24.00 元

(图书如有装订差错请与发行部联系)

出版说明

近年来，随着旅游业的发展，导游队伍日益壮大。新入职的导游需要权威读本熟知业务情况，已带团的导游需要继续提高服务技能技巧，以满足旅游者的要求。为此，我们出版社联合中国旅行社协会以及业内著名导游，围绕导游技能技巧，共同编写了这套“导游业务一本通”丛书，以满足导游图书市场的需求。

本丛书是一套内容实用、知识丰富、编排灵活的导游业务知识读本。丛书一共五本，包括《导游入职一本通》《导游应急处理一本通》《导游促销艺术一本通》《导游语言艺术一本通》《导游带团技能一本通》，主要介绍了导游业务所需要的各项专门知识。综合来看，本丛书主要具有以下鲜明特色：

第一，作者权威。本丛书作者或为地方旅游局负责导游员培训的专家，或为旅游院校相关知识教学的教师，均拥有丰富的一线实践经验和扎实的知识功底，保证了丛书内容的准确性。

第二，知识实用。本丛书不仅专题知识丰富，而且真正按照导游的实际需求编写；另外，书中还配有大量的案例，为导游提供了模拟训练、领略实战的情景。

第三，编排灵活。本丛书按专题的方式组织编写，对相关内容采取要点性的介绍，读者可以按需索骥、随用随查，十分方便。

本丛书既是初、中级导游员，也包括一些潜在导游员的业务知识读本,又是各旅游行政机构组织培训的教材用书。

本丛书若有不足之处,敬请广大读者批评指正。

旅游教育出版社

目录

前言

导游这个职业，受到许多年轻人的追捧。我有不少学生已在从事这个职业，他们中的不少人在读大学期间就曾兼职从事导游工作。作为新导游员，他们有工作热情，但却缺乏带团经验，更不知道从何处着手带团。《导游入职一本通》的编者们通过深入调查研究，与学生交谈，了解到他们的意愿及其迫切需要解决的问题，并有针对性地收集了大量的相关资料。

本书分为导读摘要、专题讲座、经典案例和实战演练四大部分，其中“专题讲座”和“经典案例”这两大部分最具特色，改变了以往此类图书理论性较强而可操作性不足的缺点，针对新导游员带团可能遇到的问题进行专题策划和编写，希望能为新导游员解惑，成为他们的朋友！

由于编写时间仓促、编写水平所限，书中难免有疏漏和错误，敬请读者批评指正。

参加本书编写的人员主要是武汉职业技术学院旅游与航空服务学院的一些老师们。其中周晓梅老师负责编写第二、第三、第六、第八单元和书中所有的“经典案例”，冯芳老师负责编写第一单元，刘丽莉老师负责编写第四、第九、第十单元，焦巧老师负责编写第五、第七单元，周晓梅老师负责全书统稿。

在这里，要特别感谢旅游教育出版社给我们这次编写、合作的机会，同时，还要感谢许多旅行社同仁的帮助和家人的支持，尤其是我的儿子——封帆为我做了一些案头工作。

总之，我们等待读者的关爱和评说。

周晓梅

2009年端午节

第一单元

准 备 篇

【导读摘要】

掌握地陪、全陪和领队准备工作的重要性。

熟悉地陪、全陪和领队准备工作的内容。

能根据客观情况的变化灵活调整接待程序。

【专题讲座】

导游员的工作开始于接受旅行社的委派，拿到旅游接待计划书之后。在此期间，认真做好接团前的各项准备工作，是导游员接团成功的基础，良好的开端是成功的一半。接团前，导游员应该做好熟悉接待计划、落实各项工作、做好心理准备等。做好准备工作，是地陪和全陪导游员为游客提供良好服务的重要前提。

地陪工作可谓千头万绪，考虑不周就可能出错。因此，地陪的准备工作应细致、周密、事必躬亲。全陪带领旅游团进行全旅程的活动，途经若干省、市，一般要在 20 天左右，加上旅途中许多不可预测的因素，这就决定了全陪服务的复杂性。细致周密的准备工作是全陪完成接待工作的基础，也是全陪服务的重要环节之一。

因此，凡事预则立，充足的准备是导游人员顺利完成工作任务的关键。带团的准备可以从物品准备、职业准备及业务准备几个方面去落实。

一、物品准备

物品准备，是接待工作的重要环节，也是保证接待过程顺畅完成的物质基础。良好的准备是地陪和全陪人员圆满实施接待计划的关键。在进行准备工作的过程中，可从以下几个方面着手：

（一）出团前应该准备哪些个人用品

1. 带团所需证件和物品

（1）表明职业身份的物品——导游证。导游证是导游人员从业行为能力的证明文件，是表明导游人员身份的外在标志。它是国家准许从事导游工作的证件。根据《导游人员管理条例》的规定：在中华人民共和国境内从事导游活动，必须取得导游证。文学院旅游管理专业的同学可以考取导游证，其余有业余爱好的同学也可以报考。

导游证可分为正式导游证和临时导游证两种。正式导游证，亦即导游证，是指参加导游人员资格考试并合格，取得“导游人员资格证书”的人员与旅行社订立劳动合同或者在导游服务公司登记，由省、自治区、直辖市人民政府旅游行政部门颁发的导游证。持有正式导游证的人员，可以是专职的导游人员，也可以是兼职的导游人员。临时导游证，是具有特定语种语言能力的人员，虽未取得“导游人员资格证书”，但因旅行社需要聘请其临时从事导游活动，由旅行社向省、自治区、直辖市人民政府旅游行政部门申请领取的导游证。

导游证的有效期限为 3 年，临时导游证的有效期限最长不得超过 3 个月；此外，导游证有效期满后，可以申请办理换发导游证手续，而临时导游证有效期限届满后，不得延期，如需继续聘请，则必须由旅行社重新向旅游行政部门申请领取。

（2）具有提示作用的物品——接站牌、导游旗、旅游车标志、扩音器。

• 导游员应将表明自己工作身份的胸牌或胸卡（如，导游证或领队证），按有关规定佩戴在上衣胸前指定位置。

• 带团时，导游员应自觉携带旅行社社旗，行进中，左手持旗，举过头顶，保持正直，以便队尾的团友及时跟进。将社旗拖于地面或扛于肩头都是不合乎规范的做法。

• 手持话筒讲解时，话筒不应离嘴过近，也不要遮住口部。

• 团队离开活动场所之前，应及时提醒游客注意安全，随身携带好自己的贵重物品。

(3)业务相关用品。接待计划、票据和表格、宣传资料、导游图、记事本、为客人准备的一些小奖品。还需准备适量现金，根据该团在旅途中的需要而定(如，乘火车时间较长需在车上用餐，所需餐费要提前准备好)。

2. 应急用品

为避免突发情况的发生，导游员必须随身携带如下相关物品(不包括导游证、行程计划、签单、意见单、导游旗)。

• 手机。餐厅等需要导游员自行预订，随着环境保护的深入，停车场也被划到了离景点很远的地方，和司机随时保持联系非常必要；另外，导游员还须提前与餐厅、商店等相关单位联系以确定团队何时到达并避开客流高峰期。同时还须随时与旅行社、司机和游客保持联系，所以导游员上团时手机是必须携带的必要通信工具。

• 小包。导游员要随身携带小包，以便于装入包括行程计划、名片、通讯录等物品。小包必须要实用而轻便。

• 通讯录。作为导游员，联系面之广包括多个旅行社、餐厅、商店、旅游景点、酒店、司机、游客，电话数目惊人。通讯录的存储量大，还可以记录地址、邮箱等其他信息。另外，通讯录丢失的几率要比手机小得多，所以它也是手机存储电话的良好备份。

• 扩音器。为方便集中游客，也为保护导游员的嗓子，扩音器为最好的辅助物品。

• 名片夹。可以保存包括自己、商家及游客的名片。

• 笔。笔随时都可能有用，如果游客没有，你也没有的时候就很麻烦了。

• 电池。手机的电池及扩音器、剃须刀的电池。当然，需要的话，还可带上充电器。

• 打火机。无论你自己是否吸烟，在中国当有人要吸烟时你拿打火机去帮着点燃，会被视为非常有眼力见儿的行为。

• 常用药品。旅游途中因地域、气候、环境、意外等因素，常常会给人带来许多的不适，所以出门前应准备一些药品，以作备用。常用药品如下：速效伤风胶囊、复方阿司匹林、晕海宁、复方甘草片、黄连素片、食母生、大黄苏打片、阿托品片、银翘解毒丸、桑菊感冒片、牛黄上清丸、十滴水、藿香正气水、仁丹、清凉油、伤湿止痛膏、氯霉素眼药水、绷带、胶布、风油精等。

除此之外，塑料袋、针线包、小刀、温度计等也是必备之物。

3. 个人用品

食品和水、合适的工作包。

出团前导游要带的款项、导游旗、帽子（包）、喇叭、车号牌等都是必备的物品，另外，自己在出发的前一天也要准备好个人物品：盥洗用品、换洗衣物、护肤品、水杯、纸巾、雨伞等；应特别注意，防晒霜是夏季必备的护肤用品，同时也是户外带团中必不可少的一件小装备。一般而言，夏季的户外运动，都是在早上出发，等到达目的地的时候基本已经接近中午，这个时候是一天中气温最高，紫外线最强的时候，皮肤长时间暴露在烈日下，会造成1～2度的灼伤，并会发生中暑现象。另外，紫外线还可以透过皮肤、骨骼，辐射到脑膜、视网膜，使大脑和眼球受到损伤。

因此，涂抹防晒霜成为夏季进行户外运动前必须要做的一项准备工作。另外，为了避免紫外线灼伤身体，太阳帽、太阳镜等防晒用品，仁丹、藿香正气水、清凉油等防暑药品是必可不少的。

东西要齐备，但记住，还须“轻装上阵”，准备双肩包或轻便的包盛放这些东西，同时还应准备一个小的斜挎包或腰包，可以放手机、通讯录、计划书、团款等。

（二）上团前，客人想知道什么

游客初到一地，兴奋激动，但由于人生地不熟、语言不通、环境不同，因而会产生茫然和不安全感。这个阶段，游客求安全的心态表现得非常突出，甚至上升为他们的主要需求。同时，游客这时的注意力和兴趣，从日常生活转移到旅游目的地，对什么都感到新奇，什么都想看、都想问、都想知道，一些当地人司空见惯的平常事，在游客眼里可能是一件新鲜事。这时导游人员应多组织些轻松愉快的参观游览活动，对游客提出的在导游人员看来似乎是幼稚可笑的问题，也应该认真回答，以满足游客求新、求异的心理需求。

游客在出游前对于陌生的环境和人群，总会存在疑问和焦虑，这是正常的心理反应。一般而言，他们所需要了解的情况正是导游工作的出发点和重心。所谓“知己知彼，百战不殆”就是要求导游员及时把握好游客的心理动态，用周到热情的服务打消他们的种种顾虑，为他们的开心之旅营造新的气息。

出发前，客人想知道的内容主要包括：

（1）急于认识和了解导游员，明确导游员是否能够胜任本次的带团工作，使他们得到优质周到的服务。

（2）在接站准备中，旅行社的计划行程是否安排得当？具体计划的执行及完成情况会如何？

（3）在机场或火车站接团中，接待事宜如何完成？

（4）入住酒店问题。客人急于了解所住酒店资源、基本设施是否完善？办理入住手续及特殊情况的处理能否及时给予解答？

（5）旅游行程计划的商定。旅行社的行程计划安排，在执行过程中能否做好个别要求的处理及组团社与地接社计划差异的处理？

(6)在参观游览过程中，导游员会如何带领游客完成旅游景点的参观，以及旅游产品的设计、主要景点的参观和讲解质量如何？

(7)在其他服务中，当地特色餐饮的服务、旅游定点商店的基本情况、特色旅游娱乐场所的分布，以及特色旅游产品的购买等，也是游客了解的重点。

(8)在送站服务中，民航铁路交通票证的确认，离店手续及沿途导游、协助登机等送别服务是否能周到顺利？

以上是对游客上团前心理疑问的归纳，仅代表游客的普遍心理。在实际带团过程中仍然会遇到很多棘手的问题。这就需要导游人员做好充分的心理准备及充足的知识和经验准备，以周到细心的服务，换得他们对导游员的信任和尊重。

二、职业准备

(一)新手上“路”，你准备好了着装吗

现代着装，在某种程度上可以代表一个人对社会和对生活所持的态度，反映一个国家的文明程度、个人的文化素养及性格爱好等。恰到好处的衣着打扮，不仅可以美化自身，也可取悦别人。很难想象一个不修边幅的导游员能给游客带来什么好心情。对于导游人员而言，他们的个人形象是一个国家形象的体现，也是了解一个国家的窗口。所以，世界各国旅游界都以极其美好的词句来形容导游人员。日本人称其为“无名大使”；英国伦敦旅游局称其为“伦敦大使”；美国人称翻译导游人员是“祖国的一面镜子”，由此可以看出，各国对导游人员的重视。

那么，导游员在工作中着装的原则是什么呢？应该穿符合自己性格，同时又符合工作需要的服装（就如同运动员要穿运动服，医生要穿白大褂一样）。首先，在迎、送客人或正式场合，导游员应当穿“工作服”或较为庄重的服装。这是由于场所环境的差异，需要与其相适应的服装语言来烘托。之所以不能穿毛衣、拖鞋、短裤、短裙之类的便装，就在于其所表达的“语言含义”，与环境场所的内在要求不相适应。

导游过程中的着装，一般可以因人而异，可以穿宽松而不随便、漂亮而不妖艳的服饰，除有关部门规定的着装事项以外，还应注意着装上要有一点“公司意识”，即着装并不单纯是为了适应工作的需要，同时也是在用服装语言宣传本社的人员素质。

有的导游员认为，着装应趋近于游客，才能使游客感到有“亲切感”。但应该提起注意的是，旅游者是娱乐，而我们是在工作，既然是工作，就应该着工作装，而不能是游客穿背心我们也穿背心，游客打扮得花枝招展，我们也来个“群芳争艳”。

目前，存在的一个问题，就是着装科学与社会道德的冲突。从社会道德上讲，人们习惯着质朴、庄重，倾向于暗色调的服装；从科学角度上说，导游员则应该着鲜艳醒目的亮色调服装。其原理和信号灯是一样的，红、绿、黄等色的波长要比其他色长，更适合引起旅游者的注意，起到“寻索”和“向导”的作用。

服饰美有四个方面的内容，即色彩美、款式美、文明美和个性美。

• 色彩美。要求简洁雅致、清新自然。任何的色彩组合和搭配都应该协调。由于色彩往往是服饰的灵魂，所以导游人员在服饰的色彩选择上要认真谨慎。

• 款式美。要求服饰符合自身的文化底蕴，款式体现的是特定民族、特定个体的文化。沈阳故宫博物院的导游员、巡查员全部改穿清代宫廷服饰上岗。一队队花枝招展的格格、一队队腰挎宝刀的黄马褂侍卫，给奥运会前的沈阳故宫增添了几分喜庆和热闹。沈阳故宫博物院群工部的工作人员告诉记者，沈阳是奥运会足球比赛的协办城市，沈阳故宫又是世界文化遗产，为了欢迎海内外游客而特地做此安排。年轻的女导游员一律改穿艳丽旗袍、旗头发冠、马蹄底鞋，亭亭玉立；男巡查员则顶戴花翎、衣着黄马褂，脚蹬黑朝靴，俨然一个个威武的“三品带刀侍卫”。

• 文明美。要求内在的道德品行要和外在的衣着打扮相一致，内在道德品行是外在衣着打扮的灵魂支撑。

• 个性美。要求体现与众不同的个性品格，富有个性化的服饰，装点出一道万紫千红、千姿百态的社会风景线。这将给来自异域他乡的旅游者一个良好的审美印象。

随着旅游事业的发展，导游员的统一着装问题也越来越受到人们的关注。导游人员统一着装能够向游客传达一种竭诚为其服务的信息，给人一种亲近之感，便于游客与其接近。另外，在旅游景区，特别是在客流量大的景区，游客容易出现走失或掉队现象。同时，一些自助型游客在游览过程中往往需要专业人员提供帮助，导游员统一着装，便于游客识别，可使游客迅速寻求帮助和服务。

一旦导游人员穿着统一服装，他们的感受和行为就会不一样，穿上统一服装，等于要进入一种角色，同时也要掩盖其他角色。导游人员的统一着装，能指导他们的行为，使之与组织的既定目标和标准相协调，也要与人们所寄予的导游角色定位（在一个社会单元中，人们对于占据特定位置的个体所期望的一套行为模式。在群体中，由于个体所处的位置而被期望承担的某种社会角色）相一致。

导游人员是旅游业的形象代言人，也是一个地区旅游形象建设的参与者与体现者。他们的着装应代表一个地区的传统文化、民俗民风、人文精神等特色。导游人员服务质量的好坏，不仅影响旅行社的声誉，而且也影响一个地区，甚至是一个国家旅游业的形象。导游员是旅游目的地形象的窗口，统一着装，有利于塑造和提升旅游目的地的旅游形象；有利于展现专业水平，树立导游职业形象；有利于加强导游员的职业形象教育，增强导游的职业荣誉感和组织纪律性；有利于规范导游人员的工作行为，体现导游人员的精神风貌，树立良好的职业风范，使导游人员得到社会的认同与监督。同时，统一着装是导游人员专业水平与质量的一种体现。导游统一着装，持证上岗，在一定程度上可以防止无证黑导游混入导游队伍，减少损害游客利益现象的发生，改善景区旅游环境和秩序，促进导游队伍的素质建设。

但是，在现实中穿着职业装的导游员实在是寥寥无几，究竟是什么原因呢？首先，可能是不穿职业装比较自由，穿上职业装会显得刻板、老套；其次，导游员担心职业装的质量，例如，担心职业装的面料是否合适，担心职业装的吸汗性、透气性是否良好等；再次，买职业装也需要一定的开销，并且不符合年轻人的个性。

其实，导游员穿职业装的优点是显而易见的，还是值得提倡的。

第一，导游员穿上职业装有利于游客的辨认和监督；第二，导游员穿上职业装，会给人以专业化的感觉，使游客放心旅游；第三，导游员穿上职业装，是旅行社企业文化的一种载体；第四，导游员穿上职业装，是导游职业道德的一种要求；第五，导游员穿职业装，是旅游业发展的一种客观要求。

综上所述，导游员穿职业装，无论是对游客还是对旅行社企业都是十分有利的，是值得提倡，也应该提倡的。我们既要坚持个性的张扬，也要有统一的职业要求和良好的精神风貌。仪容、仪表与仪态，虽表现的是导游人员的外部特征，然而却是其内在素质和精神风貌的体现。它与导游人员的思想品质修养和文明程度密切相关。

（二）春夏秋冬如何着装

时间对于导游人员着装的影响体现在多个方面。自然环境的变化，尤其是季节的交替，是服装款式和色彩更新、变化的主要动力。春夏，特别是春天，是万物复苏的季节，百花争艳，姹紫嫣红，给出游者及导游员带来新的气息和快乐。因此，春夏导游人员的着装，自然与秋冬季着装的格调完全不同，具有强烈的新鲜感，使人充满活力。所以，春夏两季的服装款式具有新颖、活跃、生机勃勃的特征，色彩明快、柔和，使人感到舒适，富于联想；当秋冬来临时，大自然的颜色也跟着变化，天空变得槿紫、灰暗，周围环境也都逐渐染上寒冬的色调。因此，秋冬季节的服装款式和色彩，常常表现为深沉、含蓄，给人温暖而又多彩的感觉。这种随季节变化的服装，可以帮助人们适应已经变化的气候，不仅能保障人们的身体健康，而且还能让出游者及导游员心情愉悦，更好地融入参观游览的环境中，尽情体验导游服务带来的快乐。

1. 春季

春季服装的造型要趋于简洁，经受了冬季服装的烦琐之后，简洁、清爽将大受欢迎。成套的服装应简便实用，由于气温变化，易于穿脱的多件套组合，更适宜于春季的活动特点。

在色彩方面，明快艳丽的颜色更适宜导游员带团时的心境，色彩组合以临近色为主，如墨绿色、棕绿色、白色组合；草绿色、棕绿色、黑色组合；淡粉色、玫瑰粉色、粉灰色组合；蓝色、深蓝色、蓝绿色、浅灰色组合，等等。色彩对比需柔和，过渡要自然，表现出导游员明朗、愉悦的心情及生机勃勃的活力。

春季服装风格应主要趋向于轻松、自然的气氛，为了显示与冬季服装的不同，为了满足人们共有的求新、求变心理，苗条、纤细、雅致的风格，活泼、随意的风格，或是柔美、淑女的风格，均会受到旅行者的青睐和喜爱。但在着装中要注意避免与游客着装接近，尽量在保持职业风格的同时，体现出一定的个性色彩。

例如：质地柔软、舒适的淡粉色外套，内衬玫瑰粉色的羊毛针织圆领衫，粉蓝灰色的长裤，直身造型且简练合体，以明快的色彩为表现重点，展示出轻盈、柔美的风格，给人以明朗、舒畅的感觉。

2. 夏季

季节的轮换，促使服装款式不断更新，不同的季节具有不同的美。夏季，是热情洋溢的季节、无拘无束的季节。在热浪中，人们尽情地选择各种款式以展现自己的美好形象。导游员的夏季着装应以表现个性为主，在不失庄重和严谨风格的条件下，尽力展现出独特的风格情调，既拉近与游客的距离，也可尽情表现自己的导游热情。夏季服装必须要造型简洁、舒适凉爽，切勿穿着暴露或出行不便的衣服。在衣着选择中，活泼的短上装，配休闲中裤，色彩选择对比度可稍显强烈，这样便于展示出人的活力。

夏季服装在色彩变化上丰富多彩，多运用冷暖色对比配合的方法，抑或补色对比方案，但应注意冷暖色彩的对比面积不能相等，色彩的饱和度也应有所区别。比如，大面积淡蓝色配小面积橙色，补色对比，效果强烈，富于青春活力；小面积墨绿色配小面积红色，补色对比，效果俏丽，引人注目；大面积粉色配小面积淡蓝色，冷暖对比，效果明快、娇艳；而大面积的白色配小面积的红色、绿色、黄色及蓝色，冷暖对比，其效果妩媚，富于个性色彩。

导游员的夏季着装风格可表现得多彩多姿。比如，活泼、随意的风格应用普遍；民俗、民间风格，展示个性独特；运动休闲风格，可使行动便利，让人感觉充满活力。但归根结底，夏季着装衣料必须要清爽和透气，以保证整体导游员形象的干净和明快。

3. 秋季

在经过炎热而干燥的夏季后，人们需要得到些许平静、舒适的享受。秋季，导游员的着装也要切合人们温暖和惬意的心境，给游客带来沉稳感、含蓄美和安全感。面料需选择轻柔而富有质感的职业服装，犹如大自然在成熟季节中的果实，沉淀着收获的快乐。

导游员秋季服装与春季具有明显的不同，是人们从热烈和欢腾中走向平静和舒缓的季节。在服装造型上以多件套、层叠式设计为主，通常由几种服装配合组成，产生不同的立体效果，还可利用附加的饰物（如，围巾等），加强层叠效果。多件套设计，将不同长度的服装配合，并把不同质地的织物特性组合运用，产生出多样化的效果。服装的层叠设计造型，有些近似于自然界中植物花朵的重叠，展示出多层次、无穷变化的美感。

这种多件套结构在民族服装中表现得尤其突出。在历代服装中，多件套服装具有丰富多彩、华丽秀美的特征。但导游人员在沿袭民俗风情的同时，也须遵循轻便和简洁的要求，为了避免层叠过多，可追求多样搭配，以实现层叠而又整洁的效果。

秋季色调应趋于稳重、饱满、中性和柔和。比如，棕色、土红色与淡黄色组合，临近配色，效果温暖，具有成熟感；橄榄绿色、土黄色、米色组合，邻近色组合，效果沉静、舒适；深蓝色、紫红色、蓝白色组合，冷暖对比，效果清雅、宜人；土红色、墨绿色、米色组合，补色对比，效果温和质朴，具有田园风情。

秋季着装风格应展示出舒适、潇洒、随意的风格，给人以轻松和温暖的感觉，以及带有松弛和舒缓的秋装风格是其表现的核心。厚质的，具有毛绒感的秋季外套，内衬同样面料的背心，配以毛针织的套头衫，厚质长裤，配合丝巾、软帽，给人以静谧、柔和之感，风格潇洒，具有成熟魅力。

4. 冬季

冬季服装首先应该在保暖的条件下加以变化。有些导游员，特别是女性导游员为冬季穿着臃肿、厚实的服装不能显示出优美的体型而苦恼，有的甚至宁肯忍受寒冷，也不肯更换厚实的冬装。这样的衣着并不美观。服装与环境协调，才能真正显示和谐大方的效果。因此，冬季着装更应给人以整体感，表现风格富有特色，或是沉稳大方，或是活跃、富有朝气，具有鲜明的特色，但是无论何种表现方式都应显示出温暖、安全的感觉。

冬季导游服装的造型多采用长线条、大面积的设计手法，局部服饰要少，特别不可以采用花边、飘带一类轻盈的饰物，造型要简练，追求整体服装的感觉。中长大衣，比较折中含蓄的服装最为适合。

冬装在色彩搭配上具有明显的配色倾向，导游着装最佳配色方案为活泼、强烈的色彩组合。比如，橙色、蓝色、深蓝色组合，效果跳跃，富有活力；黄色、红色、蓝色组合，冷暖对比，效果明亮、明快，富于表现力。这类配色符合活泼的导游风格，表现在棉服、羽绒服上，鲜明的色彩对比可使冬装更增添许多生气；而轻快、艳丽的色彩组合，辅以同样风格的饰品及发型、化妆，使得冬装导游形象活力四射、俏丽动人。

因此，导游着装与时令关系含有多种因素，季节是其中表现比较显著的重要组成部分。导游人员应依据不同的季节变换着装，与参观地的环境气候条件相协调，遵守职业接待礼仪，大方得体地将自我展现在游客面前，淋漓尽致地展示出企业和国家形象。

（三）游客喜欢什么样的导游员

现代导游既是一种服务，又是一门专业和艺术。一名合格的导游人员首先应该具有服务意识、服务技能，同时，也应具有导演的水平和演员的本领。游客喜欢的导游员必须是具有专业的服务精神和独具特色的服务方式,能够为游客带来优质周到服务的导游员。具体来说,备受尊敬和称赞的优秀导游人员的突出之处,可归纳为以下几个方面:

1. 良好的思想品德

中国优秀导游人员的思想品德,主要应表现在下述几点:

(1)爱祖国。热爱祖国,是合格导游人员的首要条件。在海外旅游者心目中,导游人员是国家形象的代表。因此,导游人员应把祖国的利益、社会主义事业摆在第一位,自觉地维护祖国的尊严、民族的尊严。受欢迎的导游员必定是受尊敬的导游员。他们在工作中把热爱祖国与热爱本职工作结合起来,并将这种爱化为工作的动力。

(2)优秀的道德品质。社会主义道德的本质特征,是集体主义和全心全意为人民服务的精神。导游人员要发扬全心全意为人民服务的精神,并把这一精神与"宾客至上"的旅游服务宗旨紧密结合起来,热情地为国内外旅游者服务。

(3)热爱本职工作、尽职敬业。导游工作是一项传播文化、促进友谊的服务性工作,因而也是一种很有意义的工作。导游人员在为八方来客提供旅游服务时,不但可以结识众多的朋友,而且能增长见识、开阔视野、丰富知识,导游人员应该因此感到自豪。为此,导游人员应树立远大理想,将个人的抱负与事业的成功紧密结合起来,立足本职工作、热爱本职工作,刻苦钻研业务,不断进取,全身心地投入工作之中,热忱地为游客提供优质的导游服务。

(4)高尚的情操。高尚的情操,是优秀导游人员的必备修养之一。导游人员通过不断学习,提高知识层次和思想觉悟,努力将个人的追求与国家利益融合起来;要提高判断是非、识别善恶、分清荣辱的能力。导游人员应培养自我控制的能力，自觉抵制形形色色的精神污染，力争做到“财贿不足以动其心，爵禄不足以移其志”，始终保持高尚的情操。

(5)遵纪守法。遵纪守法是每个公民的义务，作为旅行社代表的导游人员，尤其应树立高度的法纪观念，自觉遵守国家的法律、法规，遵守旅游行业的规章，严格执行导游服务质量标准，严守国家机密和商业秘密，维护国家和旅行社的利益。对于提供涉外导游服务的导游人员，还应牢记“内外有别”的原则，在工作中多请示汇报。

2. 广博的知识

现代旅行者出游的目的，已不是简单的实现心理消遣，更多的是趋向于对文化、知识的追求。他们想通过旅游来增长知识、拓宽视野、获取教益。同时，这也是对导游人员提出的严峻考验。实践证明，丰富的知识是搞好导游翻译工作的前提。导游知识包罗万象，优秀导游必定是涉猎广泛，知识全面的人才。有真才实学的导游员才能言之有物，以渊博的知识为基础为游客提供鲜闻的知识和心灵的享受。

(1)语言知识

语言，是导游人员最重要的基本功，是导游服务的工具。优秀的导游人员拥有扎实的语言功底，可与游客进行流畅的文化交流。涉外导游翻译人员至少要掌握并熟练运用一门外语。掌握一门外语，了解一些外国文化，有助于接受新思想、新观念、开阔眼界，为传播中外文化作出积极的贡献。导游讲解是一项综合性的口语艺术，要求导游人员应具有很强的口语表达能力。导游人员的口语艺术应当植根于丰富的知识积淀之上，知识积淀是土壤，口语艺术是种子，二者的完美结合才能收获优质丰厚的导游成果。

(2)史地文化知识

史地文化知识，包括历史、地理、宗教、民族、民俗风情、风物特产、文学艺术、古建园林等诸方面的知识。这些知识是导游讲解的素材，是导游服务的“原料”，是导游人员的看家本领。优秀的导游人员可以上知天文、下知地理，对本地及临近省市、地区的旅游景点、风土人情、历史掌故、民间传说了如指掌，并对国内外的主要名胜亦有所知晓。还善于将本地的风景名胜与历史典故、文学名著、名人逸事结合现场导游的氛围，有机地联系起来，灵活运用融会贯通，

(3)政策法规知识

导游人员在导游讲解、回答游客对有关问题的问询或同游客讨论有关问题时，必须以国家的方针政策和法规为指导。对旅游过程中出现的有关问题，导游人员要依据国家的相关政策和有关法律、法规予以正确处理。导游人员自身的言行更要符合国家政策法规的要求，严格遵纪守法。

总之，导游人员应该牢记国家的现行方针政策，掌握有关的法律、法规知识，了解外国游客在中国的法律地位及他们的权利和义务。只有这样，才能正确地处理问题，做到有理、有利、有节，少犯或不犯错误。

(4)心理学和美学知识

导游人员是做人的工作，且往往是与人短暂相处，因而掌握必要的心理学知识具有特殊的重要性。优秀的导游人员会随时细心了解游客的心理活动，有的放矢地开展导游讲解和旅途生活服务工作，有针对性地提供合理有效的心理服务，从而使游客在心理上得到满足，在精神上获得享受。

旅游活动是一项综合性的审美活动。导游人员的责任不仅要向游客传播知识，也要传递美的信息，让他们获得美的享受。

优秀的导游人员明白什么是美,如何传播美,如何用生动的语言向不同审美情趣的游客介绍美,而且还会以美学知识装点自己的仪容、仪态。

(5)政治、经济和社会知识

由于游客来自世界各地不同的社会阶层。他们中一些人肯定会对政治经济和社会问题比较关注。优秀的导游人员应掌握相关的社会学知识,熟悉国家的社会、经济体制,了解当地的风土民情、婚育丧葬习俗、饮食起居禁忌习俗和宗教信仰情况等。还可与他们进行政治、经济、社会、文化等方面的沟通,获得更多的知识信息,既展现出导游员宽广的知识面,也反映出导游员全面的素质修养。

(6)旅行知识

导游员是整个旅行活动的主导,关系到整个导游活动的顺利与否。优秀的导游人员必须掌握必要的旅行知识,这对旅游活动的顺利进行具有十分重要的意义。旅行知识包括交通知识、通信知识、货币保险知识、卫生防疫知识、旅游业知识等。扎实的知识功底是正确应对突发事件,保证游客身心健康和安全的可靠保障。

(7)国际知识

导游人员还应掌握必要的国际知识,要了解国际形势和不同时期国际上的热点问题,以及中国的外交政策和对有关国际问题的态度;要熟悉客源国或旅游接待国的概况,知道其历史、地理、文化、民族、风土民情、宗教信仰、礼俗禁忌等。了解和熟悉这些情况不仅有利于导游人员有的放矢提供导游服务,而且还能加强与游客的沟通。

3.较强的独立工作能力和协调应变能力

优秀导游人员的最突出之处,就在于其具有较强的独立工作能力和协调应变能力。这不仅是工作需要，也涉及个人的发展。导游人员在接受带团任务后，要独立组织游客参观游览，独立作出决定、独立处理和解决问题。导游员在带团过程中会遇到形形色色的人和事，不同的问题需要相应的方法予以解决。优秀的导游员在长期经验积累的过程中积极协调各方面关系，灵活把握游客心理，具备较强的应变能力。

（1）独立执行政策和独立进行宣传讲解的能力。导游人员必须具备高度的政治观念和法制观念，能以国家有关政策和法律、法规指导自己的工作，懂得有法可依，有法必依。优秀的导游人员会严格按照接待计划的程序和要求开展工作，积极主动地正面宣传中国的建设成就、讲解中国现行方针政策、介绍中国的大好河山及文化遗产；认真并准确回答游客的各种问题，帮助他们更加全面深入地认识中国。

（2）较强的组织协调能力和灵活的工作方法。较强的组织能力是优秀导游人员的重要能力。工作中，他们能够在严格执行计划的同时灵活把握分寸。在组织各项活动时讲究方式方法，及时有效地采取相应措施赢得游客的赞誉。

（3）善于和各种人打交道的能力。英国《伦敦导游培训教学大纲》指出："导游人员仅有知识还不够，一个好的导游人员必须有活泼愉快的气质，具有激发旅游团的热情和信心的能力。"

与层次不同、品质各异、性格相左的中外人士打交道，要求导游人员必须掌握一定的公共关系学知识并能熟练运用，具有灵活性、理解能力和适应不断变化着的氛围的能力，随机应变处理问题，搞好各方面的关系。导游人员具有相当的公关能力，就会在待人接物时更自然、得体，能动性和自主性的水平自然会更高，有利于提高导游服务质量。

优秀的导游人员大多是活泼型、外向型的人，是永远精力充沛、情绪饱满的人，是具有爱心，热情、诚恳，富有幽默感的人，是有能力解决问题并让人信赖、依靠的人。性格内向、腼腆的导游人员，应主动在实践中不断磨炼自己，培养处理人际关系的能力。

(4)独立分析、解决问题，处理事故的能力。沉着分析、果断决定、正确处理意外事故，是导游人员最重要的能力之一。旅游活动中意外事故在所难免，能否妥善地处理事故，是对导游人员的一种严峻考验。临危不惧、头脑清醒、遇事不乱、处理果断、办事利索、积极主动、随机应变，是导游人员处理意外事故时所应具备的重要能力。

4. 较高的导游技能

服务技能可分为操作技能和智力技能两类。导游服务需要的主要是智力技能。

语言、知识、服务技能构成了导游服务的三要素，缺一不可。导游人员的服务技能，与其工作能力和知识层次有着很大关系，需要在实践中培养和发展。因此，导游人员要在掌握丰富知识的基础上，努力学习导游方法、技巧，并不断总结、提炼，形成适合自己特长的导游方法、技巧及自己独特的导游风格。

优秀的导游人员同领队协作共事，与游客成为伙伴，具有使旅游生活愉快的带团技能；根据旅游接待计划和实情，巧妙、合理地安排参观游览活动；能够选择最佳的游览点、线，组织活动，充当优秀的导演；能够触景生情、随机应变，进行生动精彩的导游讲解和演说，调动游客的参与热情；可灵活回答游客的问询，帮助他们了解旅游目的地；当遇到紧急情况时能够沉着、果断，合情、合理、合法地处理各种问题及游客投诉等。同时，优秀的导游人员还应掌握一些实用的操作技能，如：摄影、急救、驾驶等。

受欢迎的导游人员，最重要的是能够随时随地调动游客的积极性，使他们跟随其导游思路分析、判断、欣赏和认识，从而获得旅游的乐趣和美好的享受。导游人员的语言表达至关重要。优秀的导游懂得说话的艺术,可以熟练运用丰富的导游知识和经验、幽默的话语及抑扬顿挫的语气语调,引人入胜地进行讲解,并可以用有节奏的导游活动来征服游客,高效地完成旅游行程,让游客获得身心愉悦和美的体验。

5. 竞争意识和进取精神

导游服务是一种高智能的服务,它以导游人员的智力资源及能力为依托。“物竞天择,适者生存”,每个导游人员都必须牢记英国博物学家赫胥黎的这一至理名言。受欢迎的导游人员能够经受住工作竞争中的众多压力,在导游过程中讲求方法的创新。面对国内外旅游市场的激烈竞争,具有居安思危、优胜劣汰的思想准备。时刻提醒自己提高导游水平和技能,将压力变为动力,不断开拓进取,力求将自己置身于新世纪导游事业的不败之地。

6. 身心健康

导游工作是一项纷繁、量大、面广、流动性强、体力消耗大的工作。此外,工作对象之复杂,诱惑性之大是其他行业不可匹敌的。它是脑力劳动和体力劳动的高度结合。因此,导游工作对导游人员在身体健康、心理平衡、头脑冷静和思想健康等方面具有极高的要求,否则很难胜任工作。

首先,身体健康,是优秀导游员的工作之本。导游员从事的工作要求他们要走路爬山,连续不断地进行工作;全陪导游人员、地陪和旅游团领队要陪同旅游团周游各地,承受变化着的气候和各地的水土、饮食。能够经得住如此多的身体和心理的考验,是成为一名优秀导游员的前提。

其次,心理平衡是对导游心理的重要要求。导游人员的精神要始终处于愉快和饱满的状态,能够很快进入“角色”,担当起导游者和“导演”的重任并能够始终保持积极的状态而不受任何外在因素的影响。面对游客，导游人员应保持微笑，用笑口常开来感染游客，坚决不把个人的不悦情绪带到导游工作中去。

再次，头脑冷静是优秀导游员的重要特点。在旅游过程中，导游人员应始终保持清醒的头脑，处事沉着冷静，有条不紊地应对各种突发情况。处理各方面的关系时，能够机智灵活、友好协作，处理游客的挑剔、投诉时干脆利落，既合情，又合理、合法。

最后，思想健康，是成为优秀导游员的关键。受欢迎的导游人员通常具有高尚的情操和很强的自控能力，具有爱心和同情心，能够用自己的热情感染游客，而且能够抵制形形色色的诱惑，清除种种腐朽思想的污染。

加拿大旅游专家帕特里克·克伦在《导游的成功秘诀》中曾经指出：导游人员应该是“集专业技能和知识、机智、老练圆滑于一身”。优秀的导游人员应该处事干练、沉着、果断、坚定，时时处处显示出有能力领导旅游团，而且工作积极、耐心，会关心人、体谅人，富于幽默感，导游技能高超。这样的导游员必定是受欢迎的导游员。

7. 注重仪容、仪表

导游人员作为旅行社的代表，要保持与其行业特点、企业形象相一致的仪容、仪表和仪态。

在旅游者面前，优秀导游人员的容貌修饰得体，与所在的工作岗位、身份、年龄、性别相称，与游客既有亲近感又与众不同。仪表上整洁端庄，得体的服饰会让人看起来容光焕发，会博得旅游者的好感。失败的服饰，则显得拖沓懈怠，无精打采、疲惫不堪，会使游客沉闷、压抑和不快。仪态上，举止稳重，落落大方，站有站姿，坐有坐相，能给人以亲和之感。

现代导游员应具备的风采：

(1)像文学家那样具有渊博的知识。

(2)像艺术家那样具有丰富的表情。

(3)像歌唱家那样唱出动人的歌声。

(4)像科学家那样具有严肃、认真、谨慎、仔细的工作作风。

(5)像运动员那样具有健康的体魄。

(6)像演说家那样口若悬河，妙语连珠。

(7)像幽默家那样风趣、诙谐。

(8)像政治家那样思维敏捷、反应迅速。

(9)像外交家那样风度翩翩、彬彬有礼。

(10)像军事家那样沉着冷静、勇敢果断。

(11)像领导者那样正确决策、高效组织。

(12)像小学生那样谦虚好学，不耻下问。

(13)像慈母那样有一颗温馨的爱心。

(14)像通晓母语那样掌握工作语言。

(15)像法官那样立场坚定，铁面无私

……

三、业务准备

导游员接受旅行社的委派，拿到旅游接待计划书后，就说明导游工作已经开始。在此期间，认真做好接团前的各项准备，是导游员接团成功的基础，良好的开端是成功的一半。接团前，导游员应该做好熟悉接待计划、落实各项物质准备和心理准备等。

• 熟悉接待计划。要熟悉旅游接待计划上的全部内容。其中包括：旅游团团号、接待人数（包括男女人数、小孩人数及宗教信仰等）、组团社、地接社名称及地址和联系人电话等，目的地语言及领队、全陪的姓名，收费标准，出入境地点和航班，活动项目，享受标准及有无特殊要求，等等。

• 落实各项工作。要确认落实旅游团所需的交通、食宿及各类票据工作，联系与旅游团活动有关的接待部门及游客有特殊要求的接待部门。

• 做好心理准备。导游员须做好艰苦复杂及可能出现突发事件的心理准备，同时也要做好个别游客挑剔、抱怨、指责和投诉的心理准备。

• 备齐接团所需物品。如，导游旗、胸卡、导游图等。

（一）怎样看待接团计划

接团计划，是组团社委托各地方接待社组织落实旅游团活动的契约性文件，是导游人员了解该旅行团基本情况和活动日程的主要依据。地陪和全陪人员在接到旅行社下达的接待任务后，要充分做好准备工作，这是能否为该团提供良好服务的重要开端。

为旅游团队提供导游服务的人员一般是全陪、地陪和领队。首先，全陪、地陪和领队有共同的工作对象——同一团队的游客；其次，有共同的工作任务——执行该团队的旅游计划，为其安排落实各项旅游服务；最后，有共同的努力目标——组织好该团游客的旅游活动，为其提供满意的服务。为使旅游活动顺利进行，关键之一就是全陪、地陪和领队之间建立良好的协作关系。这种良好关系的建立有赖于三方的共同努力。

1. 地陪业务准备工作

（1）熟悉接待计划。地陪导游员在旅游团抵达之前，应认真阅读接待计划和有关资料，详细、准确地了解旅游团（者）的服务项目和要求，重要事宜要做记录。

地陪在接受陪团任务后，一般会拿到 3 份该团的材料：①全程接待计划；②在旅游地活动日程表；③ 旅游者名单。

通过阅读分析，地陪应弄清、掌握旅游团的以下情况：

• 旅游团的基本信息。计划签发单位（组团社），联络人姓名、电话；团队的种类（如，全包价、半包价等）费用结算方法；旅游团的等级(如,豪华等、标准等等)。

——旅游团的团名、代号、电脑序号、人数(含儿童)、住房、用车情况,餐饮标准。

——在食、住、行、游方面是否有特殊要求,有否需要特殊服务的旅游者(如,残疾旅游者、高龄旅游者等)。

• 旅游团成员的基本情况。客源国(地)、领队姓名、旅游者姓名、性别、职业、年龄(有否高龄老人和儿童)、宗教信仰、民族等。

• 行程旅游路线,海外旅游团的入出境地点,旅游地是否是该团最后一站。

• 所乘交通工具情况。抵离本地时所乘飞机、火车的班次、时间和机场或火车站的名称。

• 掌握交通工具情况

——该团去下一站的交通票据是否已按计划订妥,有无变更及变改后的情况;有无返程票,机场建设费的付费方式(是旅游者自付还是接待社垫付);

——接海外旅游团应了解该团国际机票有无国内段;如该团从出境地出境,要弄清机票的票种,是 OK 票还是 OPEN 票。

OK 票。即已订妥日期、航班和机座的机票。持 OK 票的旅客若在该联程或回程站停留 72 小时以上,国内机票需在联程或回程航班起飞前两天中午12:00以前,国际机票需在 72 小时前办理座位再证实手续,否则原座位不予保留。

OPEN 票(不定期机票)。旅客乘机前需持机票和有效证件(护照、身份证等)去航空公司办理订座手续。订妥座位后才能乘机,此种客票在订座时无优先权。

从旅游地出境的海外旅游团地陪,一定要注意该团机票的确认工作。

(2)落实接待事宜。地陪导游员在旅游团抵达的前一天,应与各有关部门或人员落实、检查旅游团的交通、食宿、行李运输等事宜。

• 核对、落实该旅游团在旅游地活动日程表内容。根据组团社旅游接待计划,旅游地的接待社安排该团在当地旅游期间每天的活动日程,地陪应对各项内容与接待计划逐项核实,如发现有出入,应立即与本社有关人员联系,不明白的地方一定要问清,以免在实施时遇到麻烦,影响工作。

• 落实旅游车辆。与为该团提供交通服务的车队或汽车公司联系,问清、核实司机师傅的姓名、车号、联系电话,出发地点等。

• 落实住房

——地陪应熟悉该团所住饭店的名称、位置、概况、服务设施和服务项目,如,距市中心的距离、附近有何购物娱乐场所、交通状况等。

——向饭店销售部或总服务台核实该团旅游者所住房间的数目、级别、用房时间,是否与旅游接待计划相符合和房费内是否含早餐等。

• 落实用餐。地陪应提前与各有关餐厅联系,确认该团日程上安排的每一次用餐情况。其中包括:日期、团号、用餐人数、餐饮标准、特殊要求等。

• 落实行李运送。各旅行社是否配备行李车,须根据旅游团人数的多少而定,地陪应了解本社的具体规定。如果该团是配有行李车的旅游团,地陪应了解落实为该团提供行李服务的车辆和人员,提前与之联络,使其了解该团抵达时间、地点、住哪家饭店等情况。

• 了解不熟悉景点的情况。在该团的旅游地活动日程中,若安排有新开放的或不熟悉的景点，地陪应事先了解该景点的概况，如开放时间、最佳游览路线、公共洗手间的位置等，以便使游览活动顺利进行。

• 与全陪联系。接海外旅游团，如果旅游地是该团的入境站，地陪应与全陪提前约定接团的时间、地点。

（3）保证联络畅通

• 地陪备齐并随身携带与接待社有关部门和行李员，以及车队、餐厅、饭店、剧场、商店、机场、车站等单位联系，确认电话号码。

• 要检查自己的手机是否好用，电量是否充足，以保证与旅行社之间的联络畅通。

（4）充实相关知识。根据旅游团计划及旅游团的性质和特点准备相应知识。如，带专业旅游团所需的专业知识，新开放的游览点或特殊游览点的知识等，对当前的热门话题、国内外重大新闻、旅游者可能感兴趣的话题等都应做好相应的准备。

2. 全陪业务准备工作

（1）熟悉接待计划

• 上团前，全陪应认真查阅计划及相关材料，了解旅游团（者）全面情况，注意掌握其重点和特点，以确定基本接待要求和接待方案。

记住旅游团人数、名称或团号及领队姓名。

• 熟悉旅游团成员的基本情况，包括团员的性别和年龄构成、职业、客源国（地）、民族、宗教信仰，有无特殊旅游者（如，旅游商、残疾人、儿童、高龄老人等）。

• 掌握旅游团的等级、餐饮标准，团内旅游者在饮食上有无禁忌和特别要求等情况。

• 有无特殊安排，如，有否会见、座谈，有否特殊的文娱活动节目等。

• 了解收费情况及付款方式，如，团费、风味餐费等。

• 掌握旅游团的行程计划，活动日程及各地接待社的计划和安排。如需对该团接待计划做某些修改和补充，全陪应及时请示组团人员，并按其要求通知有关部门和有关接待旅行社。

• 核实旅游团机、车、船票的预订情况，熟悉该团所乘交通工具抵离各站的时间。

(2)与有关人员联系

• 出发前应与组团人员联系，听取意见和指示，并确认有无现收费用等特殊要求。

• 根据需要，接团前一天与第一站接待社取得联系，互通情况，妥善安排好相关事宜。

(3)知识准备

• 根据旅游团的不同类型和实际需要准备相关知识，了解和充实客源国(地)历史、政治、礼仪等方面的知识；接专业旅游团要准备相关专业知识。

• 沿途各站的相关知识。如果全陪对该团所经各站不太熟悉，一定要提前准备各站的基本知识，如，主要景观、市容民情、风俗习惯等。

3. 领队业务准备工作

领队既是旅游团的领导和代言人，又是旅游团雇用的服务人员，在派出方旅行社和接待方旅行社、旅游者和导游员之间起着沟通信息的桥梁作用；他监督接待方旅行社执行旅游计划，在旅游过程中积极协助各地导游员落实食、住、行、游、购、娱等各项服务，共同完成旅游接待任务。

根据领队规范，出境旅游团队须派领队人员随行，这是现阶段国家法规的明确要求。1997 年 7 月 1 日起实施的《中国公民出国旅游管理办法》,是我国第一个中国公民出境旅游的规范性文件。领队资格的取得,《中国公民出国旅游管理办法》第十条规定:"领队应当经省、自治区、直辖市旅游行政部门考核合格,取得领队证。"领队的职责,遵守《中国公民出国旅游管理办法》中的有关规定,维护旅游者的合法权益;协同接待社实施旅游行程计划,协助处理旅游行程中的突发事件、纠纷及其他问题;为旅游者提供旅游行程服务;自觉维护国家利益和民族尊严,并提醒旅游者抵制任何有损我国利益和民族尊严的言行。对旅游者而言,领队代表组团社履行旅游合同、提供服务;对国外接待社而言,领队是接待合同的相对方——组团社的代表和旅游团队利益的集中表达者;对其他经营者而言,领队是与旅游者建立联系的中间人。

领队业务准备工作主要包括:

(1)研究旅游团。了解旅游团成员的阶层、职业、年龄、性别及重点人物、旅游团的特殊要求和需特殊照顾的对象。

(2)认真研究旅游线路和旅游计划。发现问题及时汇报,让组团社向接待方旅行社及时通报;若要求修改部分旅游计划,旅游团人数有变动,旅游者提出新的特殊要求等,应尽可能事先通报接待方旅行社。

(3)做好物质准备

• 准备好集体签证,核实各类票证,特别是交通票证;领队带领中国公民出国旅游,须事先代客人填好各种表格;向旅行社领取必要的钱款,准备好随身携带的日用物品。

• 团队计划、自费项目表。

• 领队日志、客人房间分配表、游客意见反馈表等。

• 领队证、旅行社社旗、胸牌、名片、行李标签及发给旅游者的纪念品等。

• 国内外重要联系电话，航班时刻表。

• 领队随身日用品。

• 常用药品。

(4)行前说明会。行前说明会，是出境旅游团队出发前的一个重要程序，也是必备程序。有两大作用，一是将有关情况告知每一位游客；二是使游客之间互相熟悉，以便于今后组织工作。说明会的组织和会上讲解可由领队负责，也可由旅行社其他人员负责。重要的旅行团队可邀请相关的旅行社负责人参加并讲话。行前说明会的主要内容如下：

• 向旅游者说明出境旅游注意事项及外汇兑换事项和手续；

• 向旅游者发放出境旅游行程表、团队标志和旅游服务质量评价表；

• 向旅游者说明相关的法律法规知识及旅游目的地的风俗习惯；

• 向旅游者翔实说明各种不可抗力导致组团社不能(完全)履行约定的情况，以取得旅游者的谅解。

• 向游客宣布旅游团的住房名单。

• 向旅游者特别强调一些注意事项。如，出发时间、集合地点；团结互助、礼貌友善，支持领队工作的希望；在境外期间注意文明礼貌，宣传《中国公民出国(境)旅游文明行为指南》，对以往中国游客受到非议的不文明习惯进行点评；对目的地气候情况进行介绍，对游客行装提出建议；把旅行社发给游客的标志胸章、太阳帽、行李卡等一一发给游客等。

• 说明会还应落实的事项有：国内段往返机票是否已订；是否有单项服务等特殊要求；是否有回民、素食者等，领队要把自己的电话号码告知游客以便及时联系。

具体内容见表1-1、1-2。

表 1－1　领队带团出行前准备确认表

分类	内　容	分类	内　容
出境方面	●护照 含 T/C，不含 T/C ●签证 ●黄皮书 ●出入境登记卡 ●身份证　国名 ●机票 含 T/C，不含 T/C	事务用品	●刀子、剪刀 ●信纸 ●信封 ●便条 ●计算器 ●号码机 ●名片 ●闹钟 ●手电筒
海关方面	●舶来品携出申报书 ●访问国海关申报书 ●本国海关申报书	参考文件	●地图 ●旅游手册 ●字典 ●领队指南
承办方面	●确定日程表 ●团员名单 ●饭店名单 ●房间分配表 ●委任经办文件副本 ●订房确认书 ●指定访问公司文件副本 ●签账联票 ●经纪人名单 ●领队业务日记 ●团员投诉报告书 ●紧急事故处理手册	急救用品	●感冒药 ●镇痛剂 ●胃肠药 ●止泻药 ●泻药 ●消炎药 ●晕车药 ●身体各部位专用词汇 ●诊疗专用词
财务方面	●随身备用金 ●汇款证明书副本 ●开支计划书 ●开支明细报告书	接待社联系电话	联系人 ● ● ● ● ●
事务用品	●笔记用具、圆珠笔等 ●签字笔 ●胶带 ●订书机、回纹针	其他	● ●

表1－2　领队带团出行程序表

中国出境	1. 出发前集合 领队应当比规定时间早30分钟赶到机场、车站等出境口岸的集合地点；集合位置应当明确（如机场出境大厅2号门） 2. 办理海关申报 无须向海关申报物品的游客，从绿色通道穿过海关进入；携带有向海关申报物品的游客，从红色通道到海关柜台前办理 3. 办理登机手续及托运行李手续 告知游客航空公司的诸项规定；办理乘机手续；办理托运手续 4. 办理卫生检疫 5. 通过边防检查及登机安检 边防检查：填写"边防检查出境登记卡"；接受边防出境检查（护照、机票、登记卡），领队始终走在前面，要第一个办妥手续，然后在口岸内游客可以看到的地方等候游客 登机前的安全检查
飞行途中	1. 为游客提供乘机过程中的诸项服务 2. 帮助游客填写入境表格
他国（地区）入境	卫生检疫→办理入境手续→领取托运行李→办理入境海关手续→与接待社导游会合
境外带团期间的主要工作	在境外旅游期间，领队对游客服务，许多要通过与当地导游员的配合一道完成。需要在以当地导游员为主、领队为辅的合作过程中进行 1. 领队要以欢迎词引出导游 2. 领队与导游员沟通的内容（按照日程表逐项对照；领队需要将所带团队的特殊性向导游员介绍） 3. 行程中领队要随时保持与导游员的信息交流
备注： 1. 领队应时刻不忘自己是中国组团旅行社派出的代表，有权对境外旅行社的接待计划执行情况和接待质量进行监督 2. 如果接待旅行社的安排与组团社下达的计划不符，或导游员的行为对旅游团队的接待质量有直接损害，领队都应该以组团社的名义进行交涉 3. 出境旅游团在境外期间，领队同时也是游客的代表。领队可代表游客对境外旅行社或导游员提出合理要求，时时处处维护游客的合法权益 4. 当着全体游客的面把小费交给司机及导游员	

（二）如何应对不熟悉的景点和线路

（1）对新的旅游景点或不熟悉的参观游览点，地陪应事先从互联网上或者向老导游员了解其概况，如开放时间、最佳游览线路、厕所位置等，以便游览活动顺利进行。

（2）到一个不熟悉的地方去陪团，首先不要有依赖思想，而是要积极准备，可以提前打听好景点的位置、景点与景点之间的距离及当地的风土人情、民风民俗等情况，并查阅相关资料，做进一步了解。到达目的地后要向当地地陪学习，可以适当购买一些介绍当地风景的书，有条件的还可以拍摄一些照片，为以后带团做好准备。

【经典案例】

【案例1】临时导游证也要佩戴上岗

【案情】

2002年国庆节期间，王先生与几个同事报名参加了A旅行社组织的海南5日游。双方约定了游览的内容及违约责任。在王先生和同事抵达海南机场时，发现接机的地接导游员没有挂胸牌，就有些疑问。上车后该导游员能说会道颇得游客欢迎。但其好几次讲到海南导游员收入微薄，要请大家多多配合。游客有些不解其意。那天晚餐后，导游员向大家推荐一项自费活动并暗示男游客，活动中含有禁止项目，建议取消原来观看海口夜市的计划。在导游员的鼓动下，少数游客非常乐意地接受了他的建议。虽然多数游客表示不满，但由于初到海口不熟悉情况，所以只得交钱跟随导游员参加自费活动。夜间在娱乐场所正逢旅游行政部门检查导游工作，该导游员拿不出导游证，便出示了一张闽南语的临时导游证受检。王先生等游客回沪后以地接社派出的导游员属无证带团并擅自更改游程为由，要求A旅行社承担违约责任。

【点评】

该案例中王先生等游客投诉地接社派出的导游员是无证带团是不正确的，但擅改游程行为确实存在。海南地接社的导游员不属于无证带团，因为他有临时导游证。依据《导游人员管理条例》规定，我国的导游证可以分为正式"导游证"和"临时导游证"两种。正式"导游证"，是指参加导游人员资格考试合格，取得导游人员资格证书的人员，经与旅行社订立劳动合同或者在导游服务公司登记后，由省级人民政府旅游行政部门颁发的导游证；而"临时导游证"，则是未取得导游人员资格证书，但因旅行社需要聘请其临时从事导游活动，由旅行社向省级人民政府旅游行政部门申请领取的导游证。临时导游证和正式导游证的主要区别在于：(1)申领临时导游证的人员必须具有特定语种语言能力；(2)临时导游证有效期最长只有3个月，而有的只有几天，也可以是1个月或2个月。本案例中的导游员有闽南语临时导游证，但是他没有佩戴导游证上岗，违反了《导游人员管理条例》的规定，必须承担相应的法律责任，即由旅游行政部门责令改正，拒不改正的处500元以下罚款。导游人员计分管理规定中，对在导游活动中未佩戴导游证或未携带计分卡的扣除4分。

海南地接社导游员擅改游程确实属实。该导游为推销自费活动项目随意更改了晚上看海口夜市的计划，为鼓动更多的游客参加，还带有暗示性地说活动中含有禁止项目（要是该项目实属禁止之列，也许会有黄、赌、毒之嫌疑）。《导游人员管理条例》要求导游人员应严格按照旅行社确定的接待计划安排旅游者的旅行、游览活动。对导游人员擅自变更接待计划行为的处罚，轻者责令改正，暂扣导游证3~6个月，情节严重者，由省级旅游行政部门吊销导游证并予以公告。《导游人员管理实施办法》对此行为处以扣除8分的处罚。

因此，本案例中接到投诉的 A 旅行社在对事实调查核实清楚以后，应就导游员擅改行程，增加自费项目的违规行为承担违约赔偿责任，同时也要建议海南地接社对违规导游员进行教育处罚，A 旅行社向游客赔偿之后可以向海南地接社追偿。

【案例 2】导游资格证不等于导游证

【案情】

某旅行社在“五一”黄金周期间组团去杭州旅游，因导游员人手不够，聘请仅有导游资格证书的非本社青年王某为该团导游。因时间较紧，在没有签订书面聘用合同的情况下，就匆忙发团。当游客看到王某没有佩戴导游证提出疑问时，王某却说他有导游资格证书，戴不戴导游证没关系。第二天在西湖乘船游览时，因游客众多十分拥挤，游客张某掉入湖中，后来虽被救起，但由于受惊吓，心脏病发作被送入医院，花去医药费 2500 元。返沪后，该游客找到旅行社要求赔偿医疗费并退还旅游费。旅行社辩称该游客掉进湖中是自己不小心造成的；即使有责任，也是在导游员身上，与旅行社无关。导游员王某则称自己不是旅行社职工，况且旅行社没有和自己订立合同，出了事故与自己无关。最后，游客张某到旅游质监所就此事提出投诉。

【点评】

本案例中，游客张某在与旅行社协商赔偿事宜遭到推诿的情况下，向上级主管部门投诉是有道理的。首先，该旅行社违反了有关导游人员资格管理的规定。《旅行社管理条例》第二十四条规定：“旅行社为接待旅游者聘用的导游和为组织旅游者出境旅游聘用的领队，应当持有省、自治区、直辖市以上人民政府旅游行政管理部门颁发的资格证书。”而导游人员的证书包括资格证书和导游证，二者并不相同。导游证，是国家准许从事导游工作的上岗证，旅行社聘用的导游员必须具有导游证才能上岗带团；导游资格证书持有者仅仅具备从事导游职业的资格，还不能从事导游工作。其从职业资格变为职业许可还要经过一道程序，即和旅行社或导游服务公司签订劳动合同后再向有关部门申领正式“导游证”，否则，其性质就属于无证导游。《导游人员管理条例》第十八条规定，对于无导游证进行导游活动的，由旅游行政管理机关责令改正并予以公告，处1000元以上3万元以下的罚款；有违法所得的，并处没收违法所得。根据《旅行社管理条例》第三十九条规定，旅行社聘用无证导游，也应受到以下处罚：由旅游行政管理部门责令限期改正；有违法所得的，并处没收违法所得，逾期不改正的，责令停业整顿15～30天，可以并处人民币5000元以上2万元以下的罚款；情节严重的，可并处吊销“旅行社业务经营许可证”。

其次，作为“导游员”的王某，在带领游客乘船游览西湖时，理应考虑到“黄金周”期间游客众多，容易发生意外事故。《导游人员管理条例》第十四条规定：“导游人员在引导旅游者旅行、游览过程中，应当就可能发生危及旅游者人身、财物安全的情况，向旅游者作出真实说明和明确警示，并按照旅行社的要求采取防止危害发生的措施。”本案例中，“导游员”王某既没有预见到黄金周期间人流拥挤的不安全因素，也没有采取有效的防范措施，明显是工作经验不足，负有不可推卸的责任。尽管王某没有与旅行社签订劳动合同，但他是受该旅行社委派带团的，因此对其失职的后果，旅行社应当承担责任，赔偿医疗费。

【案例3】按捺不住的游客，终于发难了

【案情】

敦煌某旅行社导游员朱小姐讲了她的一段经历：那一次，我带领一个由14名散客拼起来的旅游团，游的是莫高窟—雷音寺—鸣沙山月牙泉这条线路。该团游客是从南京来的4个家庭，其中两家是三辈人一起出游。这两家游客的构成几乎是一模一样，一个老太太，两个中年妇女，一男一女两个小孩子。另外两家的游客由妇女和母子组成。一家是女儿考上了重点中学，父亲奖励一次旅游；另一家是母子二人，都不大说话，看那男孩子的年龄，应在25岁以上了。游客是中午从柳园过来的，已经用过了午餐。我和司机准备了一辆中巴，预定12:30出发。

就要出发了，计调员通知我，上午有4位上海游客在鸣沙山月牙泉耽搁了，掉了队，现正在吃午饭，要我等一会儿，然后带上他们一起去莫高窟。我对游客一说，游客自然不高兴，不过游客多是老少同行，习惯了慢节奏，并没有为此多说什么。上海的4名游客一到，我们就出发了。看起来，南京人和上海人，似乎比较容易相互接受。从敦煌市区到莫高窟有25公里路程，一路上，他们各自说着游览的观感，车厢里满是他们那种带些吴音的普通话，气氛挺融洽，但是，多了4个人，车上空间显得小了些。没想到，从莫高窟返回市区的时候，又让我带上了3位游客，两位韩国游客和一名翻译，这样一来，车内就坐满了。我知道，游客的忍耐已经到了极限，这时候绝不能有意外发生。回到市区，那4位上海游客下了车，计调员却又安排上来5位40来岁的东北游客。从莫高窟回来的时候，车上已经没有了座位，我只好动员一位南京妇女将她的小孩儿抱在怀里，总算坐了下来。我向那位游客解释说："到月牙泉有6公里路，好在时间不长。"那位抱起孩子的妇女却冷冷地对我说："我们是给孩子买了全票的。"听她这样说，我的心一沉。

南京游客的不满终于在雷音寺爆发了，又加上韩国游客的呼应，一时真是群情激奋。原来，那些后来跟团游览的游客在雷音寺进香，有几个人久久不出来，让等在外面的多数游客实在按捺不住，终于向我发难了。首先，是南京的那对妇女质问我，为什么早已过点却总是迟迟不发车。韩国游客也操着夹杂着英语的生硬的中国话，反复地问我同样的问题。其他的游客，也斜起眼睛看我。我赶紧转回寺院去催里面的游客，只见5位东北游客各自举着8尺长的大香，一面听人讲授进香的礼仪，一面虔诚地演练，正准备燃香。如果此时紧催，犯了忌讳，游客一定会愤怒，再闹起来，我可要“腹背受敌”了，因此，又不声不响地退了出来，继续安抚等在外面的游客。外面的游客坚决要求立刻发车，绝不再等。我知道，有的游客是担心游览月牙泉的时间不够，便安慰他们，时间够用，可是游客的积怨难平。那位带着女儿旅游的南京游客火气尤其大，直到里面进香的游客走出来还在不停地说，冲动之下双方吵了起来。这一吵，游客的立场自然一分为二，情绪也对立起来。虽然制止及时，未酿成什么更大的冲突，但却因此而耽误了时间，游览月牙泉的时候，时间已经不够用了。

【点评】

这是敦煌某旅行社导游员朱小姐的一段经历。事后，有游客投诉了她。小朱是一个新手，缺乏经验。导游员接待由散客拼组而成的旅游团，要努力使游客步调一致，保证行程的统一节奏。游客的个性化需求，应该尽量满足，但却不能牺牲多数，迁就少数。小朱没有把握好这个关系，“让等在外面的多数游客实在按捺不住了”，终于开始发难。这是教训之一。导游员对待各种事情的征兆和端倪，要准确判断其性质，积极采取措施，好的酌情予以发扬推广，不好的及时予以化解疏导。小朱没有把握好这个关系，她明明知道“游客的忍耐到了极限”，却不及时防范，任由游客反感的事情发生、演变，致使矛盾冲突加剧，终于激化。这是教训之二。面对游客之间发生的矛盾冲突，为保证团队的行程，导游员要根据现场的条件和事情本身的是非曲直，做好游客双方的工作。车上添加游客，小朱要“习惯了慢节奏”的多数游客等候；并在“早已过点却总是迟迟不发车”的情况下，为避免“腹背受敌”，她不去“紧催”那几位进香的游客，却反过来“安抚等在外面的游客”。这种让多数游客一再等候的做法，不是本末倒置了吗？结果是游客发生争执，耽误了行程。这是教训之三。一旦有事故发生，导游员要在第一时间和第一现场及时解决，解决问题要及时、彻底，不要养痈遗患。后来者，从“上海游客”到“韩国游客”，再到“东北游客”，一而再、再而三，没完没了；先来者从不高兴到忍耐，又从按捺不住到爆发，最后发生了游客之间的直接冲突。小朱的反应胆小、迟缓，几次错过了及时、彻底解决问题的机会。这是教训之四。当然，不断安排其他游客拼团，旅行社也有过错，可能另有原因。但是，导游员朱小姐应当及时向旅行社反馈，以维护游客的利益；或据此点拨那些跟团的游客，引导后来者尊重先来者的感受，顾全大局，适度克制自己的行为。小朱则相反，她引导先来者一再迁就和忍让后来者。面对少数游客，小朱是消极忍让有余，积极疏导不足，这是新导游员害怕得罪游客的反应。可能也算是一条教训。

【案例4】“知己知彼，百战不殆”

【案情】

某年11月，北京的导游员孟小姐接待了一个10余人的外国旅游团。那些游客很爱提问，经常要求导游员介绍一些近期的新闻。在去长城的路上，他们一会儿询问中国总理访问美国的情况，一会儿又问中国人对北约袭击中国驻南大使馆事件的反应，对中国加入世界贸易组织的进展情况以及中国的建设与发展情况也十分关心。孟小姐对大家的问题有问必答，显得十分自信。她告诉大家，中国自从改革开放以来，已经取得了举世瞩目的发展，在世界上的地位也越来越高，新中国成立50周年大庆活动便充分体现出中国的实力；加入世界贸易组织是为了与国际接轨，有利于经济的进一步发展；中国是一个发展中国家，希望在和平的环境下与世界各国搞好关系，对敌对势力采取坚决抗争的态度，坚信凡是热爱和平的人，都会支持中国的建设和发展。大家对她的回答都很满意，车内的气氛显得很轻松自如。

突然，一位游客问她是否知道去年美国宇航员对“哈勃”太空望远镜进行改造的情况。孟小姐坦诚地回答，对那件事的细节并不十分了解。希望这位游客能向大家详细地讲解一下。客人得意地把 1998 年 2 月美国 7 名宇航员乘坐“发现号”航天飞机升空，对在太空飞行了 7 年的太空望远镜进行改造的事件过程作了描述。

一路上，孟小姐还结合游客所了解的一些历史事件向他们介绍了长城的历史和修建情况，把长城与“二战”期间法国人所修的“马其诺防线”作了比较，讲到登月的美国宇航员在太空看到中国长城和荷兰防洪大堤的事实。大家对孟小姐的讲解很感兴趣，不断夸奖她知识广博。但孟小姐却对自己对有关宇航员改造太空望远镜的事情缺乏了解而感到自责，心想回去后一定要好好查看一下资料，为今后的接待工作做好准备。

【点评】

在接待旅游团之前，导游员除准备好计划单、导游证、旗子、喇叭、票证、地图等物质用品外，还要在语言、知识、活动内容等方面进行认真准备。语言是导游服务的重要工具。导游员不仅要有扎实的导游业务知识，而且要掌握规范化、艺术化的语言技巧。导游讲解是一门口才艺术，也是导游员必须熟练掌握的基本功。语言基础不扎实，就会影响有效传递与沟通。语言准备方面，不但要注意内容和思想的正确，还要在语音、语调、语法、用词等表达技巧方面多下工夫，要注重语言表达的清楚、生动和流畅。如，多掌握一些接待国的谚语、俚语和习惯用语，便可在接待中收到良好的效果。知识准备和活动内容方面主要包括导游业务的各项程序、景点知识等。其中,了解时事、报告新闻是不可缺少的一项内容。国外旅游者到了异国他乡,由于受语言障碍和环境生疏的影响,消息闭塞。导游员平时要注意国内外一些重要新闻。如,重要人物的互访、游客所在国大选情况、国内外的政治和经济发展趋势、大型运动会、战争和自然灾害,等等,必要时可给游客做一些专题新闻报道。这样既能使客人及时了解国内外重要新闻,又可丰富他们的旅游生活。

知识的掌握要注意广博性和延伸性,只了解与中国有关的知识是不够的,还须了解游客本国本土的情况,要做到"知己知彼"。本案例中的孟小姐就是因为对宇航员改造太空望远镜的情况了解不多而自责。但她能巧妙地突出提问者的身份,让提问者代为讲解,同样达到了使大家了解答案的目的。讲解长城过程中,她又对照性地提到游客所熟悉的历史、事件和事物,使大家产生亲切感。因此,语言和知识的准备,最好能做到为多数人所认同、所接受,这样才能取得良好的讲解效果。

【实战演练】

1. 初入导游行业,怎样选择旅行社

新导游员可以选择小型旅行社,因为你没有什么带团实践经验,选择小型旅行社,可以学到更多的知识。

2. 新导游员在跟团时应做哪些准备工作

(1)作为一个一无所知的新导游员,在跟团前一定要做好准备

• 熟悉要去景点的导游词。这样,你在听老导游员讲解时才能更好地吸收,否则一般听到后面忘掉前面,回来后最多记得20%,而导游词是每个导游员最基本的准备工作。

•认真看行程单,以便在跟团过程中仔细分析老导游员是怎么合理安排行程的。合理安排行程是保证团队旅行顺利进行的重要方面,需要经验的积累,在跟团过程中多留心、多分析,可使自己少走弯路。

•准备一些小故事、小笑话,以备在跟团过程中万一用得上。

(2)在跟团过程中要注意以下问题

•到了一个新地方,第一件事就是买一份当地的地图,在城市旅行中可以边走边看(等你自己带团时就没有看地图的机会了),比较容易认识路。而认识路,是我们作为导游员的一项最基本的能力,也不容易,如华东地区的导游员,跨两个省,有十多个地方的路要认识,没有地图是很难做到的。

•在跟团听老导游员讲解时,不必死记所有细节,因为这是不可能的。一个讲解较好的导游员,每天至少要讲 5 个小时以上的话(还不包括和客人闲聊),你怎么可能全记得呢?所以,主要应记住老导游员在什么地方说了什么,用什么方式说的,起到了怎样的效果,至于详细内容,回来后可以自己找到相关资料来加以充实。

•在跟团过程中一定要勤快,能做的事要抢着做。如果只是跟在后面像游客一样,就别指望老导游员能对你有什么好印象。而且在帮老导游员做事过程中,会更快、更好地学到许多东西。千万不要只是到了商店后才积极起来,那样只能使你给别人留下坏印象。你也就别指望再学到什么了。这是大多数新导游员很容易犯的错误,所谓心态不好。

•在跟团过程中要多看、多听、多做、少说。由于实习导游员是以客人身份随团出行,所以,很容易和客人搞熟,不该说或不清楚的问题不要乱说,否则将给带团导游员带来麻烦!这一点对新导游而言非常重要。

• 到过的商店及吃饭、住宿的饭店名称、地址、电话号码要记清，每晚最好把白天的所闻所见做一个整理，否则那么多新东西是很容易忘记的。

最后送团回来，一定要把跟团的资料做一个整理，把所听导游词的不清楚之处想办法查资料或向人请教后补齐，这样你才能把跟团学到的东西变成自己的，如不及时巩固，一个星期就会忘得差不多了。

总之，作为新导游员，学习要多听、多看、多记、多做、多分析、少说，对刚走出校门的学生而言还要学习怎么做人，怎么和各种人打交道！导游这一行是易学难精，越做到后来越能发现自己的不足。常言道："师傅领进门，修行在个人"，想做个好导游，没有两三年的经验积累和磨炼是不可能的，所以只能从跟团开始，要有一个好的心态，一步一步来，能力到了，自然就会有相应的回报。

3. 怎样消除带团之前的紧张心理

带团之前，要有充分的准备。准备工作最为重要，你在上团之前需要了解客人的人数，以及客人来自于什么地方、什么单位……虽然书上也这么说，但你自己需要清楚了解这些细节的用途。

(1)人数。多少人决定坐多大的车，车决定你的讲解环境，在45座金龙车上，你可以站着讲，还可以加动作，眉飞色舞、指手画脚地讲；可是在15座的面包车上你就不行了，只能坐在前面，采用自我陶醉时的讲解方法，而且还要注意你的脖子。了解这些之后，你可以假想一下致欢迎词的情景，在脑海里多温习两遍，真正上团的时候就不那么紧张了。

(2)来源地。城市也许代表了人的性格，东北人的豪爽、上海人的精明、北京人的自豪感都可以加以利用，投其所好，而且在讲解的时候插几句当地的方言，效果一定不错。如果你能在上团之前到旅游目的地来查查资料，了解当地的名胜景区、风土人情，糅合到你的导游词里，一定会给人一种博学的印象！

（3）工作单位。了解客人的工作单位有助于掌握团内成员的构成。对同一个单位的旅游团，你自然要搞定领导了，而且他们从事什么行业，对什么感兴趣，如能有所了解的话，对工作一定大有益处。

有了充分的了解和准备之后，心里面就会踏实多了。

对于那些刚开始准备很周到，可一上车就什么都忘了，紧张得汗流满面，说话结结巴巴，磕磕绊绊的新导游员，笔者认为，这是一个人的心理素质问题，不是一朝一夕就能解决的，应该在逐渐的带团实践中进行锻炼。你可以用心理暗示的方法调节自己的紧张情绪，如，一个有自己思想、有自己性格的人，不要考虑别人是怎么讲的。某个景点你没讲到也没关系，不是所有的导游员都要讲得一模一样，只要讲出自己的风格就可以了。你是一个新导游员，经验还不是很丰富，所以只要不出什么错就是成功。

最重要的一点是你的微笑，对游客们表示友善，很快你就会成为他们很好的朋友。

第二单元

迎客篇

【导读摘要】

通过对本篇的学习，希望新导游员能够了解所接团队的时间、地点，不要搞错，以免造成漏接；并且在这里还要告知新导游员如何与全陪或者地陪接洽？如何了解游客？希望对新导游员有所帮助。

【专题讲座】

在做了充分的准备工作后，在跟团时，你已经N次强忍了想夺过话筒，由你来开讲的欲望，也经受了旅行社管理层对你实力的一次又一次明里暗里的考察，终于，明天就要由你独当一面带团了！是不是既有些兴奋又有些忐忑不安呢？牢记这种感觉，它对你将来学会如何有效地引导自己的下属大有裨益。

一、如何做地陪和全陪

在接待旅游团过程中，面对涉及面广且纷繁复杂的工作，想凭借一己之力当孤胆英雄，是不明智，也是不现实的，有时还会因为无意中的越俎代庖，被来自其他合作旅行社的领队或导游员猜忌，甚至被讥讽为“不懂行”。所以，初入行时，一定要尽快认识和你一起带团的搭档们各自的权责所在。这样，每个人干好自己的事情，大家的事情自然也就干好了。

带团时，一般由领队、全陪与各地地陪共同构成一个导游工作集体，然后，再通过他们之间的有效分工协作，共同向游客提供导游服务。其中领队、全陪和地陪，都有符合其各自工作特点的工作规程，在工作集体中所处的地位和发挥的作用也不尽相同。

(一)从地陪做起

1. 各地导游知多少

作为导游员,十之八九都是先从做地陪开始的。今天,导游职业的从业人员绝大部分也都是在做地陪工作。由于各地旅游资源条件和特征的不同,使得各地地陪的工作也异彩纷呈。一首源自民间、经过无数人加工的歌谣这样说:

广东导游夸美味,桂林导游赞山水。
杭州导游诗相随,上海导游多长辈。
新疆导游歌舞美,济南导游咏泉水。
西安导游一张嘴,北京导游跑断腿。

广东是中国先富起来的地方,土生土长的当地人本来就世代都讲究吃,也会吃。据闻,天上飞的除了飞机,地上爬的不算汽车,水中游的排除轮船,其余他们是一概通吃的。如果你能有幸亲眼看看他们捧着诸如蟾蜍、蛇,还有很多以外地人都不知道怎么读的汉字命名的种种海洋生物制作的奇餐老汤,你就会明白,广东地陪为何喜欢喋喋不休地夸赞他们的诸多美味食品了。

桂林的导游,开口不离山水,是因为那里不仅有清澈的漓江溪流值得夸耀,更有千万座如诗如画的美丽山峰可以纵情歌颂。

而杭州作为成名已有数千年的风景名胜宝地,历代文人墨客留下丰富诗词歌赋、汗牛充栋,难怪当地导游员讲解时名句佳赋信手拈来,比起很多新开发景区的地陪们搜肠刮肚地拼凑导游词,却依然难免堕入弄巧成拙,自是不可同日而语了。

至于上海的导游员群体,他们当中有不少是各大专院校或中学教师出来做兼职工作的,虽然年龄是稍长些,但其丰厚的学识,还有“阿拉上海人”与生俱来的那份小资情调,也总是令南来北往的游客小觑不得。

新疆虽地处边陲之地,但那里的人们千百年来就以能歌善舞著称，而且因为民族众多，歌曲也罢、舞蹈也罢，总是变幻多姿，再经独具别样风格的当地导游员演绎起来，怎能不让人回味绵长？

而说到山东省府——中国著名泉城济南市，该市内大小名泉达72眼之多，怎能不叫当地导游员充满激情地大讲特咏那一眼又一眼令人心醉的活水呢？

古都西安，因为那里古迹、典故甚多，所以导游的介绍，上自秦始皇，下至名贵城墙，上下两千年，一路嘴不闲。要是没点真功夫，在西安可千万别揽导游员这"瓷器活儿"了。

最后，讲到北京，数代以来贵为都城，祖宗留下的东西自然也就为数众多，加之这些景点大而分散，常年在此陪团行走的北京导游员，腿脚功夫多数还是练出来的。

许多地方的导游员都有自己的特征，形成较鲜明的"地方特色"。在工作中细心去发现异地同行的不同之处，是长知识、增阅历的有益之事。

2. 地陪服务要点

其实，不管是哪个地区的导游员，尽管他们的工作各有地域特色，但基本流程和服务规范都是大同小异的。

地陪服务的全过程，开始于接受地方接待旅行社下达的旅游团接待任务，完成于欢送旅游团队离开本地并做完所有后续工作。根据国家技术监督局发布的国家标准之《导游服务质量》中提出的要求，地陪应按时做好旅游团在本站的迎送工作；严格按照接待计划，做好旅游团参观游览过程中的导游讲解工作和计划内的食宿、购物、文娱等活动安排；妥善处理各方面的关系和出现的问题。

作为地陪，在带团时要切记，自己是地方接待旅行社委派的代表这一身份，需要负责具体组织旅游团在本地区的所有参观游览活动，以及具体执行各项接待任务。应该说，在所有导游人员的工作中，数地陪工作内容最为复杂、详细，程序性也最强。

在带团初期，最好随身携带教你怎么做、做什么的具体资料，直到你已将之内化为自己的工作习惯为止。没办法，为难别人不如为难自己，否则，事到临头不知道该怎么办，忙不迭地在景点以昂贵的电话费给远方的经理或老导游员挂长途求助，那可就更不划算了，而且，说不定还会给上司留下毫无主见、独立工作能力差的印象。那可就惨啦！真正是开局就输。

（二）开始做全陪

依照导游员职业的发展规律，基本上都是在当地地陪积累一定经验后，开始尝试做全陪。全陪负责为跨省、区、市范围的旅游活动提供全部旅程的导游服务，每次服务耗时一般都比较长。作为组团社的代表，全陪需要自始至终参与旅游团的全程活动，负责旅游团队移动中各环节的衔接，监督接待计划的实施，协调领队、地陪、司机等各方面旅游接待人员的关系。

与地陪的工作负荷及服务规程相比较，全陪要略显简单些。所以有人说，所谓全陪，就是背着一挎包钱，四处旅游。当然啦，这是出于调侃。实际上，全陪是在外地旅游活动中的主要决策者，在不少环节和工作方面具有其他导游工作集体决策所不能比拟的重要作用。

二、接站地点的选择

迎接服务在导游员的整个接待程序中至关重要，因为这是导游员和游客的第一次直接接触。这一阶段的工作直接影响着以后接待工作的质量。因此，导游员应使旅游团在迎接地点受到及时、热情、友好的接待，要给游客留下热情、干练的第一印象。

（一）在机场接站

如果导游员在机场接站，首先要落实接站地点，尤其是该地有两个机场以上时(如,上海有两个机场),不要弄错了,以致造成漏接。

1. 落实时间

接团当天,导游员应在出发前 3 小时向机场问讯处问清飞机到达的准确时间(一般情况下应在飞机抵达前的 2 小时,火车、轮船预定到达时间前 1 小时向问讯处询问);做到计划时间、时刻表时间、问讯时间三核实。

2. 与司机商定出发时间

得知该团所乘的交通工具到达的准确时间以后,导游员应和旅游车司机取得联系,与其商定出发时间,确保提前 30 分钟抵达接站地点。

3. 与司机商定停车位置

赴接站地点途中,导游员应向司机介绍该团的日程安排。如导游讲解需要使用音响设备,导游员应事先调试音量,以免发生噪声。到达机场后应与司机商定旅游车停放位置。

4. 迎候旅游团

旅游团所乘交通工具抵达后,导游员应在旅游团出站前,持本社导游旗或接站牌站立于出站口的醒目位置,热情迎接旅游团。接站牌上应写清团名、团号、领队或全陪姓名;接小型旅游团或无领队、无全陪的旅游团时,要写上游客的姓名、单位或客源地。导游员也可从交团社的社旗或游客人数及其他标志(如,所戴的旅游帽、所携带的旅行包或上前委婉询问),去主动认找旅游团。

【例】迎接美国旅游团

(在武汉天河机场,导游员小刘迎接来自美国的旅游团,领队是布莱尔先生。)

导游:对不起,您是从美国来的布莱尔先生吗?

领队:是的,我是美国来的布莱尔。

导游:我叫刘丽,是湖北“海外”的导游员,来负责你们这个团的导游工作。

领队:您好！刘小姐。

导游:您好！我们已经在武汉香格里拉饭店为你们订好了房间,你们是36人吗?

领队:是的,全部到齐了。

导游:好吧！我们的旅游车已经在外面等候了。

领队:非常感谢！

导游:你们的行李一共有多少件?

领队:加我的1件,共计37件。

导游:我们的行李车也在外面等候。

领队:谢谢！

(他们朝旅游车走去)

导游:旅途还好吗?

领队:还好。我们遇到了一点涡旋气流,但总的来说,飞行很好。

导游:我想你们坐了这么长时间的飞机,一定很累了,我们直接开车去饭店吧?

领队:好主意。

导游:我们走吧！

(二)在火车站接站

如果导游员在火车站接站,首先要落实接站地点,尤其是该地有两个火车站以上时(如,北京、天津等地均有多个车站)不要弄错了,以免造成漏接。

在火车站接站,由于闲杂人员比较多,一些新导游员往往不好意思拿出导游旗,怕引起人家注意,投以关注的目光。所以,新

导游员要克服这种害羞的心理。要知道，我们的"旅游产品"——服务是"表演"出来的，不要害怕人家看你。我们就是要引起人们的注意，这样才能醒目，以便初到某地的游客能够迅速地找到你。

【例】在广州火车站迎接客人

（广州火车站，导游员小李正在迎接来自西安的张先生。火车已经到达，旅客们正在从出站口走出来。）

李：您好，您是西安来的张先生吗？

张：是的，我是西安来的张先生。

李：我叫李丽，是广州国旅的导游员。我是特意来接您的。

张：您好！李小姐。

李：您好！我们已经在广州白天鹅饭店为您订好了一个房间。我们的汽车已在外面等候。

张：非常感谢。

李：您有行李吗？

张：有，一只箱子和一个包。

李：我帮您拿那个包吧。

张：谢谢。

（他们朝汽车走去）

李：旅途还好吗？

张：还好。我们的火车因为下大雪，晚点了几个小时，让您久等了。

李：我想您坐了这么长时间的火车，一定很累了，我们直接开车去饭店吧。

张：好主意。

李：我们走吧！

（三）与司机的接洽

在导游接团过程中，需要着重指出的是，有一位通常在形形色色的导游书籍中鲜有提及的人物，也极为重要，那就是目的地接待旅行社所委派或聘用的司机。千万不要小看这个群体的能量。

一般来说，初次或偶尔帮旅行社驾车的司机多半因为不懂行还比较配合，但是，那些常年专门承接旅行社用车任务的老牌司机，就很难收服了。这种时候应该大打感情牌，直接向他讲明自己是初参加工作，希望多加关照。如果感情融洽，司机不但不会暗中给你作梗，有时还能够临时代替导游员开展一些与游客直接相关的接待服务工作。例如，当导游员不在场时，回答游客的询问；游客离车时，清理车上游客遗留的物品等。而且，司机因为听过许多导游员讲解这些景点，了解各种讲解方式在游客中产生的效果。记得笔者第一次带团时，司机师傅帮了很大的忙，他把书本上没有的导游词告诉了我。比如，武汉概况怎么讲、东湖怎么讲，特别生动和风趣，那都是各位导游员多年工作的总结啊！所以，对新入职的导游员而言，刚开始带团时，一定要注意多向司机们请教。这不仅能学到不少书本上根本学不到的实践知识，而且，虚心请教的姿态，还有助于激发司机们“好为人师”的天性。他们一得意，双方之间的关系自然也就比较容易融洽了。

一般情况下，司机不会无故为难你。赢得“司长”的支持，对导游员来说，是很重要的。因为在很多情况下，导游员都需要在司机的配合下才能够开展一些服务。例如，在长途车程中，利用旅游车设备组织车上活动、与司机协商确定游览时间与交通路线等。所以，我们通常也将目的地的旅游车司机视为导游工作集体的实际成员之一。要注意的是，旅游车司机并没有经过专门的导游技能培训，也没有提供导游服务的义务。因此，不能将司机视为导游员工作集体的“当然成员”，而强制性向其分配导游工作任务，其所提供的导游服务并无硬性的操作规程。

三、迎接不同的游客

迎接服务的对象是游客,带好旅游团,关键是带好游客,而带好游客的关键,是了解游客的一切需求,从而提供全方位的优质服务,真正使他们高兴而来,满意而归。

(一)从游客的个性来迎接

游客的个性各不相同,导游员从游客的言行举止可以判断其个性,从而达到了解游客,选择并采取正确的迎接方式。

下面是对各种不同个性游客的了解,并作出相应的服务。

见面爱说又爱笑,这样的游客较可靠;
要求偏多爱挑剔,严谨认真不回避;
团队当中有权威,对其热心不吃亏;
说话严厉有分量,对其尊重不一样;
爱听爱看又爱摸,对其服务要多说;
少言寡语又怕累,对其服务要干脆;
文化层次比较高,讲解认真别轻佻;
语言不通有障碍,对其照顾多关爱;
团员如果太年轻,细心耐心多提醒;
东南沿海大都市,游客腰包较殷实;
来自西部和内地,游客花钱爱算计;
来自山区和乡下,对其友好不欺诈;
游客上班在机关,消费起来很一般;
游客当中多农民,老实听话较省心;
遇到都是打工族,薄利多销别太俗;
接待名人和领导,工作周全要讨好;
团员都属好朋友,该出手时也出手;
爱吃爱抽又爱喝,这样的游客别怕多;

团员当中尽老外，习俗不同别见怪；
华侨港台东方人，服务热心重情分；
言谈举止打官腔，大小职务常带长；
衣服穿得较得体，一般都是干私企；
穿戴打扮上档次，属于成功的人士；
团员见他比较怕，准是团中排老大；
怀里揣满人民币，花起钱来真豪气；
钱包装有许多卡，购物消费也潇洒；
满身珠光和宝气，花起钱来不吝惜；
身上着装很高档，消费理念定大方；
平时手机经常响，生意兴隆财源广；
手机关机不联络，财路不多少事做；
随身佩有小皮包，这样的游客档次高；
游客情绪多变化，个性类型须观察；
旅途当中重学习，认真服务是前提。

(二)迎接不同职业性质的游客

我们在迎接不同职业性质的游客时，常常有些困惑。比如说，新导游员常听说医生、教师团队比较难带，如果导游员了解了他们的职业性质和其生活的背景，这种困惑也就迎刃而解了。

例如，教师团是每年暑假期间的主力军。旅行社不做吧，就宛如放弃了一块阵地；做吧，又觉得是一块硬骨头，很难啃，真是左右为难。

【例】叫人摸不透的教师团

小于第一次带中学教师团，他拿到接待计划时心想，教师的工作很崇高，也很辛苦，好不容易在暑假里出来玩玩，我一定要尽自己的努力，让他们玩得开心。然而，半天下来，小于就已经力不从心了，他甚至觉得，这些受过高等教育的教师，还不如那些文化水准不高的游客,懂得尊重自己。

这些教师总是喜欢“及时纠正”小于的讲解,即使是属于不同“学术观点”,也希望小于用他们的观点来修改导游词。

这些教师还喜欢“抠字眼儿”,常常从自己的角度去理解与组团社签订的旅游合同,完全不考虑现实的可能性,要求小于带他们去一些相当冷僻的人文景点。这让小于感到很为难。

这些教师也非常固执。当现实情况发生了变化,比如,交通临时管制,不可能去计划景点时,小于和他们商量,是否用一个类似的景点来代替,他们总要反复地问是什么原因,还提出一些无法实施的方案,坚持要去计划景点。这让小于觉得他们还不如那些不是教师的游客好商量。

这些教师对小于真的是“无微不至”地关心,从小于的工作,到他的在职进修,直至他的恋爱观、婚姻观等都一一加以指点,真是“诲人不倦”。

终于要把这个教师团送走了。在机场,全团教师真心地为小于唱了一首歌,还写了一封表扬信。这是小于万万没想到的。为什么每天都对自己挑三拣四,最后还表扬自己呢?

当那个学校的第二个教师团又要来旅游的时候,经理高兴地对小于说:“你干得真不错呀,这一次他们是点名要你接团呢!”当小于从经理手里接过第二个教师团的接待计划时,心想:这些教师可真是让人摸不透呀!

分析:本案例讨论旅游者的“角色移植”问题。

旅游者的“角色移植”,是指旅游者自觉不自觉地将原住地的社会角色“移植”到旅游团中来。

说起“角色移植”,须先从“社会角色”(简称“角色”)说起。理解社会角色,主要须从三点入手:第一点,社会角色是处于社会关系两端的位置。比如,导游员与旅游者分别在服务与被服务的社会关系的两端,没有这种关系,导游员角色和旅游者角色就不能形成。第二点,社会角色是个人的行为类型、方式和规定性。在这里,我们需要理解的关键是,角色是个人的。第三点,行为模式是由社会需要规定的。它有三层含义:一是社会角色是随着社会的需要而产生的。随着社会的发展,有了旅游活动,有了旅游活动才有了旅游者角色和导游员角色。二是角色的行为模式,是符合社会需要的。比如,我国的教师是不能体罚学生的,但是,在有的国家,社会却是允许教师体罚学生的。在这样的社会中一个从不体罚学生的教师会被认为是无能的。三是一个人兼具多种角色。同一个人在不同的社会关系中会扮演多种不同的社会角色。比如,同一个人,在学生面前是老师,在父母面前是子女,在校长面前是下属。

旅游者的"角色移植",是在旅游团这种临时性、松散性群体条件下,旅游者自我认知的一种结果。

一个旅游团只有几天,或者十几天,旅游者不可能在这么短的时间内凭借自己的人生经历、社会经验,与他人共同建立起稳定的社会关系。因此,他们也就很难理解旅游者在旅游团中的权利和义务。但是,他们又必须在这几天,或者十几天中待在一起。共同的生活需要一定的权利和义务来规范旅游者的言行,以保证他们之间的社会交往和旅游团的正常运行。这样,旅游者不得不为自己确定与他人的临时关系,规定一套具有权利、义务的行为规范,来作为旅游者角色的内涵。

那么怎样确定角色呢?当旅游者意识到旅游团的临时性、松散性和规范性没有强制力等特点之后,他们就会选择最清晰、最省力、最便捷的方法为自己"套取角色"。于是,旅游者就把原住地现成的社会角色移植到旅游团中来。这种选择带有"偷懒"的色彩,只是为了适应旅游者能够在旅游团中进行交往的要求,是被动性选择的结果。问题就在这时出现了，移植来的角色是不是旅游团这个“小社会”所需要的呢？是不是符合旅游团内人与人之间的关系呢？显然不是。移植来的角色只能适应原住地的社会关系和社会需要，而必然造成旅游团中社会交往双方在认知和行为上的矛盾。

本案例中的“角色移植”，并没有在教师之间造成什么问题，因为他们之间的同事关系在旅游团内没有改变，但却给小于的工作带来了不少的麻烦。这是因为，小于和他们的关系并不是“同事”或“师生”关系，而是“导游员与旅游者”的关系，可是教师们却往往将导游员的“角色移植”为他们的学生，进而在意识上将导游员在旅游团中的主导地位降低为从属地位。

所以，许多旅行社工作人员反映，教师团令人头疼，做亦难，不做亦难。自己不做，别人会做，教师团游客量较大，几乎整个暑期都是教师团，放弃了确实可惜；但做吧，利润却很微薄，这就令导游员头大了。其实，教师团并非像人们想象的那么难带，关键是要理解教师的身份，理解他们的“角色移植”。首先，教师的地位提高了，由以前的“臭老九”到“灵魂工程师”，所以，导游员应刮目相看；其次，导游员要明白，由于升学难，一些家长也“娇宠”了教师，几乎是有求必应，造成教师团难带；最后，需要理解的是，由于旅游者的身份为教师，教师往往有一种“职业病”——习惯纠错。当导游员出现错误时，他们会及时“帮助”你，有时候，令导游员下不来台。如果你把自己当做一个谦虚的、乖巧的学生，就会觉得教师团并不那么难带。“挑剔”，只不过是他们的一种职业习惯而已。大凡教师都比较喜欢谦虚的学生。记得有一次，笔者带一个教师团，在黄鹤楼讲解南楼，由于南方人“lán”“nán”不分，所以，“南楼”的“南”字没有读准，一教师客人提出来，虚心接受也就“OK”了。

"角色移植"者所"移植"的，是其在原住地的社会角色，原住地社会角色长期形成的职业习惯，使他们对原角色在旅游团中的适用性缺乏警惕，因而不能审视自己的行为，只有当冲突爆发后才能有所察觉，此时往往为时已晚，职业习惯引发的矛盾性质已经向人际意义转化。

分析"角色移植"现象给导游员的启迪是：要更多地了解社会，了解客源国（地区）的情况，了解各种各样的社会角色，要善于识别"角色移植"，调整心态以适应"角色移植"后旅游者的言行，有针对性地为发生"角色移植"的旅游者提供服务。

（三）迎接不同区域的游客

1. 如何迎接海外游客

（1）美洲地区。美洲地区，其旅游业规模仅次于欧洲，居世界第二位。它大约为世界旅游市场提供20%的客源，接待国际旅游者大约20%。这个地区主要旅游客源国是美国、加拿大和墨西哥。它们各有一些特点，以来我国旅游人数最多的两个国家美国和加拿大为例，总结游客特点，可归纳为遵时少礼、好问坦荡、幽默奋斗、不爱谦让等。

接待这些国家的游客，我们应从思想、政策上注意接待方法。

① 高档设施，美味佳肴。美、加人生活水平比较高，讲究居住条件，喜好美味佳肴。他们在国内平均每周至少去一次中餐馆，来中国旅游想品一品真正高水平的美味佳肴，希望下榻于具有中国民族风格的四五星级、既有中国风格又有西方设施的饭店就是自然的了。有一点应当重视，他们喜欢冰镇啤酒、爱喝中国花茶。

② 接待导游，思维敏捷。接待美、加游客的导游员必须政策性很强，思维敏捷，语言生动、幽默，要具有一定的阅历、一定的业务水平。

③ 节目丰富，接触群众。美、加人来华旅游的目的是什么？

调查结果显示：其中67%的游客主要想了解中国人的生活方式（Way of life）。这种了解是多样的，安排节目亦应丰富多彩。他们最想了解的情况是：生活方式、价值观念、思维取向、审美情趣、妇女解放、宗教信仰、民族政策、法律制度等，如果导游员每晚能就这些题目进行专题讲座，会受到热烈欢迎。

（2）亚洲地区。就世界角度而言，亚洲地区的市场规模，从接待人数，到创汇数量，均居世界排行第三位，但对我国而言，却是入境旅游规模最大的市场。来自该地区的游客几乎占了我国接待外国旅游者人数的一半。

亚洲地区的主要客源国有：日本、泰国、新加坡、韩国、马来西亚、菲律宾、印度、尼泊尔等。中国已成为亚洲的旅游强国，正向世界旅游强国迈进。

亚洲是我国所处的地区，文化接近，共同点多，除少数信仰伊斯兰教国家外，大部分国家都受佛教文化，特别是我国华夏文化的影响。这个地区的游客，从接待角度来讲，有文化接近、提问难答、讲求餐饮、注重礼仪等特点。

因此，在接待亚洲地区的游客时，应注意以下方面：

① 美味佳肴推荐，共同话题常讲。由于与该地区游客在文化上接近，又爱品“名吃”，所以导游接待工作一定要了解他们的口味，适当讲些中餐知识，向他们推荐风味餐。再则由于大家都是亚洲人，有着相似的文化和历史背景，所以，导游员要寻找大家共同感兴趣的话题进行交谈。这样既可融洽关系，又使彼此很快熟悉，有利于导游接待工作的成功。

② 注重礼仪，知识丰富。接待亚洲地区游客的导游员，语言水平略差一点，关系不会太大，但重要的是要讲礼仪。这是由于亚洲地区的游客很讲究礼仪，“非礼莫言，非礼莫为”已成为他们生活的习惯。如果导游员不讲礼貌，会引起他们的极大反感。另

外，由于文化接近，一般导游讲解，客人已不感兴趣，所以导游讲解必须非常深刻，并有独到的见地。

③ 节目安排多访古，寻亲探友相协办。我国的历史，对日本、韩国、越南、蒙古、新加坡、马来西亚等国都产生过重大影响，甚至某些邻国的历史断代、文物遗失，但却均可在我国寻根索据，所以，亚洲地区游客来中国游览城市和名胜古迹、宫殿、庙宇，安排多少，他们都会认真欣赏、研究、百看不厌，不会像西方游客那样发牢骚："白天看寺庙，晚上睡大觉。"所以，接待亚洲游客，导游员安排好古迹节目，讲好这些古迹的来龙去脉是非常重要的。

亚洲来的游客不少在中国有亲友，他们来访华时，顺便拜访一下亲友是人之常情。导游人员所应做的事情，是对他们多帮助，查找线索，打听地址，尽力协助联系。尽管事必躬亲，却也事半功倍，帮助了别人，人家对你的工作会感谢和称道的。

④ 导游艺术讲究，细节之处详尽。对熟悉我们的亚洲游客，导游人员必须有高招才行，要运用一些有新意的导游手法，如"创新立意法"、"名人效应法"、"制造悬念法"、"组织故事法"、"创造意境法"等。亚洲人，特别是东南亚人，"听不厌细"，所以讲到景观细致之处，讲得愈详尽愈好，愈从不同角度欣赏愈好。此时，导游员若能背上一首触景生情的古诗词，会受到游客的热烈欢迎，不信，你试试。

(3) 中东和非洲地区。这个地区参与国际旅游的人数不多。2001 年，我国接待中东和非洲地区市场的游客 30 余万人。该地区石油业发展，不少国家被列为世界富国，旅游市场潜力很大，目前已成为世界许多接待国争取客源之地。这个地区的客人，有四个特点：要求礼遇、喜欢参与、多游风光和学习经验。

在接待该地区游客时应注意：

① 礼遇相待，耐心细致。世界上有个规律，愈穷的人、愈身份

低下的人,愈重视别人对他的态度和礼遇。据说,在世界第四次妇女大会期间,北京怀柔饭店的总统间、套房都被“黑姐妹”代表团租下了,而美国总统克林顿的夫人希拉里住的却是标准间。

所以,接待这个地区的游客一定要小心,随时随地礼遇相待,对他们一定不要露出看不起的目光,一定要奉为上宾。无论从称呼上、座次上,特别在同白人游客一起时,一定要“一视同仁,略有关照”才行。

② 导游接待,善于介绍。中东和非洲的游客对我国取得的伟大成就赞赏有加,我们在谦虚谨慎的同时,还要善于介绍。

③ 节目安排,首选风光。由于中东和非洲多沙漠,少风景名胜;也由于这个地区一些游客文化水平相对较低,又离中国很远,他们欣赏故宫和博物馆有一定难度,所以,给他们安排风光节目,游览山水,他们还是很高兴的。特别是一些游乐场所和参与性节目,他们是非常乐意接受的。

④ 讲解简明,用语易懂。导游员接待该地区游客,要运用“简明易懂、生动形象,富有描绘性的口语”,千万不可“之乎者也”咬文嚼字,千万不可摆学者架子,要平易近人。

(4)俄罗斯和东欧地区。这个地区,主要是俄罗斯及其从20世纪50年代开始发展旅游业的匈牙利、罗马尼亚、保加利亚、捷克等国。这些国家大都离我国很近,且近年来经济状况也好,历史上,在1954~1974年间是我国旅游市场的主要客源国。这些客源关系至今还起着作用。

俄罗斯和东欧地区游客具有以下特点:

① 要求餐饮。这个地区国家过去以发展重工业为主,对轻工业、餐饮业不够重视,所以食品差,供应不足,更谈不上提高烹调技艺了。他们来到烹饪王国——中国,喜出望外,因此,菜好饭足,充分供应啤酒,要求量大、量足是一大特点。

② 容易满足。这个地区过去官僚机构很多，海关手续很繁杂，服务水平也较低。来自这个地区的游客，对中国人的“热情好客”，特别是规范的“接待服务和设施”，都非常满意。

③ 讲究理论。毕竟过去大家都是“同志”，都是“马列主义”的信徒，所以这个地区来的游客，不少还是具有一定理论水平的，而且希望就社会主义建设和实现共产主义的理论问题进行探讨和经验交流。

④ 文明度高。正像一位中国学者在莫斯科街头看到的景象：“人们排队买西红柿，但手里拿着普希金诗选或托尔斯泰的小说。”东欧地区的游客，文化水平和文明程度还是比较高的。这是在悠久的文明历史中形成的。

由此，我们对该地区的游客，应注意如下接待方法：

① 餐饮数量要足，购物导游要好。该地区游客的饭量都较大，口味也有特点。以俄罗斯游客为代表，他们要求菜肴量大、实惠，主食偏爱面食，以大面包为主，对中国清汤饺子也很喜爱；肉类偏爱牛肉，蔬菜最爱白菜、蘑菇，水果喜食苹果；酒类除啤酒外，一定要喝烈酒伏特加。

该区游客购物，仍是来华旅游的主要目的之一。他们购物不仅具有一般游客特点，而且还有经商批发的特点。所以，为他们选择商品一定要细心，还要考虑他们的生意效益。另外，我们应该学一些商品知识，以便帮他们选择对路、畅销的商品。

② 导游人员要老练，知识理论要全面。导游接待的人选很重要，一定要老练的导游员承担。这是由于该地区游客的接待工作量比较大，也比较杂，是一般年轻的、刚开始工作的导游人员难以胜任的。具体要求如下：

• 他们必须了解历史，搞清楚过去我国和这些国家的关系。

过去我们同这些国家同属一个阵营，有过密切的国家关系，曾有过亲切来往，了解这些可有共同话题，能从历史角度探讨一些问题。

• 他们必须知识丰富。

该地区虽离我国不远，但在文化体系方面离我们很远，大多属于欧洲，因此，从知识角度讲，风俗习惯、历史文化，我们都应了解。

③ 节目安排要休闲，商店工厂要参观。近些年来该地区客源也发生了很大变化，过去以购物为主，现今也有不少游客以游览为主了，游览多以休闲为目的。

另一些仍以经商为主的游客，不仅喜欢逛商店，还非常希望能参观制作商品的工厂和车间。当然也有些游客参观工厂、学校、医院，是来了解中国社会主义建设经验的。

(5)不可忽视的大洋洲地区。该地区虽然人口不多，但旅游出境人数却不少。其中，澳大利亚、新西兰一直是我国入境游市场的重要客源国。由于大洋洲地区人民生活水平高，多为欧洲人后裔，有旅游习惯，所以，应引起导游员的重视。该地区游客的特点是：性格开朗大方，喜欢动物、植物，忌讳他人干预，讲究礼节、友谊。

面对大洋洲游客特点，我们的迎接方法应注意以下几点：

① 餐食喜“烧烤”，行为重礼仪。澳大利亚居民的 95%、新西兰居民的 80% 为英国移民后代，虽饮食习惯与英国人相似，但由于新的环境，他们在餐食上更喜烧烤，也爱野餐。在华游览期间，对菜肴喜色、香、味、形俱佳；喜京菜、沪菜和淮扬菜；爱吃鸡、鸭、鸽、海鲜、牛肉、猪肉，对中国的豆芽等菜蔬也极为欣赏，烤肉、烤鸭、烤鱼、烤鸡、烤大虾，他们最为欢迎，喜欢喝葡萄酒和啤酒。

② 导游接待，精于安排。新导游员一定要注意精于安排接待澳、新游客，因为他们的要求有明显特别之处。

• 爱动物。你若在北京机场迎接澳、新客人，问他们最想看的节目是什么？他们都会笑着说："我们先去向熊猫打个招呼吧！"（Hello Panda！）澳、新人民一向热爱动物，因为动物，特别是牛羊，其数量大大超过人口，对他们的国民经济及生活具有极其特别的意义，是两国经济力量的体现。鸵鸟、袋鼠、树袋熊更是澳、新人民的骄傲，所以他们来华不看中国国宝——熊猫是不行的。

• 热爱植物，喜欢自由。澳、新人民热爱大自然，热爱花草树木。澳、新人祖上不少是因"流放"来到大洋洲的，也就是说，他们当中不少是"犯人"的后代，也许就是因为这个缘故，他们多喜爱自由开放，反对他人限制，接待中要特别注意他们这个特点。

③ 节目安排，原始风光。由于历史和地理的缘故，澳、新客人到中国旅游，很希望安排一些观赏风光和爬山、涉水，靠近自然的节目。一位澳大利亚游客甚至说："我终生之愿，是爬遍天下每座山。"由于澳、新这两个国家都有土著人，所以他们对原始节目也很感兴趣。西安的半坡博物馆、北京的周口店，他们很愿意光顾。参观博物馆，特别是历史博物馆时，他们往往会以我国先民的生活与其本国土著人的生活进行比较。

④ 语言平易，艺术比较。在为澳、新游客导游时，导游员应特别注意语言要平易近人、亲切动听。千万不可使用一些粗鲁的、命令式的语言，如果那样，会引起他们的反感，甚至"抗议"。但也不可太"牛津腔"，用太多文绉绉的书面语言，如若如此，他们会笑着说："我们已不是大学生了，您也别太像教授了！"所以，对澳、新游客，导游用语一定要注意言简意赅、平易近人。

另外在导游手法的选择上亦不可太过深奥，以采用"比较"法为好，导游员若了解一些澳、新的名胜、山水，游客会非常兴奋而愉快，游览中国山水时，提一提他们的"蓝山风景区"、"三姐妹山峰"（Three Sisters Peak）、"红色岩区"；参观建筑时，提一提"悉尼歌剧院"（Sedney Opera Hause），他们对你的导游服务一定会加以

称赞的。

(6)骨肉同胞的港、澳、台地区及华侨。该地区的游客具有同胞亲情、游子心态和探亲访友、寻故品尝等特点。其之所以具有“寻故品尝”的特点，是因为他们思乡之情是浓烈的，一到久别的故乡，感情之闸大开，什么都想看、什么都想吃，祖坟一定要拜，学校一定要看，儿时玩耍的场地一定要望一望，一切都会引起亲切的回忆，甚至连出生地的房子，降生时的产科医院，都要摄影留念，因为人生的旅途是由此处开始的。

儿时的食品格外香甜，留下深刻怀念，即使今日已毫无踪迹，也一定要寻找一番，这就给我们的导游员增添了不少的麻烦。

针对以上特点，我们在做该地区游客的迎接工作时，应注意以下几点：

① 安排传统食品，准备像样的住处。回到故乡，就要吃正宗的、传统的故乡食品。北京人久别而归，要想吃烤鸭、涮羊肉，安排起来容易，要想喝豆汁、大碗茶，吃焦圈、羊头肉，年轻的导游员理解起来就困难了。但我们一定要努力，人家千里迢迢归来，就想“吃这一口儿”，不吃就不满意。据说香港巨富包玉刚在宁波游览时，非常想吃儿时吃过的“臭冬瓜”，当时宁波没有，他很不高兴。没想到过了两天，一位饭店的老服务员从家里给弄来两碗，包玉刚高兴异常，就着久别的“臭冬瓜”吃了两碗米饭。当地官员告诉我们，包玉刚当时吃得非常高兴。后来，他为宁波的“引资”作出了贡献！从此，宁波街头小巷的饭店又恢复了“臭冬瓜”名菜。也许是名人效应，笔者也品尝了一次，实在是美味无比，本人就非常喜欢吃“臭”东西，如，臭鸡蛋、臭豆腐、臭鳜鱼等。这没办法，据说“胃”这个器官，记忆力是最强的，漂泊海外多久，也不会忘记家乡的“饭食”，导游员在安排餐饮时，非下工夫不可。

为什么要“准备像样的住处”呢？大部分海外归来的华人仍

保留着中国人“爱面子”、“讲排场”的习惯。他们往往愿在住处接待家乡人，摆个场面，让家乡人看得起。中国人把“衣锦还乡”的感觉看得很重。

② 亲情表达充分，黄色笑话严禁。由于是同胞之间，又由于有亲情，言语表述就需要热情随意些，亲情表达也应充分些。但是亲情表达往往容易言谈过度、开玩笑过分，说话不注意分寸。

近年来，在导游员中兴起一股说“黄色笑话”的歪风，有人说是“台风”刮来的。台湾地区同胞从1988年大批来访，最初几年，游客中大都是过去的“老兵”，文化层次相对较低，好讲些低俗笑话，对此，著名美籍华人陈香梅女士早就对台湾当局有所提醒：“让台湾的游客给大陆送钱去，但千万别送去庸俗作风。”可惜，让她言中了。

但是，我们都懂得“外因是通过内因起作用的”，我们一些导游员讲黄色笑话，主要还是由于自己品位不高所致。

近年来，从台湾地区来的游客文化层次不断提高，有许多学者、文化人士前来，他们对“黄色笑话”也持反感态度。所以，接待台湾游客的导游员，请自尊自爱，一定要禁讲“黄色笑话”，当一名文明导游员。

③ 运用熟悉的语言。在接待我国港、澳、台地区游客及华侨时，最好使用他们所熟识的语言。即在接待港澳游客时，要用粤语方言；在接待台湾地区同胞时，要讲闽南方言。某导游员有一次接待台湾地区同胞，讲了一会儿后，客人就要求该导游员讲闽南话，当时真是好尴尬啊！让该导游员终身难忘。从此，他便再也不敢带台湾地区的旅游团了。

2. 如何迎接国内游客

首先，我们来了解一下中国十大城市市民的文化性格。

北京人调侃的净是文化；

上海人爱讲与国际接轨；

广州人用实力引导时尚；

天津人淳朴、悠然，不赶时髦；

深圳人凡事赶新潮讲规则；

武汉人精明中透出豪爽；

成都人逍遥自在，善于休闲；

重庆人爱讲勤劳致富、闯江湖；

沈阳人追求务实干事业；

香港人则爱讲究东西文化交融。

那么，我们导游员如何迎接各个地区的游客呢？

（1）对来自北京的游客

① 哦，大家来自伟大祖国的首都，那可是全国人民向往的地方啊。

② 上面来的，欢迎大家来我们这个小地方检查指导工作。

③ 北京人，好啊！关心政治，全国人民的榜样！听说，北京晚上7:00~8:00街头的行人最少，北京人都在观看《新闻联播》和《焦点访谈》了。北京人好就好在“位卑未敢忘忧国”，值得我们学习！

④ 北京人，都是见过大世面的，不像我们这些小地方的人。听说连胡同里的老太太，都很有外交辞令，讲话都是一套一套的，外国总统都佩服得五体投地。请大家对我的导游多多指教，我真想努力，争取赶上北京胡同老太太的水平就可以了。

⑤ 北京人为什么那么爱称“爷”啊？能说会道的，叫“侃爷”；有钱的，叫“款爷”；做摊贩的，叫“倒爷”；跑跨国生意的，叫“国际倒爷”；甚至连蹬三轮车的，也谓之“板儿爷”，这是为什么啊？大家能给我讲讲吗？

（2）对来自上海的游客

① 上海，大地方！在上海人面前我们可不敢妄自尊大，我们城市就改名“小××市”，把“大”字送给你们，大上海嘛！

② 上海人,大家都来自国际大都市,多少次国际大会都是在你们上海举行的啊！你们见多识广,我们这些人在你们眼里简直都是乡下人,如果大家发现我身上有什么“刘姥姥留下的痕迹”,别忘了给我指出来哟！

③ 人们都说上海人“小气”、“抠门”,我同大家接触了两天,可一点没这种感觉,你们购物很大方啊,你们可真不像传说中的上海人(据学者研究成果,如果说上海人不像上海人,是上海人最爱听的恭维话)。

④ 新中国成立前上海是“十里洋场”,新中国成立后上海是“计划经济的排头兵”,改革开放后,上海又成为我国的“东方明珠”,所以人们讲,要了解中国百年史,就去上海。我还年轻,各位有时间给讲讲上海,我也受些教育,好吗?

(3)对来自天津的游客

① 我们当导游的都恨不能生为天津人,因为天津人口才特棒,“卫嘴子”天下美名啊！相声大师马三立,还有当今走红的相声名嘴冯巩等都是天津人。你们那儿不但出相声人才,还听说男女老幼都会说天津快板,以后有时间可要给我们说一段哟！

② 天津小吃,世界闻名呀,什么天津大麻花、耳朵眼儿炸糕,还有果仁张、狗不理包子什么的,能告诉我为什么叫这些名字吗?

③ 你们天津人,穿衣都非常讲究配套。新衣服必须配新帽子和新鞋。如果配上帽子而没鞋,你们叫“头齐脚不齐”是吗?若没皮鞋,你们叫“脚下没鞋——穷半截”！我们这里鞋好,帽子也好,请各位天津游客选购。

④ 听说天津人乡土观念特深,全国各地,都有四川打工仔、河南打工妹、安徽小保姆,但天津人很少外出打工,大家能告诉我为什么吗?

(4)对来自重庆的游客

① 重庆，在世界上名气非常大，听说联合国的世界地图，中国只有四个城市标上了名字，其一就有重庆，重庆在第二次世界大战期间，发生过许多轰动世界的大事……

② 你们重庆是雾都。听说天无三日晴，我一定多安排户外活动，抓紧时间多让大家晒晒太阳，多带走一些我们的阳光。

③ 重庆和成都我都去过，两个城市都有同名的饭店，叫“天下第一锅”，大家能告诉我，这两个城市，哪个更辣吗？

④ 重庆是我国绰号最多的城市，人们叫它山城、火炉和雾都，来自重庆的朋友们，请告诉我，重庆为什么叫这样的绰号呢？

⑤ 听说你们重庆自行车最少，因路无三尺平，山坡路多，也带来好处，你们的姑娘都很苗条，而且肥胖人也特少，这真是好事，是这样吗？

(5)对来自江苏的游客

① 你们江苏呀！人杰地灵，是才子佳人的地方，大才子唐伯虎不就是苏州人吗？听说此人很正派，不像传说中的那么风流，还有学者正为他翻案呢！其实为他翻什么案呀，他若不风流，也许还不这么有名呢，对不对？

② 苏州，苏州园林甲天下，整个园林城市都列入《世界遗产名录》，了不起呀！外国人又称其为东方的威尼斯，许多东方的水城像曼谷、大阪都获此殊荣。我看真能超过西方威尼斯的只有苏州。别的不说，苏州有桥300多架，比威尼斯的桥多得多！

③ 北京人能做官，上海人会挣钱，我看咱们江苏人最会生活，南京、苏州、无锡、扬州都是多么温馨、舒适的城市呀。郊区有鱼米、市内有文化，要什么有什么。我真羡慕大家呀！给我介绍一下你们那住宅的情况好吗？

(6)对来自广东的游客

① 广州，那可是全国最富的地方，据统计你们城市有六七百

万人口，占全国的1/200，但你们的存款数却占全国的1/20。财神爷爷、财神奶奶来了，我们表示热烈欢迎！

② 你们广东可是我国国内旅游和出境旅游业最发达的地区，全国有100强国内旅行社，广东一省就占了47家。你们也是去海外旅游人数最多的省份，可算得上是最先富起来的那一部分人！千万别忘了我们这贫困的地方呀。

③ 广东人敢吃，那真是世界有名啊，你们的菜单上有蛇肉、猫肉，还有老鼠、蝎子、蚂蚁、禾虫、蚕蛹等。这个菜单若译成英文，一准能当场吓晕过去几个"洋鬼子"。

④ 广东人爱吃，在吃穿支出项目的统计调查中，你们用在"吃"上的人均生活费支出之高，是全国9大城市之首，而用在"穿"上的人均支出，则是9大城市之尾，可是，我看各位穿得还是很好的，不知统计的准不准？

⑤ 广东人爱吃，讲究"补"，爱"煲"汤、爱喝"粥"。听说广东是"粥"的王国。还听说广东女孩儿如果不会"煲"靓汤，是嫁不出去的，不知是真是假？

⑥ 广东人非常能干，你们都讲究"走得快，跑世界"，你们特别会赚钱，大钱、小钱，有钱就赚，所以发财快，有时间请大家教教我"发财之道"好不好？

(7)对来自河南的游客

① 中原大地是中华文明的摇篮，河南是中国旅游资源大省；7大古都，你们占了3个，洛阳、开封、安阳。

② 你们不仅是旅游资源大省，还是旅游经济大省，难怪一位国家旅游局老局长曾说，中国旅游要靠三南：河南的文化、云南的风情、海南的度假。

③ 河南可是世界名人杜甫的故乡。他生在巩义。爱国大将岳飞的故里也在这里（汤阴县）。豫剧名家常香玉，也出生在河

南。还有花木兰，受这些名家的影响，河南会越来越好的。

④ 河南的城市名，为什么都有阳字呢？洛阳、安阳、信阳、汝阳、南阳……谁能告诉我原因何在？

⑤ 有机会一定去河南看看龙门石窟、白马寺、开封、宋城、宋陵。我一定要去少林寺，顺便学上两招武术，以便防身，团内哪位若有工夫，游览之余，我拜您为师呀！

(8)对来自河北的游客

① 河北可是个重要省份啊！全国人民的首都就位于你们省内，直辖市天津也处在你们省内，你们离中央最近，受照顾最多。当然，你们也有为中央服务的任务啊，我们想服务，还离得太远呢！

② 自古燕赵大地多慷慨悲歌之士啊——据传那个刺秦王的荆轲就是你们河北人，“风萧萧兮易水寒，壮士一去兮不复还”多么豪壮！还有个燕人张飞——张翼德，大喝一声河水倒流，吓破敌胆，多么英雄威武！不过他那么凶猛，又不会笑，可不是我们导游员学习的榜样。张飞，我看什么都能干，就是不能当导游，您说呢？

③ 你们河北的历史文化名城邯郸，听说现在古城墙还保留的很好。邯郸是赵国的国都，那里发生过大将廉颇和相国蔺相如的“将相和”故事，看来，咱们河北人从历史上就注重团结和睦。我也盼望咱们在旅行团内都能团结、互助，愉快地进行旅游！

(9)对来自山西的游客

① 山西人诚实，多忠勇仁士也：大忠者，杨家将也；大义者，关云长也；大勇者刘胡兰也；还有个大能之人，叫吕洞宾，为八仙之一。听说该仙人还是个大大的好人，要不怎么会有“狗咬吕洞宾——不识好人心”之说呢！

② 听说山西有二多，一是煤多；二是醋多。女孩子找婆家，要

先看看男方家里醋缸有多少。少了不嫁,是真的吗?

③“清明时节雨纷纷,路上行人欲断魂。借问酒家何处有,牧童遥指杏花村。”杏花村的汾酒和西凤酒不知醉倒天下多少人,又产生出多少诗文佳作呀!

④旅游看民俗还得到你们山西。山西这几年的大院文化在全国都有名。乔家大院、王家大院、张家大院……大红灯笼高高挂,就是在乔家大院拍的,什么时候,您也带我去看看。

(10)对来自山东的游客

①山东人讲义气,出好汉。我见过几个山东人在一起喝酒后吐露真情,于是我得出这样的结论:只有山东的土壤,才会产生水浒传的故事。

②老乡见老乡,两眼泪汪汪。山东人最注重乡情,在海外的唐人街,大都有山东同乡会,只要是山东人在海外遇到困难,同乡会都会帮助。

③“路见不平一声吼,该出手时就出手,风风火火闯九州……”山东人好啊,见人有难拔刀相助,大碗喝酒、大块吃肉……我真想做个你们山东人呀!

④世界上只有两个地方的人被称为棒子,一是高丽棒子,二是山东棒子,说是棒子,意思为高大、英俊,直来直去。日本女人最喜欢找我国山东棒子做丈夫。她们都怪当年徐福带500童男中山东小孩太少,造成现在日本人长得都矮小,您说是不是?

(11)对来自浙江的游客

①欢迎大家——天堂来客!你们让我想起一首诗:“若把西湖比西子,淡妆浓抹总相宜”;您让我想到一个神话传说——《白蛇传》;让我想起了一句谚语:“湖嘉熟,天下足。”

②您看,浙江出诗、出传说、出稻米,还出一样——美女!无怪团内女士们都这么漂亮,苏州出美女呀!西施姑娘不就是你们

浙江人吗？

③ 我第一次去杭州时，很少睡觉，每天四五点钟就起床，清晨围着西湖散步，我觉得在"天堂"睡觉是浪费人生。我在杭州的第一感觉"难怪你们那里生活得那么愉快。杭州是让人发不了愁的地方。"

④ 作为导游员，特别想到你们浙江当游客，你们有全国优秀的导游员，导游艺术很高。对我来讲非常想游游西湖、爬爬雁荡山、看看千岛湖、喝喝真正的龙井茶。如果有机会我还要买上一把张小泉的剪刀和几米丝绸。

(12)对来自安徽的游客

① 您来自安徽呀，不是名人就是文人。你们安徽可是出名人的地方，哲学大家庄子、神医华佗、明朝开国皇帝朱元璋（说凤阳道凤阳，凤阳出了个朱元璋），以及曹操、包公、李鸿章、共产党的早期领导人陈独秀，还有大诗人李白，虽出生不在安徽，却愿意选在安徽去世。安徽对文人、名人很有吸引力呀！您看安徽人多有文化啊！文房四宝，安徽占了三个：宣纸、徽墨、歙砚。

② 俗话说，无徽不商，安徽人有经商的传统，也出过闻名于世的商人，像胡雪岩。现在在市场经济的大潮中，你们一定如鱼得水，重操旧业，那个傻子瓜子，就是从你们那里（芜湖）炒遍全国的，连邓小平都支持过他。

③ 你们安徽的黄山实在值得一看啊，世界级的景观，不仅美，而且育人作用非常强，连大画家刘海粟大师，游后都说："昔日黄山是我师"呀！什么时候请大家带我去，咱也受受教育好吗？

(13)对来自四川的游客

① 大家来自天府之国，物产丰富，人杰地灵，出了多少名人呀！古有司马相如、苏轼；现代又有郭沫若、刘伯承、邓小平；还有世界遗产峨眉山和乐山大佛，世界有名啊！

② 四川省可是旅游资源大省啊！九寨沟那真是童话般的世界、人间的天堂啊！峨眉山、都江堰、青城山、乐山大佛都是世界级的景观，以省为单位，全国哪个省也不如四川列入《世界遗产名录》的景观多呀！

③ 您要吃家乡的汤圆、担担面、夫妻肺片、麻婆豆腐，我们这里都有，就是不正宗！

④ 你们四川人，勤劳、能干，全国有名。全国各地都有你们的打工仔、打工妹，口碑特别好，为全国经济发展作出了贡献，我应该向你们学习！

⑤ 你们川菜真是无所不在，世界各地都有，美国人、法国人，甚至东南亚国家人都喜欢“川菜”。你们的“麻辣烫”麻遍全世界呀！

(14)对来自贵州的游客

① 欢迎您，来自贵州的游客，您贵姓？贵州有姓贵的吗？贵州的物价贵吗？

② 一上你们的游览车，知道大家来自贵州，不知怎么回事儿，好像闻到一股茅台的醇香味儿，当初在“万国博览会”上，要不是你们贵州人灵机一动，打碎酒瓶，没准茅台酒现在在世界上还没名气呢。尼克松、基辛格都非常爱喝此酒呀！

③ 贵州的蜡染可是有名呀，真想有机会买它几米。

④ 贵州省的省会叫贵阳，省名和省会名第一个字相同，全国少有，而且还都很“贵”。这就更绝无仅有了，哈哈。听说贵阳有种油炸小食品，不贵，很便宜，叫“恋爱豆腐”大方块豆腐。炸得焦焦的、热热的，拿刀中间一切，夹上辣椒酱，大约只有热热的、辣辣的才能体会“恋爱”的味道吧！不知道哪位带来了，让咱也尝尝“恋爱”的味道好吗？

(15)对来自云南的游客

① 云南呀，旅游大省，吸引着几百万人前往参观旅游呀！你们一位省级领导说，过去十几年把云南建成香烟大省，对国家纳税贡献不小，可是名声不好。现在，这位省长想再用十几年时间，把云南建设成一个旅游大省，你们的世博园开了个好头啊！

② 云南啊！过桥米线有名呀，听说其中还有个故事，能给我讲讲吗？

③ 啊，云南，好地方！孔雀的故乡、阿诗玛的家园，多民族聚居的地方！昆明四季如春，“五百里滇池奔来眼底”、大理风景如画、苍山洱海令人神往，还有那西双版纳，叫我心里思念！刀美兰、杨丽萍是云南人吗？

④ 你们云南是“花的海洋”，不仅花多而且花迷也多，我们有球迷协会，听说你们有花迷协会，协会会员达数百万之众，您是会员吗？

⑤ 云南是个好地方，许多外国人都将这里当仙境。我们在丽江开饭店和咖啡馆。在大理早有“老外一条街”。有些外国人还留下遗嘱，死后也要埋在咱云南。

(16) 对来自陕西的游客

① 陕西，全世界炎黄子孙的“老家”，中华民族的发祥地！我们的老祖宗，黄帝陵就在你们陕西，中国人到哪里都不能忘本，有机会我一定回“老家”看看。

② 西安是中国古代建都时间最长的都城，先后 8 个朝代在那里建都，古迹太多了，兵马俑，世界第八大奇迹，现在专家们说，了解中国应从西安开始，从了解中国农民开始，所以克林顿访华，是从西安开始的，从访问一个农民家庭开始的。

③ 你们的羊肉泡馍，听说很有名，蒋介石都吃过，味道怎么样？

④ 给我们唱一首“信天游”好吗？要不就吼一声秦腔“卖大

米”行吗?

⑤“南方才子北方将,陕西文武排两行”,还有人讲“南方的相,北方的将,自古陕西出帝王”。你们都是中国13个天朝王子身边臣民的后裔,自然有不凡的身世,将来各位要当了大官,千万别忘了我这名小导游啊!

四、教你如何致欢迎词

欢迎词的内容,应视旅游团的性质及其成员的文化水平、职业、年龄及居住地区等情况而有所不同,一般应在游客放好物品、各自归位、静等片刻后再开始讲。因为游客新到一地,对周围环境有新奇感,左顾右盼,精神不易集中,讲解效果不好。因此,地陪要掌握时机,等大家情绪稳定下来后再讲解。欢迎词,要求有激情、有特点、有新意、有吸引力,能够把游客的注意力吸引到你的身上来,给游客留下深刻印象。一般应包括如下内容:

(1)问候语。向各位来宾、各位朋友问好。

(2)欢迎语。代表所在旅行社、本人及司机欢迎游客光临本地。

(3)介绍语。介绍自己的姓名及所属单位;介绍司机。

(4)希望语。表示提供服务的诚挚愿望。

(5)祝愿语。预祝旅游愉快顺利。

示例:

各位来宾,各位朋友:

大家好!大家辛苦了!首先,让我代表××旅行社,尤其是我们武汉800万人民欢迎各位来武汉观光游览。我姓周,是××旅行社的导游员,大家叫我“周导”好了。希望我能像这个称呼一样为大家提供“周到”的服务。这位是我们的司机康师傅,今明两天就由康师傅和我为大家提供服务。我们感到非常荣幸!大家在武汉可以把两颗心交给我们，一颗心是把“放心”交给康师傅，他的车技相当娴熟，大家尽可能放心坐他的车；另一颗心就是把“开心”交给“周导”——我好了！一路上大家有什么问题、有什么要求就尽管提出来，我们将尽力满足。最后，希望大家在武汉能玩得开心、吃得满意、住得舒适。谢谢各位！

像这样的欢迎词，是比较规范的欢迎词，比较适合导游证考试应用。可是，在实际操作过程中，常常需要灵活运用欢迎词，进行变通，以达到意想不到的效果。

如：一次，某位导游员接待了一个香港地区金融业的夫人团。团长是香港汇丰银行董事长的夫人。接团前，该导游员与组团社和全陪几次通话，了解了团队的一些情况，并对景点和相关的事宜做了较好的准备。她们从成都乘坐软卧来渝。由于软卧车厢是加挂的，到重庆站时，这节车厢恰好停在车站之外。几天的连绵阴雨使导游员不得不打着雨伞在软卧车厢门口迎候客人。第一个出来的是年逾八旬的团长。该导游员把雨伞伸过去，为她挡雨，并搀扶她下了车。她说了一声“谢谢”，然后抬头看了看阴云密布的天空，向身边的随员嘀咕了一句广东话：“真倒霉，又遇到这鬼天气。”一个“又”字，说明客人在阴雨天中旅游已经好几天了。在从站台到上车的这段路途中，除了点齐人数、清点行李外，导游员一直在思考如何致好欢迎词，改变一下客人的情绪。上车后，导游员再次清点人数，确认无误后，客车向宾馆开去。途中导游员开始致欢迎词：

“尊敬的各位太太们：早上好！

中国有句老话说：‘有朋自远方来，不亦乐乎……’”

还没等导游员讲下去，团长就打断该他的讲话，惊喜地说：“这是孔夫子说的！”

“文革”中，全国大力开展批林批孔运动，孔夫子差不多成了

“反动”的代名词。人们都不称孔夫子,叫“孔老二”。近在咫尺的香港地区,对这一切自然了如指掌。“文革”结束,她们亲赴祖国内地,突然听到导游员引述孔夫子的话,那种认同感马上油然而生。

该导游员立即中断其欢迎词,接过话茬,说:“对,这是孔夫子说的,见之于孔夫子的《论语·学而》篇:‘子曰,学而时习之,不亦说(同悦)乎。有朋自远方来,不亦乐乎。人不知而不愠,不亦君子乎。有子曰,其为人也孝弟(同悌)。’我谨代表重庆中旅社对远道而来回国观光的各位贵宾表示热烈的欢迎(客人鼓掌)。重庆受西北冷空气的影响,昨天晚上开始下雨,这给我们旅游带来诸多不便。但照我们中国传统的说法,那就是老天爷给诸位贵宾‘洗尘’了……”客人笑了,热烈地鼓起掌来。

客人因天气不好导致的心绪不佳在开始变化,宾主间的关系渐趋于融洽。多年来,尤其是客人在海外听到的有关“文革”时期的种种传闻所形成的层层疑虑开始冰释。

客人打断该导游的讲话,问:“陈先生,你怎么会背《论语》?”导游说:“小时候,我家在私塾旁边,听多了就会背了。”“你参加‘文化大革命’了吗?”“参加了。”“批孔夫子吗?”“也跟着批,全国人民都批嘛。不过,冬天过去,春天就来了,现在不是春暖花开了吗?各位年事已高,还要不远千里回内地来看一看,可见,血毕竟浓于水。孔夫子心存社稷的思想还是不能丢的。他起码要算一个伟大的教育家,他的思想影响了中国两千多年。‘树高千丈,叶落归根’嘛,中国人最讲这个‘根’了,怎么能不回来看看呢……”

原来拟好的欢迎词变成了宾主间的和谐对话,变成了客人了解祖国内地的渠道。这给以后两天的旅游活动奠定了良好的基础。

其实,游客的要求并不多,只要你真诚待他们,他们也会回报

你真诚，甚至是加倍的。根据多年导游工作的实践，无论是来自哪个地方的客人，都希望受到尊重，受到人性化、人情化的接待。这是客人的共性。

这个团队基本上都是年逾花甲的老人，团长高龄84岁。按照我们民族的传统做法“老吾老以及人之老”，凡上下车时该导游总要搀扶一下长者，活动安排也宽松一点。在参观点，行进的速度和讲解的语速都作了适当的控制和调整。这些，客人都看在眼里、记在心里。客人要在次日晨乘船游三峡，当晚在宾馆用风味餐。全团客人一定要邀请该导游员参加。

席间，团长向该导游敬酒，表示谢意说：“这一行，除北京外，我们都在阴雨天中旅游，但遇到你这样的导游，我们很高兴，很愉快。”该导游说：“遇雨是好事嘛，咱们中国人一向把朋友叫做‘旧雨新知’，再说还有俗谚说‘贵人多雨助’嘛。”团长问：“此话怎解？”该导游说：“古人云‘民为贵，社稷次之，君为轻’。”团长说：“对，这是孟夫子说的。”

“民以食为天嘛。”

“这是《史记》里讲的，《汉书》也讲过。”

“食就要讲风调雨顺。所以杜甫说：‘好雨知时节，当春乃发生’。”四环民谚说：‘没有播得春风，到时哪有雨下’呢？你们这叫‘一路春风一路雨’嘛……”

该导游员还没说完，客人就鼓起掌来了，宾主间融洽的气氛为团队在渝的旅游画上了一个圆满的句号。

【经典案例】

【案例1】游客已于6:00抵达，可是无人迎接

【案情】

游客到达目的地之后，没有导游员来迎接，叫做“漏接”。“漏

接”是大事故，某市国旅的导游员张女士就遇上过一回。当时，张导游员拿下导游资格证的时间还不长，同事和她开玩笑说张女士一上班就中了“头彩”。这并不是幸灾乐祸。其实，发生“漏接”这类事故的概率是极低的，因为没有哪一个导游员愿意出现这种事故，谁都会注意防范。特别是新导游员，知道自己缺乏经验，更是绝不敢疏忽大意，接到计划，都有一种“如临深渊，如履薄冰”的感觉，做各种准备无不是精益求精、慎之又慎，生怕自己在哪个细小环节上出现纰漏，更不要说“漏接”了。可是阴差阳错，“漏接”真的就在不经意间发生了。

张导游员说：“那是2001年的11月，我接待一个东南亚的系列团。按照接待计划，这个团是乘M公司的班机于晚上9:00飞抵某市。我此前已经顺利地接待过一个这样的团，心里有底，但也没有因此而有一点松懈，按照计划进行了认真的准备。接团的前一天，社里的计调人员通知我，计划有了变化，该旅游团决定改乘H公司的班机飞抵某市，但是抵达的时间不变。第二天出发之前，我又认真核对了计划，确实是航班改变，但是旅游团飞抵某市的时间仍然是晚上9:00。我还是不放心，第二次和计调人员做了核实，没错，就是晚上9:00。当时，司机还和我开玩笑，说人家会笑话我这是在穷折腾。谁知话落不到一个小时，就在晚上7:00，正当我和司机要去机场接团的时候，我接到了旅游团领队陈先生的电话。陈先生在电话里告诉我，游客已于6:00抵达，可是无人迎接，他们只好自己乘出租车去了酒店。我真是大惊失色，司机也很诧异，怎么会出这种事呢？等我赶到酒店，客人已经用过晚餐，回房间休息了。领队陈先生来到酒店大堂，一脸愠色，质问我为什么不去迎接，并诉说游客因此而受到委屈，要我作出解释。我再三道歉，请求原谅，并解释自己的确是按照计划执行的。陈先生没有表态，看得出来，他并不满意我的解释。我在往酒店赶去的时候，已经就此事询问了计调人员。计调人员知道发生了‘漏接’，立即进行核查，结果仍然十分肯定地告诉我：对方发来的‘计划’，确实是只更改了航班，并没有更改抵达的时间。我把事情的经过对陈先生作了详细说明，可是陈先生仍然不肯罢休，这样的结果让我感到很遗憾。我知道，再解释下去会让陈先生难堪，于事无益。何况，出了‘漏接’事故，最倒霉的是无辜的游客。要弄清事故的原因和责任，有事实在，不用着急；现在重要的是缓和气氛，不要因此影响了第二天的活动。于是，我向陈先生提出：‘不管出于何种原因，游客没有受到迎接，总是他们的损失，今天晚餐的费用由我支付。’按照计划，晚餐是游客自理的，陈先生是个识大体的人，见我表示出诚意，也就缓和下来。虽然我们对这次‘漏接’的原因和责任，认识上始终存在分歧，但是在后面的行程中，相互之间配合得还不错。后来，经过裁决，造成‘漏接’的责任并不在我方。”

【点评】

张导游员巾帼不让须眉，颇具几分大丈夫的气概。这并不是开玩笑。大丈夫能屈能伸，张女士面对意外，顾全大局，应对得体，也表现出了能屈能伸的品质和技巧。张导游员对陈先生的道歉，给了我们这样一个启示：导游员的道歉，既要依据事实，又不能拘泥于事实。如果没有发生“漏接”，自然谈不上道歉。如果“漏接”的责任在导游员，那就必须道歉并且承担责任。但是，如果导游员对“漏接”没有责任，或者没有直接责任，那要不要道歉呢？还是要道歉，因为这种道歉不仅是面对事实，更是面向游客。张导游员对问题的认识很实在：不管造成“漏接”的原因是什么，毕竟我这个导游员没有前去迎接游客，造成了游客的损失，处理不当，就会影响后面的游程。因此，我对游客的道歉和补偿，既是抚平既往，更是铺垫将来。倘若在最需要缓和气氛继续朝前走的时候，当事双方为着事情的起因和责任而争论不休、相持不下，那么无论事实如何，双方都是在做蠢事。张导游员在“漏接”发生之后，选择了正确的应对方式。她对陈先生的道歉、解释和补救措施，始终站在替游客着想的角度，始终蕴涵着谦逊和诚恳的态度，始终着眼于缓和气氛、控制局面和有利于工作，张弛有度、开阖自如，因此赢得了旅游团内的和谐氛围。当然，如果用更严格的标准要求张导游员，她应该进行更深入的调查研究，提前打电话向航空公司查询航班变更后抵达的确切时间。

【案例2】航班晚点时间之长出人意料

【案情】

小刘已经是一名老导游员了，他常常对刚刚参加导游工作的新手讲，干导游工作得有一种超越常人的忍耐力，以便应对那些突如其来的变故。

那是我刚刚做导游员的时候遇到的一件事。有一次我接待一个美国旅游团，游客有20多名，从北京入境。按照预定的计划，这个旅游团乘坐的飞机应该在下午5:00抵达北京首都机场，我和司机提前约一个小时就到了机场，然而飞机并没有准点到达。起初，我没有特别在意，航班晚点的事情毕竟时有发生，并不让人感到意外。可是，这个航班的晚点的确是太出人意料了，它一晚再晚，一直到晚上9:00多了，仍然没有何时到达的消息。我安抚住司机，来到机场问讯处查询。工作人员说，接机的人请不要离开，该次入境航班随时都有可能到达。我把情况向旅行社作了汇报，便和司机一起耐心地等待。时间一分一秒地过去了，到了午夜12:00，航班仍然是没有消息。已经等了7个多小时，还要继续等待。我心急如焚，司机也急躁不安。司机说，他一点儿饥渴的感觉都没有，人还特别精神。我也有同感，所以有几分紧张。因为我知道，这种感觉是不正常的，是因为过度的紧张和疲劳压抑了饥渴的感觉，是内分泌失调的反应，如果不及时调整，过这一阵，饥渴和疲劳的感觉会把人压垮的。于是，我弄了些可口的食品和饮料，和司机边吃边聊，放松精神，恢复体力。吃完了，我对司机说，咱们一定得休息好、调整好。不然游客来了，咱们也熬垮了。可那时已是秋天，晚上天气渐冷，睡着了怕着凉，所以睡也睡不踏实。我把衣服裹紧，蜷缩着靠在坐椅上，一会儿一觉地分段来睡，人竟然也休息过来了。凌晨四五点钟是最难熬的时候，可是要等候游客，得咬牙坚持。太阳升起来了，又开始了新的一天，总算传来了确切的消息，飞机将在两个半小时以后到达。我终于长长出了一口气。吃过早饭，我和司机对望着，仿佛都从对方的脸上、身上看出了一点什么。确实如此，从我们的精气神上真的看不出已经在飞机场“煎熬”了将近14个小时。司机和我开玩笑地说：“你还真行啊！”我笑着说：“你是不是一点饥渴和疲劳的感觉都没有，人还特别精神呀？”我们俩都开怀大笑起来。说实话，我们守候了一宿，到第二天早上还能有这份精神和体力，除了那时候具有年轻力壮的底子，和我们在那十几个小时的时间里自觉调整情绪，注意饮食和休息，以逸待劳也是分不开的。上午9:00，在距离预定抵达时间的16个小时之后，这架载着那批美国游客的飞机终于降落在首都机场。我和司机迎接客人，并按计划马上开始了后面的行程——立刻去故宫游览。平安走完那天的行程之后，我和司机的确非常疲劳。事后回顾那次难忘的经历，我们之所以能够排除航班意外晚点造成的严重困难，顺利完成当天的接待任务，靠的就是平和心态、调整情绪、注重休息、保持体力。

【点评】

导游员小刘讲的这段往事不仅感人，也耐人寻味。“干导游员这份工作得有一种超越常人的忍耐力，以便应对那些突如其来的变故。"这句话说得极是。导游员为了工作而培养和锻炼自己的耐力,调动自身的潜在能量去克服意想不到的种种困难,体现着一种"韧"的精神和力量。做导游员,就是要有这么一股韧劲儿。导游员小刘就具有这股子韧劲儿。你看,他不仅肯于忍耐,而且还善于忍耐。他自己总结的经验是:成功不只是由于有干劲儿,能够做到"咬牙坚持";也不只是由于年轻人身体强壮,"和我们在那十几个小时的时间里,自觉调整情绪,注意饮食和休息,以逸待劳,也是分不开的"。在事情过去许多年之后,小刘对这件事仍然记忆犹新,可见其对刘先生的影响之深。对于新导游员来说,仔细品味导游员小刘的这段经历,至少有两点值得我们认真借鉴。第一点应当借鉴的是他的职业平常心。古人云:"观操守在利害时,观精力在饥疲时,观度量在喜怒时,观存养在纷华时,观镇定在震惊时。"刘导游员的操守、精力、度量、存养、镇定都体现在了他的职业平常心上。他不大惊小怪、怨天尤人;不患得患失、放任自流;所以能够处变不惊、坚韧不拔、随遇而安、坚持到底。第二点应当借鉴的是他的职业习惯。导游员要自觉养成善于劳逸结合,善于利用一切时间、地点、条件补充体力、涵养精神的职业习惯。既能适应短周期的、时间确定的工作要求,做到一鼓作气完成任务,又能做到自我调整、自我补充,一张一弛、再接再厉,适应较长周期的、时间不确定,尤其是由于突发事件而大大延长了时间的工作要求。导游员小刘克服环境压力,为了更好地工作而抓紧时间,创造条件,积极恢复体力、放松精神,表现出了良好的职业习惯。

【案例3】导游免费服务不等于免责

【案情】

2002年国庆节前夕,来自澳大利亚的Timber夫妇来京旅游。第一天到达北京后,一位叫Crace的女导游员在机场举牌接到了他们。在去酒店的路上,Timber 夫妇得知 Crace 并非他们此行的导游员。他们的导游员 Lily 因当日有点个人私事不能前来接机,便委托其友 Crace 代劳。到了酒店,Crace 帮助他们办理完入住手续后便离去了。次日一早,Lily 来到酒店接待 Timber 夫妇,并为昨日未能亲自前来接机作了真诚的道歉。接下来的两天游览,Lily 也尽量为客人提供热情周到的讲解和服务。聊天中 Timber 夫妇得知次日便是中国的国庆节,在天安门广场将有重大的庆祝活动。他们觉得机会难得,便向 Lily 要求次日安排他们到天安门广场。Lily 告知拥挤的人群可能会威胁他们的人身、财物安全。但 Timber 夫妇坚持要去。Lily 同意了他们的要求。次日 3 人来到了天安门广场。不料,因为人潮拥挤,Timber 夫人的脚被扭伤了,一时间肿得很大。Lily 和 Timber 先生立刻找到警察,在警察的协助下,叫了一辆出租车将 Timber 夫人送进了医院。Timber 夫人因为脚伤,接下来的行程便不能进行了,恼怒的 Timber 先生在离开北京前将投诉信交到了 Lily 所在的旅行社。

【点评】

本案中 Timber 先生对导游员提出投诉是有一定道理的。第一,导游员 Lily 因私事让他人代替接机是违反规定的。《导游人员管理条例》第十三条规定,导游人员应当严格按照旅行社确定的接待计划安排旅游者的旅行、游览活动。本案中,导游员擅自让他人代为接机是不遵守旅行社接待计划的行为。根据《导游人员管理实施办法》第十七条规定:导游人员无故不随团活动,要扣 4 分。第二,导游员 Lily 带客人去天安门广场参加庆祝活动,尽管是在客人的一再要求下才决定的,但这一行为也有不少欠妥之处:一方面,天安门广场是属于计划外的活动,虽然是客人的强烈要求,但涉及外籍游客的人身安全,如要增加,必须征求旅行社的意见;其二,在案例中,尽管导游员也对去天安门广场可能会面临的人身和财物风险作过提示，但毕竟最后还是在没有采取任何有效防范措施的情况下陪同前往了，有一定的疏忽。

本案中，接到投诉的旅行社应当根据《旅游投诉管理暂行规定》的要求，及时给游客回复信函，并可以通过我国驻澳使领馆向他们表示歉意，取得他们的谅解。如果客人提出赔偿要求，应当进行一定的赔偿。导游人员也应当通过此案吸取教训。对于计划外的活动，尤其是可能危及游客人身或财物安全的活动，应当尽量劝阻游客，以避免意外事故的发生。如果客人坚持，最好达成书面协议，并采取有效的防范和保护措施，满腔热情地为游客服务，做到“让每位客人都满意”。

【实战演练】

1. 如何与游客交谈

许多导游员，特别是刚刚上团的年轻导游员，经常遇到的困难是，见到陌生的游客便“没什么可说的”，“找不到共同话题”，弄得他们很苦恼，甚至惧怕上团。当然这是由于他们知识面不广、幽默感不足、交际能力不强，不善于学习、总结等造成的。但缺乏相关的指导材料也是一个很重要的因素。所以收集这些材料的作用起码有三：

（1）满足客人们的自尊心（谁不说俺家乡好），使客人产生亲切感（没想到导游员对咱家乡还那么了解）。

（2）活跃气氛、激发热情，缩短与游客之间的距离，增强认同感。

（3）有共同话题，增加和谐气氛，化解导游员的紧张情绪和游客异地他乡的陌生感，使大家越谈越近乎。

幽默、赞美词语的运用一定要灵活，掌握好“度”。就像我们导游的“导”字，底下是个“寸”字，什么叫“寸”呢？寸就是“分寸”，就是“尺度”。所以，一定要把握好“尺度”，运用时注意三点：一是要避免油腔滑调，避免低俗的调侃；二是要把握好赞美的度，不可有讨好之嫌，不可夸大，要有绅士的气派、学者的优雅，赞美要赞出道道儿来；三是要因人、因地、因时而异，世上没有一成不变的话题，“到什么山上唱什么歌，见什么人说什么话”，所以，说这些话时要根据实际情况，有针对性地去讲。

当然，要想有话可说，说得恰到好处，说得客人想听、爱听，那可不是一朝一夕、一蹴而就的，还要不断地进行知识积累和在实践中反复磨炼。有三个学习方法供大家参考：一是向客人学习，每次出团坚持写出团心得，把那些非常好的知识点、幽默风趣的语言、有用的话题甚至好的点子、观点都记下来，不断整理，积少成多，不断增加这方面的储备；二是每次出团前，有意识地研究、查阅游客所在地的相关资料，储备一些相关的话题，以备出团之用；三是在导游过程中反复讲、反复练，不断练嘴皮子，下团后总结得失，整理成文。

2. 导游服务应规避的问题

导游员的核心工作是服务，服务工作的目标是游客的满意率。游客外出旅游，希望得到最好的精神享受。因此，他们在旅途中对服务的要求有时近于“苛刻”，对哪怕一点点不满意的地方也会表现得十分明显，作为导游员应当充分理解这一点。导游人员要用自己的专业技能努力做好服务工作。总的要求是：满腔热情，宾客至上，技艺娴熟，规范服务。

(1)不得迟到早退。守时，是服务业从业人员的职业道德，导游员应该永远早于游客提前到位，最低时限是 10 分钟，预备处理游客临时提出的问题，稳定游客的情绪。

早退，是指旅游活动尚未结束，导游员离开游客。还有的导游员因自己往返时间太远，在一天游程结束后不送游客回酒店，而交给司机和全陪代劳,有的不予送别到机场、车站。提前离去会招致游客的反感,耽误工作。不论每天活动结束前,还是全团全部日程结束前,非经旅行社同意,无人替代,导游员便不得提前离团。记得有一次笔者带团去北京,那个导游员的讲解真不错,可是由于对客人购物表现不满意,该导游员竟不送客人到北京西客站。全陪要求其送到西客站,他说他要跟车回去,如果送客人到西客站,自己还得花"4 角钱"乘公交车回去,搞得全陪哭笑不得。

(2)不得擅自离团。导游员的职责是在日程规定的景点和时间内,必须与游客在一起。现在常有导游员在简单导游后规定了集合时间和地点,便擅自离去,这是极其不负责任的。导游员伴随前行,游客可以随时询问,而且心中踏实。同时,可以关照游客的人身安全,应付突发事件。导游员必须增强责任心,克服懒惰思想,随时把优质服务送到游客身边。

另外,有些全陪导游员认为有地陪带路便可以不随团活动,这本身就是放弃了你代表组团社监督计划实施的职责,也是缺乏职业道德的表现。

(3)不得有欺诈行为。诚信,是商家亘古不变的宗旨。对待游客,导游员应该真诚相待,绝不能因为游客不了解情况,就采用蒙骗手段。当游客要求不能满足时,应据实相告。特别是表现在购物时,更应详细介绍产品的质地和鉴赏分析方法。对于不法店主的欺诈行为,则要提醒游客以免上当。由于游客屡屡上当,现在国内外对旅游购物颇有微词,导游员也感到引导购物难度很大。其实,这都是欺骗、坑蒙游客所造成的恶果。导游员必须带游客去旅游定点商店购物,必须如实介绍商品的品质和性能,必须如实告知旅游商品的真实价格。对导游员来说,"君子爱财,取之有道",此"道"就是"道理、道德、道义"。

3. 空接情况发生后，导游员该怎么办

所谓空接，是指导游员按照接待计划书的要求去接团，但实际上未能接到旅游团(包括散客)。

(1)出现空接的原因

① 由于情况发生了很大的变化(如气候变化和交通工具发生故障等)，带团的导游员无法及时地通知到下一站的地接社，造成地接社的接待程序仍是按原计划执行。

② 旅行社接待人员发生工作差错，未将得到的信息及时有效地通知导游员。

③ 导游员看错或记错接站时间，提前许多时间到达机场、车站、码头。

(2)空接情况发生后的处理措施

① 导游员应立即与本社有关部门联系，查明原因。

② 如推迟时间不长，可留在接站地点继续等候，迎接旅游团的到来，同时要通知各站接待单位，处理相关事宜。

③ 如推迟时间较长，导游员应按本社有关部门的安排，重新落实接团事宜。

4. 喜欢做导游工作的十大理由

随着旅游业的发展，每年都有大批怀着美好幻想的 GGDD/JJMM 加入考导游证的行列，而关于做导游是好是坏也众说纷纭，本人就自己的相关体会小小地总结了一下，归纳出喜欢做导游工作的十大理由如下：

(1)受人重视。这是作为导游员最能引以自豪的一点。无论是国家、城市还是游客或旅游业，都离不开导游。导游是一个城市和地区的形象代表，是“民间大使”。美国称导游为“一个国家的脸面”；埃及称导游为“祖国的一面镜子”；英国称导游是“一个国家的橱窗，一个国家文明的体现”。导游是“旅游业的灵魂”、

"旅行社的支柱"、"旅游接待服务的四大要素之一","没有导游的旅行是不完美的旅行,甚至是没有灵魂的旅行"。导游具有"点石成金"的作用,"江山美不美,全靠导游一张嘴"、"三分景,七分导"、"看景不如听景"。壮丽的河山、美丽的风光、艺术的宝库、文化的古迹,只有加上导游的解说、指点,穿插动人的故事,才能活起来,才能让游客看出门道来。

(2)不花钱,走世界。一旦成为正式导游员,就可扛着导游旗,领着一大帮人,乘汽车、坐火车、上飞机,上天入地、下海钻洞,飞越高山大海,踏遍万水千山,免费游览祖国的名山大川,体验精彩纷呈的民族风情;或者漂洋过海感受异域风情;还可免费品尝各地精彩美食,大饱口福、眼福。总之,做导游是"美胃、洗肺、富脑、健身"的最好方式,是免费领略"世界真奇妙"的最佳选择。

(3)收入不错。实话实说,随着旅游行业的规范、竞争的激烈和导游人数的倍增,导游收入和10年甚至5年前相比,已经是不可同日而语,大不如前了,尤其对于刚入行的新手来说,要解决的问题并非是怎样才能多赚钱,而是怎样才能争取到一个带团的机会,以维持生存的问题了。但总的来说一旦能够开始带团,收入比普通工人还是要高出许多,而且还有比较可观的外快可赚。

(4)见多识广,阅历丰富。做导游可以开阔眼界、增长知识、积累经验、增加阅历。这是花钱也买不到的。导游员天天在外边跑,去过的地方比一般人要多很多,而且由于工作需要,又不能只是走马观花,还要比一般人作更深入的了解,加上接触来自世界各地的游客,信息来源比一般人广,听到的、看到的、遇到的事也挺多,与各个接待单位打交道多,同游客交流也多,所以,练就了非常人所能比的见识和阅历。有人曾开玩笑地说:"干上一年导游,经历就可写一本书。"与导游员聊天可是一件非常有趣的事哦!

(5)锻炼口才。“舞蹈演员靠双腿，导游人员靠张嘴”，导游是吃“开口饭”的，是靠嘴皮子吃饭的，导游讲解、交流、介绍、说服客人、处理矛盾，在工作中随处可见，无处不用。导游员可在大量的实践中，训练说话的技巧，锻炼口头表达能力，俗话说“一句话使人笑，一句话使人跳”，话说不好，后果可不小。一个具有良好口才与说服能力的导游员，可化压力为轻松、化沉闷为愉悦、化冲突为和谐、化干戈为玉帛，可在客人面前挥洒自如、纵横天下，既可引导客人观景赏美，又可摆平许多不平之事。而这一切，皆可在做导游员的过程中锻炼出来。

对于这一点，笔者深有感触。在上大学时，曾经被评为“班上最不爱讲话的人”，可是上天给予我一个机会，让我做了老师和导游，从事天天必须讲话的职业，到如今，不讲话还不舒服，成为“焦点”。

(6)有益身心健康。导游是个大量消耗体力的职业，每天要跋山涉水、登山钻洞、上天入地、漂洋过海、天南海北、国内国外，不同的气候、环境、温差等要承受得起。导游员每天起得比鸡早、睡得比狗晚，跳得比猴快、跑得比马远，爬得比牦牛高、晒得比炭黑，在客人面前比羊羔还乖。同时，服务现场复杂多变，导游员要随时准备接受客人的抱怨和斥责。所以，通过导游带团活动既可以强身健体，还可以极大地磨炼心理素质。比如，练就厚脸皮，训练耐心与心理承受能力，学会骂不还口、打不还手，学会赔礼道歉、化解矛盾及调整自我情绪，等等，非常有益于身心健康。顺便说一句，做导游员的减肥效果非常不错，还不用花钱，值得一试。

(7)培养处事能力。带团在外时，团带的效果好不好主要是你自己的能力够不够。游客来自五湖四海、三教九流，要求是五花八门的，怎样能够尽力满足不同层次客人的不同需求；怎样能够让散客成为一个整体；在不能满足客人要求时或客人提出无理要求时怎么拒绝才能让客人没有意见;在遇到突发事件时怎样独自处理,这就要求导游员不仅要有广博的知识面,还要有很强的组织协调能力、领导能力及冷静处理突发事件的能力。所以,做导游是很锻炼个人处事能力的。有人说,优秀的导游员都是处理问题的高手,此话一点不假。

(8)学会如何做人。做了导游,不仅要处理好和客人的关系,还要处理好与司机、全陪、领队、各个接待单位的关系。导游工作说到底就是做好和人相处的工作。俗话说,做事先做人,何况导游整天面对的就是人,而人是形形色色的,有各种不同的个性特点和需求,所以想做好导游,首先要学会做人,这样才能赢得客人的信任。能做好导游工作的,无论将来再做什么,人际关系方面绝对是不会吃亏的。

(9)交际广,朋友多。做几年导游下来,别的也许没留下多少,但朋友、熟人一定不会少,熟识的导游、投缘的司机,甚至常去的饭店老板……走在路上,到处都是呼朋唤友,哪里都有熟人,有时还会意外收到以往带过的客人寄来的照片、信件甚至是礼物。这也是许多导游的一大乐趣啊!

(10)回忆精彩甜蜜。做导游的日子实在是丰富多彩,曾经的忧伤与喜悦、曾经的潇洒与自豪、曾经的真诚与感动、曾经的汗水与泪水,都在梦想与现实中化为过眼云烟。不同的是,它却像我们心中的初恋一样,久久挥之不去,时时纠缠着我们的心。当我们到老的时候,或是不再做导游的时候,翻翻相册、写写博客,回想起来是多么的有滋有味,是多么的精彩与甜蜜!

5.游客对你的形象有意见,导游员该怎么办

游客对导游员的形象有意见,主要表现在对其个人仪态仪容上存在一定的看法。这些问题的产生,是导游员个人素质和服务意识的反映。

第三单元

入 住 篇

【导读摘要】

本篇通过介绍饭店知识，使新导游员了解饭店在游客旅途中的作用及如何介绍饭店，分房的技巧、程序，还有对饭店的讲解等。希望读者通过阅读本篇对饭店知识有所了解，并且掌握饭店的介绍。

【专题讲座】

一、介绍饭店

（一）“住”的作用

一个人的睡眠时间几乎要占去一生的1/3。日本记者曾经作过一项有趣的统计。他们选择了一对每天工作8小时，每周工作5天的典型靠工资收入的年轻夫妇作为调查对象，以他们一周的生活为基础进行类推，再折合成年数。假如一个人的寿命为72岁，那么：体育、看戏、看电影等娱乐活动占8年；饶舌占4年（女子有的需加一年）；打电话占1年；吃饭占6年；等人占3年；打扮占5年（女子可能再加5年）；睡觉占20年；生病占3年；读书占3年；旅行占5年；工作占14年。可见睡眠在人生的时间表上占的比例最大。睡眠在旅游者的旅行生活中也极为重要。睡眠好，才能游览好。

“住”是旅游的保障，睡不好觉，休息不好，就不可能“游”好。饭店不仅是睡觉的地方，还是休息、娱乐和欣赏当地文化的场所，所以，对于“住”是来不得半点含糊的。对游客来说，它应该还是个异国他乡的生活博物馆。

饭店作为重要的旅游资源，被列为旅游业三大要素之一。它常常是一个国家、地区旅游业发展水平和接待能力的重要标志。现代旅游饭店不仅需要高舒适度、高效能的服务设施，而且还要求有高度审美效果的室内外环境。从现代旅游者的审美需求、思想观念及文化需要出发，以人为本，重视环境，构成一种环境、一种氛围，以陶冶人们的性情、激发美感，使旅游者获得审美的愉悦。旅游者在一种奇异而又和谐的休憩场所中，是会产生很多联想（或梦想）的。

一个好的饭店，不仅具有供游客吃、住、娱、购、健身等方面的设施，还应该有自己的“拳头产品”——某项独具特色的服务项目来赢得游客的喜爱。如，有的饭店以风味餐厅取胜，有的饭店以娱乐健身服务引人，有的饭店则以“微笑”为核心的热情服务而闻名。

（二）饭店知识知多少

当然，“住”只是旅游中的一项活动，也不要“摆阔气”而影响其他活动的支出。但饭店一定要干净、舒适，设备不一定非要齐全，能让大家睡好、休息好即可。人只有睡眠充足，才能确保第二天的精力充沛。

1. 学会介绍星级饭店，有水平、有艺术、有特点地介绍星级饭店的知识是导游员水平的体现

具体介绍如下：

（1）“五星级饭店”是最高级的饭店，代表一个国家、一个大都市的水平。国内游客住“五星”级饭店现已不是少数，外国游客住得就更多了。

所以，导游员应了解五星级饭店，“五星”级饭店，从设施上要有豪华感，而服务上要有“超舒适”感，名菜佳肴独树一帜，房间用品华贵，而且令每位客人都有受到 VIP 待遇之感 。

（2）“四星级饭店”的主要标准。设备豪华，设施和服务都高于一般饭店水平。客房要比一般饭店宽大，床具、沙发、电器要高于一般饭店水平。服务人员训练有素，服务员热情、有礼貌，并能用外语同客人交谈，服务高出规范水平。住宿环境优美，客人可以得到就餐的菜单和饭店介绍小册子，享受服务高出一般水平。应当处处令客人满意。

(3)“三星级饭店”的主要条件。设备齐全，主要有总服务台、餐厅服务、客房服务、康乐服务、健身房、邮局、银行、电传、商务、商品等。为客人提供舒适、方便、愉快的旅行所需要的一切服务。客房服务每日更换一次床上用品(客人自愿延用者除外)。达到规范服务的标准，服务项目和设施齐备。

(4)“二星级饭店”的主要条件。比较完整的设施，较好的内装修。客房有客人所需的一切设备，床具、电话、电视，同时提供24小时热水服务。饭店有卖品部，有邮电、理发、餐厅等项服务。提供客房用餐，有送餐到房间服务、叫醒服务、贵重物品存放等服务。

(5)“一星级饭店”的主要条件。只提供餐饮和住宿服务，价格低于一般标准，属于经济型，只提供最低服务标准，有餐厅、有房内卫生间等。

了解星级饭店标准，建议导游员应鼓励游客尽量住星级饭店，因为国家有规定的标准，设备和服务都有可靠的保证。

2. 有经验的导游员在首次导游时，一般都是先介绍一下预住饭店的区域位置、星级标准、服务水平，让游客未到达之前就吃一颗“定心丸”

二、分房的技巧

(一)分房的程序

导游员提供分房服务的程序如下：

1. 核实游客下榻饭店的基本情况

在接到接团任务后，导游员应与计调部人员及时联系，了解游客的订房情况，并核实手中的接待计划，保证旅行社所预订饭店能够满足游客的要求。同时注意客房数量，若出现自然单间要及时与旅行社联系，做好相应的准备，以保证游客抵达后有既合乎合同标准，又能满足游客特殊需求的住房。

2. 了解游客下榻饭店的基本情况

需要了解游客下榻饭店的基本情况主要包括：地理位置、星级标准、设施设备、服务项目、周边环境等。

3. 协助办理相关手续

在入住饭店的过程中，导游员要协助领队（或全陪）及游客办理入住手续，让游客在最短时间内入住，同时提醒游客入住的注意事项。

导游员要记住领队（或全陪）及重点游客的房间号，协助分发“店徽”或饭店“名片”，避免游客自由活动时走失；介绍饭店的基本情况，如，周边环境、有无比邻的公园、商场超市等；如何坐车等交通情况；房间数目、建筑年代、服务项目及服务设施（如，商务中心、外币兑换处、医务室、商店等）；娱乐设施及分布；餐厅的位置及餐饮特色；住宿设备及客房提供商品的付费情况等；提醒游客注意阅读客房内的服务指南、安全注意事项、个人贵重物品的保管等。

【例】入住酒店对话（饭店接待员、地陪、领队或全陪）

地：我们已经到达了下榻的饭店，大家随我一起下车，并把行李及贵重物品等拿下来。我去办理入住登记手续。

接：下午好，我能为您做些什么？

地：这位是我们的领队。

领：是的。我是来自纽约的16人旅游团的领队。

接：欢迎来到我们的饭店。国旅已经帮你们预订了房间。

领：谢谢！

接：请出示旅游团的登记表。

领：好的。我们的日程表有一点小小的变动。有一对夫妻决定在我们离开后再多待上两天。他们能预订原定的房间吗？

接：对不起，可能不行。我们得把他们安排在另外的房间。您能把他们的名字告诉我吗？我好照顾他们。

领：太好了！他们是瑞格先生和瑞格太太。

接：请您在这里签名好吗？

领：哦，好的。我差点忘了。

接：这是房间钥匙和房卡，还有宾馆徽章。你们的房间都在10号楼。一会儿行李员会带你们上去。

领：太好了。但是宾馆徽章用来干什么？

接：你们可以贴在手提箱上，或者在街上迷路时向的士司机出示徽章，的士司机就可以把你们送回饭店。

领：你们想得真是太周到了。谢谢！

接：祝你们玩得愉快！再见。

（领队分配完客房后）

地：（对领队和全陪）请问你们的房号和电话是多少？

领：我的房号和电话号码都是1666。

全：我的是1668。

……

4. 协助处理游客入住后的各类问题

导游员进入房间后，应在本团游客居住区内停留一段时间，处理临时发生的各类问题。如，打不开房门，房间不符合标准，房间卫生差、设施不全或损坏、卫生设备无法使用及行李错投等，有时还可能出现游客提出调换房间要求等，导游员要协助饭店有关部门处理好此类问题。

【例】客人房间未打扫。

（地陪和客人的对话）

地：出了什么事？

客：这是什么意思？我要的是宾馆客房，而不是牛棚。

地：对不起，小姐，到底发生了什么事？

客：是他们给我安排的房间。我从来没见过这么令人讨厌的事情。

地：是不是房间还没打扫？

客：根本没动。床还没铺，卫生间都是水。

地：哦，是这样。真对不起！我们立刻帮您解决这个问题。

（过了一会儿）

地：小姐，他们为给您带来的麻烦感到非常抱歉，好像是前台和客房部之间没有衔接好，给了您一个本来标明是应该彻底打扫的房间。他们马上就给您换房间。

客：越快越好。

地：他们马上来。现在，去喝点什么，好吗？

客：好吧。

（二）分房的技巧

人类从古至今，对自己居住的场所十分重视和讲究。游客投宿的饭店虽然是个暂时居住的地方，但是游客希望旅行社及导游员能按照他们的兴趣和追求加以选择。

旅行社及导游员在为游客选择饭店时，要根据游客的年龄、性别、兴趣爱好及旅游服务的等级等不同情况，为他们选择喜爱的住宿之所，使他们能够得到一种别具情调的享受。就一般游客而言，都有一种猎奇的心理，并不满意住那种司空见惯、千篇一律的饭店，而希望住在具有浓郁民族风情特色或有独特服务项目的宾馆。如，我国内蒙古草原上的蒙古包、云南少数民族的小竹楼、古城民居或安徽南部的古代民居等,对国内外游客都具有很强的吸引力。因为游客从这些特色居所中能够体察到异国他乡的又一种民族生活情趣,从而增长见识、受到启迪。

如,在云南丽江古城,客人住在古香古色的房间里非常高兴,又便宜、又有特色,笔者屡试不败。有一次,在山西,因第二天要去平遥古城,因此,第一天在太原,安排入住的是四星级饭店,但客人并不满意。到了平遥古城,客人反映还不如头一天就来古城住得有特色。还有一次在内蒙古住蒙古包,想到收客人的团费比较高,因此,给客人安排住“豪包”(2 人/间的蒙古包),结果客人看见别的团队客人住普包(6 人/间的蒙古包),非常羡慕。笔者感到真是“赔了夫人又折兵”啊!

分房的技巧就是落实旅游合同,按照带团程序,由领队来分房,因为领队最了解游客的结构,如,谁与谁住比较合适、谁和谁是夫妻等。

对于普通游客而言,“住”只是旅游活动中的一项不可缺少的要素,游客需要的是卫生、安全、安静、舒适,设备不一定要齐全、豪华,但一定要让游客睡得好,保证有充足的睡眠才能保证第二天精力充沛,使旅游活动顺利进行。

(三)教你轻松入住饭店

为了游客能轻松入住饭店,必须帮助游客了解入住饭店所需要注意的事项。

(1)帮助游客填写入店登记。客房虽已预订好,但仍要“再确认”为好,然后有秩序地帮助游客填写“入店登记”。填完之后,导游员一定要持有团长和每位游客在该店分别所住的房间号码。这是为了游客日后万一有东西遗忘在房间,查起来就方便多了。

(2)发给店徽。目前,我国一些正规星级饭店都有印得极为漂亮的“店徽”。店徽上除有饭店图徽外,还标示地址、电话总机,导游员发店徽时要告知游客,万一自由活动时迷路,可出示店徽给出租司机。此时,游客便会感受到导游员的关照和细致。

(3)介绍饭店之前或入住饭店之后,首先应察看一下周围的环境,是否毗邻公园、是否靠近景点,正式旅游活动之余,自己还有没有可能安排其他节目,周围有没有商场以及交通条件如何等都应有所了解。

介绍饭店,首先,是饭店的基本状况。如,建筑年代、星级标准、房间数目、出租率,及服务水平等,总之,给客人的印象是,你为他们选了个最适合的饭店。其次,告知客人通信方式,传真、电话(国内外)如何使用,以及店内设施,如,邮电、商店、理发、按摩、外币兑换的营业时间,房内闭路电视使用及付费办法等,特别要告知,饭店医务室所处位置,以备有人使用。总之,饭店设施介绍愈详尽愈好。这样不仅游客满意,同时也减少导游不少重复劳动。

(4)具体服务

• 照顾游客和行李进房间。

• 带领客人用好第一餐,向店方介绍所带旅行团饮食爱好、特殊要求和餐饮标准。

• 提请客人入住房间后注意看看"饭店注意事项"和"服务指南",以免违反规定并能充分享受饭店的服务。

• 贵重钱物要妥善保管,一般饭店都有保险柜,可申请使用。另外,离开房间要注意锁上房门,钥匙一定要带好。

• 对突然来访者一定要问明情况后再准其进入房间。总之,出门在外安全第一。

• 个人用品,特别是零星用品要收拾好、保管好,不要随便乱放,也不要放在枕头下边,以免服务员打扫房间时误为弃物而拿走。

• 房间一般有电话,使用前可看看电话使用方法,一般房间号就是该房间的分机号。如要外线，一般先拨个“9”，如果有疑问，可拨“0”，拨“0”以后，电话接机员便会告知使用方法。

• 无论房内控制设施或卫生间设施，如不会用，可问询楼面服务员。

三、“住”的导游讲解

(一)学会介绍星级饭店

有水平地、艺术地、突出特点地介绍有关星级饭店的知识，是导游水平的体现和导游员必备的能力。我国星级饭店的“星级”标准基本沿用的是国际标准。导游员在向游客介绍下榻饭店时，要根据游客的知识水平、兴趣及其所关心的内容来介绍。

有经验的导游员，在首次导游时，应先介绍一下准备入住饭店的位置、星级标准、服务水平，让游客到达前就吃一颗“定心丸”。如有一次笔者带团到福州，我们旅游团一行刚从非空调火车上下来，热死了，客人们很想知道有多长时间到达下榻的饭店，好洗澡。这时，地接男导游员在介绍需要多长时间到达时是这样说的：“从火车站到饭店只需要 12 分 26 秒”，听到这里，客人非常欣慰。

(二)向游客介绍所下榻饭店的特色服务

同样的星级饭店，在服务项目上都会有自己的特色，这是饭店业在竞争发展中所必需的。因此，导游员在带领游客入住前，要对所下榻饭店的特色有个基本了解，并适时向游客介绍。

通常情况下，旅游饭店的特色主要表现在建筑装饰、周边环境、客房布局与装饰、特色餐饮、服务水平与质量、娱乐项目、企业文化特色等方面。导游员要根据游客的具体情况有选择地向游客介绍饭店，让游客全面了解整个饭店，相应提高游客对整个旅游产品质量的感知程度，进而加深对旅游目的地的印象。

导游员讲解介绍饭店一般包括饭店名称(一定要让游客记住饭店的名称)、星级、规模、设施设备条件(根据游客的需要介绍)、饭店位置、交通状况(含周边交通条件,使游客了解应如何使用各种交通工具和注意事项),以及饭店周围的商业及娱乐设施等内容。导游员在实事求是地介绍讲解过程中,要突出游客所下榻饭店的特点,要让游客感到下榻该饭店是旅行社为他们精心准备的,他们所享受的是同级标准中最好的服务,是当地同档次中最有特色的饭店。

导游员对不同饭店介绍讲解的要点提示:

老饭店:历史悠久、牌子响亮、服务规范,是身份的象征。

新饭店:设备齐全、装潢考究,虽不知名,但住起来实惠、舒适。

闹市区:交通方便、商铺集中、夜生活丰富,是自由活动的好去处。

僻静区:闹中取静、环境幽雅、空气清新,是休闲度假的最好选择。

其他:如早餐品种丰富、有异国情调、有民族风格、依山傍水、风景独特等,都可以算是饭店的优越条件,接内宾团队时,甚至连电视频道较多都可以作为卖点。

(三)通过对饭店的介绍,引申介绍当地旅游业的发展

导游服务的任务之一,是有意识地进行宣传。旅游饭店的建设数量和服务质量,是当地旅游业发展的标志之一。通过对下榻饭店的介绍,运用对比、联想等导游讲解方法,介绍当地旅游业的发展,从心理上满足游客对旅游目的地求新、求安全的心理需要,对维护旅游目的地形象和旅游形象促销起到催化剂的作用。

(四)注重饭店人文之美的介绍,使游客获得身心双重享受

我国的许多旅游城市和旅游区,在饭店建设中引入了当地民

居建筑的风格,在装饰上体现了地方特色和民族特色,从而使饭店本身成为审美对象,满足了游客猎奇的心理。

例如,介绍下榻饭店:

各位游客,为了让大家在此次旅游活动中愉悦、舒心,我们旅行社特地为大家安排了本地最有特色、服务最好的一家饭店供各位下榻休息。

我们将要下榻的饭店叫××饭店,各位一定听说了吧,该饭店是四星级饭店,具有科学的管理、先进的设施和优质的服务,是旅游者来旅游时的首选饭店。饭店坐落在×××路,地处市中心繁华地带,交通十分便利。饭店内的设施配备齐全,中西餐厅24小时营业;大堂前厅设有商务中心、外汇兑换处及酒吧。饭店内的房间号是9层以下前面加“2”,如801房前面加“2”就为“2801”,10层以上就是楼层加房号。大家如果需要在饭店内打电话,请记住,房间与房间通话可直接拨房号,打长途电话时,先拨“0”,听到一声长鸣后,再拨您要拨的电话号码。每个房间都配有自费物品,如果您需要在房间内消费,请在离开饭店前,主动去前台结账,饭店受理运通、长城、牡丹等信用卡。

大家进入饭店房间后,请认真检查一下房间中所提供的必需物品是否齐全,设备是否处于完好状态,如果有什么问题,请及时与我联络,我就在饭店的大堂等候大家。

好,饭店到了,请大家带上自己的随身物品和行李,下车后请在大堂稍候,我和领队去办理一下入住手续。

【经典案例】

【案例1】两位游客说,枕套上有异味

【案情】

李女士2003年考下导游资格证书,是W市某旅行社的导游员。她讲的这件事，就发生在W市一家三星级饭店中。

那一次，我接待一个来自宁波的旅游团，住的是××饭店。游客中有两位30岁左右的女士，同住在一个房间。第二天早上，她们说枕套上有异味，很难闻。她们认为，那个房间没有搞卫生，至少是枕套没有更换。这件事可真是来得蹊跷。怎么会有这样的事呢？我相信，那里的床单、被罩和枕套一定是新更换过的，然而两位游客都说枕套有异味，总不会是空穴来风吧。我立刻随两位游客一起到她们的房间里查看，什么也没有看出来，那枕套不像是没有更换过的。那么，游客感觉到的异味是从哪里来的呢？我想，也许是昨天更换的枕套有问题，但那枕套今天总是要更换的，一换新的，问题自然就解决了。于是，我向两位游客道了歉，告诉她们我会将此事向饭店方面反映，然后我们就一起出发去游览了。傍晚游客回来的时候，我了解到事情已经反映到了饭店客房部，经理很重视，认真做了检查。不过，事情并不像两位女游客推测的那样，卫生的确是打扫过的，床单、被罩和枕套也的确是更换过的。我陪着游客进了房间，把这些事情向两位游客又做了解释，她们看了房间的卫生面貌，检查了新更换的枕套，并没有再说什么。我想，事情也许纯属偶然，现在算是过去了。没想到，还没等我离开饭店，这两位游客又来找我，说问题还是没有解决，她们的枕套还是有异味。这不是邪门儿的事吗？故又一次跟随游客来到她们的房间。我忽然想到，问题可能是出在枕头里面。征得了一位游客的同意，我拿起枕头来闻，并没有不好的味道。我又将这枕头倚在沙发靠背上用头枕着。起初，还是没有什么异常味道，可是过了一会儿，真有一种怪味，从我的双耳下方隐隐袭来，并不强烈，且时有时无，却让人不舒服，问题果然是出在了枕芯上。游客对此也觉得奇怪，问我这究竟是怎么回事。我向游客道了歉，并立刻通知楼层服务员为游客更换枕头，安抚她们先休息。

然后，我和楼层服务员小康拿着那两个有怪味的枕头找到了客房部的领导。经理吴女士也是莫名其妙，找不出原因。后来，还是小康想了起来，她说，在这批宁波游客入住之前，有两个和尚在那个房间里住过几天，可能是他们头上的气味，渗透到了枕芯里。只更换枕套，当然解决不了问题。拿起枕头来闻，如果正好对着枕头的另一面，什么也闻不到，但是头枕在上面，味道会慢慢散发出来。这个结果，我没有告诉游客。饭店方面也没有把事情挑明，他们向游客致歉，又从其他方面对那两位女游客做了一些补偿。

【点评】

导游员解决某些不大不小的问题，也可能要经历一番震动和考验。游客入住饭店，难免会遇到一些意想不到的麻烦事。这类事情不一定很大，可是它对游客的影响却不小。有时候，由于一时找不到麻烦产生的真正原因，解决问题还可能出现一波三折、辗转反复的情况，导游员不仅要有耐心，还要细心观察。在这个案例中，李女士为解决游客反映的问题，能够三次到现场实地了解情况，步步深入，表现出导游员应有的工作习惯。导游员对于某一饭店的了解和认识，往往达不到像对某一景点那样的熟悉程度，要解决发生在饭店这个环境中的问题，就要协调好自己和饭店人员及饭店工作的关系。李导游员处理这些关系，有两个耐人寻味的特点。第一，她依靠饭店工作人员，却并不仅仅依赖他们。第一次到游客房间，她把问题交给饭店去解决，但对饭店和游客双方都心存疑惑。第二次，他相信饭店工作人员已经着手解决问题，然而问题并没有得到解决。第三次，她亲自做勘察，最后和饭店方面一起解决了问题。问题的责任在饭店，问题的解决也系于饭店，但李导游员对于问题的介入，对妥善解决问题起到了关键性的作用。第二，李导游员解决问题讲究方法，有分寸、重效果，较好地处理了饭店和游客的关系。你看，她弄清了事情的起因，却对游客缄口不言，这正是点睛之笔。导游员在解决突发问题的时候，一定不要忽视了它对全局和长远的影响。

【案例 2】西服尚在，而衣兜内的 6000 元人民币却不翼而飞

【案情】

“唉！看到那位游客丢了财物以后着急的样子，我真的是感到很难受：可是我也不明白，为什么我这里费尽口舌，提醒了多少次，他竟没有听进去呢？”周导游员说起这件事，依然是一脸怅然。“2007 年，我带一个沈阳的旅游团走新、马、泰这条线。游客们大都是第一次出国旅游，不少人随身带着数量不算少的现金，准备用于沿途的消费或是购物。游客们一路所吃所住，充满着异国情调；一路所见所闻，大都是当地有代表性的景物和人物；所参与的旅游活动，又富有一定的刺激性，在这种富有神奇色彩的环境中，一连几天持续不断，大家的情绪都很兴奋。游客们专注于亲身体验，对于我这个导游员的讲解，听得就不那么认真了，特别是我反复对他们所作的提醒，有的游客似乎还有些不耐烦。我知道，这时候就是那些有一定出国经验的人，也容易发蒙。所以，游客可以不耐烦，导游员却还是必须要提醒。每到一处，或就要离开某地的时候，我总是不厌其烦地提醒游客，带好自己随身的行李，保管好自己的贵重物品，不要落下什么东西。游客知道，我这样做既是本职工作，须履行职责，也是对他们的一番好意，于是总是默默地听着。可是，这些提醒是不是每位游客都听进去了，我却不知道。问题跟着就出来了。按照计划，我们离开曼谷以后要去芭提雅。行前，我和往常一样提醒了游客，游客也像往常一样回应了我，看起来一切正常。没想到，我们的汽车还未离开曼谷市区，一位先生就大叫了起来，连呼‘停车、停车’。原来，这位游客忽然想起自己把一件西装上衣落在了酒店的房间里，衣兜里还装着钱。车立刻调头转回酒店，我向酒店的人员说明了情况，大家陪着这位先生进了房间。结果，那件西服还在，可是衣兜里的6000元人民币却不翼而飞了。于是赶紧报警，警方看过现场，准备立案侦查。我不能说当地警方的作为只是摆摆样子，人家还是负责任的。然而，警方介入事件的调查，需要履行十分复杂的手续。走手续自然是必要的，可是却难住了那位游客。摆在这位先生面前的路只有三条：一是留下来等待调查；二是旅游结束再返回来看调查结果；三是自行放弃。这下可难住了这位先生，在前两条里选吧，承担不起；选后一条吧，又不甘心，真是左右为难，无法较真儿。最后，我也只能劝说那位先生忍痛选择了放弃。今天回想起当时的情景，心里还是很不舒服。”

【点评】

评说这个案例，还是话分两头。我们先从必要性说起。俗话说，在家千日好，出门一时难。对导游员来说，自己经常出门在外，难的就是提醒那些出门一时的游客。导游员要心中有数，同在旅途中，游客和导游员却有着许多不一样。就拿“带好自己随身的行李，保管好自己的贵重物品”这件事来说吧，本为常识，应该无须反复提醒，可事实证明，这件事就是需要导游员反复提醒游客。导游员对游客提醒得勤，游客出错的概率就低，二者成反比关系。不怕一万，就怕万一。放在平日，游客多半是能够说到做到的，然而一踏上旅途，人的正常思维就会起变化。周导游员说得好，一旦兴奋起来，“就是那些有一定出国经验的人，也容易发蒙”。基于这种认识，周导游员说“游客可以不耐烦，导游员却还是必须要提醒。”这种负责精神和执著态度是非常有效和宝贵的，很值得发扬。再说可行性，周导游员说：“这些提醒是否每位游客都听进去了，我却不知道。”这确实是一个非常重要的问题。不要落下自己的东西，导游员苦口婆心地说了好几遍，有的游客听了却没有引起重视。这就埋下了隐患，问题往往就出在他们身上。导游员要关注这类隐患,防止出现问题。我们可以尝试将反复提醒和典型案例剖析结合起来。这位因大意而丢了钱而又"无法较真儿"的游客,他的这段不幸而痛苦的经历,就很值得为广大游客来做典型案例剖析。许多导游员有这样的经验,用说笑话、讲故事的方法对游客做宣传,举重若轻多有奇效。面对那些警惕性明显不在状态的游客,导游员为他们讲一讲、议一议上面这个故事,是可行的办法。

【案例3】游客求助于饭店不成,转而迁怒于导游员

【案情】

张导游员是一位很风趣的姑娘。她讲了自己的一段亲身经历:"那时候我做导游员的时间还不长。有一次,我接待一个来自美国新泽西州的旅游团,共23名游客,在北京游览一周时间。都说美国游客对购物比较有兴趣,但是像我那一次撞上的如此喜欢购物的游客,还是比较少见的。这些美国游客踊跃购物的程度真是令我感动,令我心跳。短短几天时间里,游客们几乎每天都要购物,到了临走的前一天,每个游客的行李都增加了许多。这本来是一件游客高兴、导游员高兴,其他人也没有理由不高兴的事情。但是,却突然发生了一件令人想象不到的事。那天晚上,几位游客不约而同地找到我,很生气地对我说:这家饭店满足不了他们提出的合理要求。游客们请我务必帮助他们解决问题。原来,游客们担心乘坐飞机时行李超重,想请行李员帮忙称一下各自的行李,也好提前有个准备。可是,当他们来到饭店礼宾部说明来意之后,却被告知饭店没有称行李的秤。游客此时的处境,我是清楚的。他们的本意,是为了防止第二天在飞机场因为行李的重量而引出麻烦,可是偏偏这家饭店没有秤,这自然很令他们失望。游客求助于饭店不成,转而迁怒于导游员,对他们的心情我也是理解的。游客说得有道理,这么大的一家星级饭店,竟然找不出一个能够为游客称一称行李的秤，的确是一件找不出充分理由的事情。况且，我一想到这批美国游客购买商品时那种兴高采烈的样子，再看看他们现在这种垂头丧气的表情，不帮助他们实在是于心不忍。咱可不能让自己的游客在临走前的最后一晚，无端经历如此巨大的心理落差，于是，就先安抚住游客，答应他们一定在今晚解决问题，请他们先回到各自的房间里等候。然后我找到了饭店的经理。饭店经理认真听完了我的来意，想了一想，也会心地笑了。他说，这类问题他们以前没遇到过，所以也就没准备‘秤’这种设备。现在既然游客有需求，应当想办法解决。我说，您要解决这个问题得从现在开始，千万不要拖到明天；我的那批美国游客还要看我今晚如何答复呢！饭店经理拗不过我，当时就给礼宾部打了个电话。一会儿，饭店派人去附近的超市买回了两个电子秤。我帮助这批美国游客称了行李，他们很满意。”

【点评】

导游员是否为游客提供力所能及的帮助，这关系着导游员的职业品质，影响着中国旅游业的形象。张导游员具有良好的职业品质。她对比了游客“兴高采烈”和“垂头丧气”的样子，便产生了“不帮助他们实在是于心不忍”的感情，认为不能让游客“无端经历如此巨大的心理落差”。这是一种看似平常，实际上却难能可贵的职业品质。这个案例对导游员的启示是多重的，对新导游员而言，其中有三点比较突出：第一点，有些平常看来并不起眼的东西，关键的时候要是缺了它们，也会引出大麻烦。从前有一个导游员，上团的时候总是习惯在自己的包里放一些家常用的小物件儿。对这一点，同行们多是不以为然的。有一次行至野外，另一个旅游团里有一位女游客却因此而大沾其光。原来，那位女游客因爬山用力过猛而挣断了裤腰带，正用双手提着裙子行走，整个旅游团的行进速度也大打折扣。这个导游员从自己的包里取出一条带子送给她，使女游客得以从让人难忍的艰难和尴尬中摆脱出来。你们看，一条带子可以解放一个旅游团，一台电子秤可以难住一家星级饭店。所以，导游员考虑问题，千万不要忽视小事，要善于抓苗头，抓关键。第二点，导游员为游客提供服务要配套，要善始善终，不要虎头蛇尾，更不能把收尾工作做成"短尾巴蜻蜓"一样。有些工作需要一些设备保障，导游员要善于合理利用合作单位的资源。像"电子秤"这类小设备、小物件，星级饭店里面还是应该准备的；如果没有，导游员应该努力与其交涉，以设法满足游客的需求。张导游员在这个问题上就做得很好。她能够把游客的要求与他们的处境联系起来考虑问题，进而能够理解游客对自己的迁怒，谅解游客并切实为他们提供帮助。第三点，导游员能不能自觉地为游客做些小事，其结果往往有着很大差别。拿这个案例来说，如果游客第二天在飞机场真的遇到麻烦，张导游员也一定要为此付出许多不必要的代价，难免要为本来已经预料到却未加防范而致使问题真的发生，甚至为引发更加严重的后果而自责。一个棋手把一盘形势不错的棋输掉了，往往就是因为在收尾阶段一个关键性的小问题上作出了错误的判断和选择。导游员应当借鉴棋局，不要在带团的时候犯同样的错误。

【实战演练】

1. 住宿单位发生服务故障，导游员该怎么办

排除住宿点的故障还是比较容易的。这是因为我国目前的宾馆饭店在软硬件上比较过关。但是，这并不等于导游员可以掉以轻心，住宿点的故障有时确实存在。比如，游客已经到达宾馆饭店，但房间还没有准备好，宾馆的房间中存在异味、不干净，个别服务员对游客不友好、服务不到位，宾馆的客用电梯出毛病，餐厅里的饭菜不卫生，游客的行李没有及时送到客房电梯，等等。

排除住宿单位发生的服务故障，原则上须掌握如下几点：

(1)事先与宾馆要有确认，做到心中有数，最好当着客人的面打电话，效果会更好。

(2)发生故障后要积极主动协助解决。比如，旅游团队已经到达饭店，但房间还没准备好，如果导游员与饭店前台服务员当着游客的面相互责怪，那就是严重的错误，因为绝大多数游客对此不感兴趣，他们只希望快点进房。在此时，导游员应积极采取措施以减轻游客的烦恼。比如，向游客介绍饭店的设施、第二天游程安排及叫早时间等。一般地说，饭店整理房间时间不会太长，必要时设法让每个游客都有座位休息，避免发生乱哄哄的局面，尤其是带一个大团队的时候，极易使饭店对导游员产生意见。

至于房间中存在异味、不干净，导游员应及时向服务台提出换房要求，并且帮助游客住进新换的房间。另外，对待饭店服务员的态度、电梯出毛病及饮食不干净等问题，导游员要尽快协调，以免导致游客内心的怨气和不满。

关于游客行李晚到的问题，导游员不要认为无所谓，绝大多数游客一到饭店就想洗澡，更有些中年女性原来就有不化妆不出门的习惯，可见行李对游客是何等重要。此时，导游员一方面要安抚游客；另一方面，要找出行李晚到的原因，是运行李车出故障，还是行李已经在饭店行李房。只有找到行李晚到的原因，才能向游客作出交代。当然，如果晚上还有其他活动内容，导游员又知道行李要晚到，那么，导游员最好回避关于行李之事，等到晚上活动结束，团队的行李自然也就到达了饭店。一般地说，行李晚到的时间是有限的。

2. 游客于深夜仍在饭店嬉闹，导游员该怎么办

旅游是件轻松愉快的事情，许多游客在旅途中会变得十分兴奋，常常会忘乎所以，甚至玩到深更半夜还是无法平静下来；有些人在饭店房间内大声喧哗、嬉闹，也有的在走廊里追逐叫喊。这会引起其他游客的不满，进而纷纷打电话向导游员“告状”。针对这一情况，导游员应该怎么办呢？

当导游员得到消息后要立即赶往现场，途中要想好办法，见到游客后不要当面指责，首先，要好言相劝，并解释不应妨碍其他游客休息的道理；同时，要分别把游客劝入各自的房间，让他们休息。若是个别游客还是继续嬉闹，导游员又觉得不方便或不好意思出面，自己可以暂时回避，但要请领队或者饭店保安出面协调。总之，导游员要想办法劝阻游客的嬉闹，不让他们继续影响其他游客的休息。

在第二天的旅途中，导游员最好选择时机，“自作主张”地替昨夜嬉闹的游客向其他游客赔礼道歉。此举也许能使他们心里明白导游员的良苦用心，或许当夜他们再也不会嬉闹影响其他人休息了。

3. 同行有困难，导游员该怎么办

在旅游旺季，导游员带团往往会遇到一些意想不到的困难和问题，特别是外省市的导游员带团抵达一地后，碰到的困难和问题更是在所难免。比如，旅游车发生故障、游客突患重病或发生意外、旅游接待计划出现问题、游客的吃饭住宿落实不了，等等。面对同行出现的困难，导游员不可视而不见、袖手旁观，应该伸出热情的双手帮助其解决困难。

导游员在业务上是竞争对手，但在导游界是同行和朋友，眼看自己的同行在工作中遇到困难和问题，导游员应该遵循“顾全大局，相互协作，相互支持”的道德规范，尽自己最大的努力，给予热情帮助和主动支持，帮助他们解决实际的困难和问题。比如，帮助他们联系汽车修理厂，为他们提供就近医院的名称和地址，让他们在自己的定点餐厅用餐并设法解决游客的住宿问题等。总之，这种良好的风气应该在导游业界得到推广。

第四单元

游览观光篇

【导读摘要】

游览观光，是游客外出旅游的主要目的，因而它是导游员带团过程中的一个中心环节，直接决定着导游人员带团质量的高低。通过本篇的学习，我们需要明了导游员在游览观光环节的职责和任务，掌握车上导游、途中介绍、景点讲解的内容、方法和技巧，并全面做好旅游团游览观光前的各项准备工作，以做到有备无患。与此同时，我们还需要了解和学习在游览观光的旅途中，导游员必须具备的一些临场处理特定事件的方法和技巧。

【专题讲座】

一、游览前的介绍

（一）车上导游

车上导游，是游览观光的前奏，是导游开始讲解的第一步，也是导游与游客建立关系的开始。车上导游看似简单，但要真正做好这第一步并不容易。俗话说，“第一印象将决定最终印象”，车上导游的重要性不言自明。因此，如何做好车上导游，是每一个导游人员在正式带领游客观光游览之前面对的第一个问题。要比较全面地做好车上导游，须解决好以下几个方面的问题。

1. 欢迎词

欢迎词在前面讲过，所以这里仅简要举例说明。以下是哈尔滨的一位地接导游员的欢迎词。

非常欢迎在座的各位到哈尔滨观光旅游。我是北国假日旅行社的导游员孟佳，即梦中佳人之意。为了方便起见，大家可以叫我小孟。坐在我们车前方的是司机王师傅有多年的驾驶经验，驾驶技术高超。我们都说到了吉林是吉(急)开、到了内蒙古是蒙(猛)开、到了上海是沪(胡)开、那到了哈尔滨就是黑白两道都能开。因为在夏天我们的马路是黑色的,到了冬天我们的马路是白色的,所以我们的师傅是黑白两道混得都熟的,大家尽可以放心。哈尔滨是寒冷的,但哈尔滨人是热情的。大家有什么问题尽管和我说,我会尽最大努力让大家满意。小孟先在这里预祝大家哈尔滨之行愉快,希望大家带着对哈尔滨市的期待和憧憬而来,带着对哈尔滨的满意和流连而归!

2. 介绍行程

致完欢迎词之后,导游员需要简明扼要地向游客介绍他们此次旅游的行程,包括交通、住宿、餐饮等游客普遍关心的各个方面。此时的行程介绍一定要清楚明了,并且要注意有没有游客或旅游团中的领队对此提出异议。如若没有,导游员介绍完旅游行程之后,也不需要对行程中所涉及的景点做过多的介绍,简单一两句话点到为止即可。

3. 注意事项

注意事项,主要是指即将进行的旅游行程中需要注意的地方,以让游客提前做好心理准备和物质准备,做到有备无患。

比如,泡温泉的行程,要提醒游客提前准备好泳衣、毛巾,有洁癖的最好自己带浴袍、拖鞋等;泡温泉的时候应该由低温池到高温池逐渐提升,并且最好每次不超过15分钟;再下水之前先用手或者脚试一下温度,然后慢慢把全身泡进温泉里。另外,泡温泉不是洗澡,不要在温泉中洗头搓泥等。

又比如,要爬山或者观光园林的注意事项:导游员应建议最好穿一双适合爬山的鞋子,不要穿高跟鞋。夏天爬山可以建议游客带毛巾擦汗、带遮阳伞或帽子、带足够的水,等等。

除此之外,要随时随地提醒游客注意安全。一是人身安全,比如，走路小心路滑、爬山时不要去偏僻的树林，小朋友不要随便去攀爬栏杆等；二是财产安全，建议游客把包尽量背在前面，“包包摆前面就是自己的，包包摆后面就是别人的”。

另外还有车上注意事项，导游员也需要在适当的时候告知游客。首先，是保持车厢的清洁；然后介绍冷气的开关在哪里，还有车牌号码。如果需要，自己的手机号码最好也告诉领队或游客。

4. 小游戏和笑话故事活跃气氛

如果车上行程时间比较长，而此时游客流露出些许的无聊或倦意时，导游员可以适时地引导游客做一些小游戏、讲几个笑话故事，或用唱歌、猜谜等方式来活跃旅游车上的气氛。

比如，有这样一些小游戏可供导游在车上进行：

(1)抓蜜蜂。车上的人，左面的伸出手，右面的举起手，组织者说道：“两只小蜜蜂呀，飞入花丛中呀，嗡呀—嗡呀……”，说到第三次的时候，突然说“抓”，右面的人就抓左面人的手，被抓住者唱歌。当游戏做到喊抓的时候让人非常紧张，很有意思，全车的人都可以玩。

(2)宣读理想。在车上找出 5 个人，给他们每人 1 张白纸，并让他们分别在纸上写出自己心中最喜欢的 4 个成语；同时，你也拿出 1 张白纸，并写上 4 个半句话：“我的……”如：

我的初恋：

我的爱情：

我的工作：

我的未来：

然后，让 5 位游客分别将这 4 个半句话与自己所写的成语对接成 4 句完整的话。

【例】

我写的 4 个成语是：牛气冲天、博大精深、手舞足蹈、春花秋月。

这时候××游客宣读：自己的理想是：

我的初恋：牛气冲天；

我的爱情：博大精深；

我的工作：手舞足蹈；

我的未来：春花秋月。

其实，每个人的成语不同，所组合出来的文字内容也不同，车内的场面将是非常活跃的！

(3)绕口令。比如："走一步，扭一扭，见到一棵柳树搂一搂"，"走两步，扭两扭，见到两棵柳树搂两搂"……以此类推，如果客人多的话，到16步时返回重新开始。

要求是，客人必须用普通话讲，前面一个人说完，后面的人要紧跟着讲，并且不允许停顿，导游也要参加，谁说不下来，就要表演一个节目。这个游戏要看客人的表现。导游员一定要在气氛比较活跃的时候做，效果才会好。

(4)"吃鸡"或者吃其他的什么。游戏规则：大家先后分食一只鸡，每人只可选吃鸡的某个部位，前面吃过的，后面的人就不可以再吃，到最后，没东西可吃的人就要出节目。

(5)"洞房花烛夜"成语组合游戏。导游员先说一句"洞房花烛夜"然后由游客每人接一个"我 + 一个以数字"一"开头的成语"，例如，组合后的"洞房花烛夜，我一箭双雕"；"洞房花烛夜，我一心二用"等，非常搞笑。但这个游戏要在包团上，大家都是熟人才好玩，散客团就不太适用了。

总之，导游员可以结合自己的兴趣爱好和才艺，或旅游团人员组成的特点来适时安排节目，使得车上导游工作充满欢声笑语。这样的车上导游，就是最成功的车上导游了。

(二)途中介绍

途中介绍的内容一般分为三个部分。

1. 重申当日活动安排

每天旅游活动正式开始之前，导游员需要向游客重申当日的活动安排，让游客做到心中有数。内容包括当日游览景点的名称和前去所需要花费的时间、用餐的地点和时间、当日天气情况和提醒事项等，另外，还可视情况介绍当日国内外重要时事，丰富讲解内容。

2. 沿途风光导游

沿途风光导游，即当旅游车经过某一城市或某一景观时，导游员要随时随地向游客介绍所看到（一定要游客在车上能够见到）的风光景物、风土人情。此时，旅游车前进有一定速度，因此导游员介绍要重点突出、简明扼要，尤其是对游客感兴趣的景观，要着重介绍。

如果是长途陆路旅行，会经过几个重要城市、城区，各城区都可能有值得讲解的风景名胜、文化古迹和民族风情，导游员都应该熟悉，每经过一地，即使不下车游览，也应顺便介绍讲解。例如以下对成都的介绍：

有人知道中国的“四大城市”是哪四个吗？这“四大城市”就是北京、上海、广州和我们现在到达的成都。和北京、上海、广州一样，成都的发展也同样凝聚了历史沉淀带给我们的巨大力量和社会主义现代化建设不断注入的新鲜活力。成都虽然地处我国西南地带，地理位置也许远远没有北京、上海、广州那么得天独厚，但是国家西部大开发的政策使得成都也迈出了我国现代化建设的快速发展步伐。

众所周知，成都是四川的省会，总面积在10 000平方公里以上，人口已经达到了1000多万人。从这个数字上大家可以看出，成都面积不大，但是人口密度是相当高的。在中国乃至全世界，属成都人过的最另类。在北京，时间就是机遇；在上海，时间就是时尚；在广州，时间就是金钱；然而到了成都，时间就是生活。在全国各大城市中，成都人活得最潇洒、最没有压力感。有人曾经作过这样一个统计，在街上，属成都人步行最慢；早上，属成都人起床最晚；而在成都，茶馆的营业时间又是最长……那么，对在座的各位来说，这个中国第四城真的有如此大的魅力吗？李白来了，说“九天开出一成都，千户万户入画图”，形容成都像画一般的美丽；杜甫来了，说“晓看红湿处，花重锦官城”，认为成都是一座花的城市；陆游来了，说“二十里路香不断，青羊宫到浣花溪”，发现成都花香四溢，二十里不断。怎么样？这就是答案。

如果是短途旅行，哪怕只有几十分钟的车程，如，从机场到市区，从下榻饭店到风景游览点，导游员都应熟知沿途的情况，做到见什么讲什么，哪怕是一花一树、一幢建筑物、一个街心花园、一个自由市场，都应加以简短介绍，使初来乍到的游客增加兴趣。外国游客就怕中国导游员“当哑巴”，一言不发。一位日本游客曾说过，哪怕是一件小事物，他们也想知道。导游员不要认为自己司空见惯了的平常事不值一谈。中国人习以为常的事，对外国游客来说却是很新鲜的，往往很想知道。这并不奇怪，彼此毕竟是生活在不同国度里，生活环境和生活习惯都不同，所以才需要开展国际交往，加强相互了解。这就对导游讲解赋予了深层次的含义。

有一位扬州导游员就做得很好，每次在旅游车上带领游客进入扬州城的时候，她会提请游客向窗外望去，建筑顶上都有5个突出的标志，像是戴着5顶小帽子。然后她就会介绍说：这是扬州的标志，瘦西湖里的五亭桥是扬州市的城徽，建筑也就延从了五亭桥上的5顶可爱的“小帽子”。

3. 景点介绍

途中的景点介绍，是指导游员须提前向游客详略得当地介绍即将前去游览景点的基本情况。这样,既可让游客提前了解该景点,增加相关知识,也可激发游客对即将前去景点的游兴。但此时的介绍不宜过多,否则,在景点的实地讲解就不好进行了。

比如,在即将前往乌镇的车上对该景点的提前介绍:

江南素以水乡闻名,乌镇则是我们江南六大水乡之一。它是其中开发最晚的一个,也是水乡风貌保存相对比较完好的一个。关于乌镇名称的来历,有两种说法:其一,最早此处为冲积平原,河流不断夹杂着泥沙在这里堆积成一个个小土墩,由于土质成黑色,所以称为"乌",有人类生存繁衍的足迹后改为乌镇;其二,唐朝浙江刺史李其步安禄山后尘起兵造反,唐王朝派乌赞将军镇压。他一路杀来把叛贼杀得到处鼠窜。后李其举白旗投降,被乌赞将军压在军营。此人投降另有目的,企图里应外合,突袭军营。乌赞将军对此没有防备,一人骑上战马追出军营,但最终掉入别人设下的陷阱被乱箭穿心。为了纪念这位爱国英雄,后人便把此处以青镇命名。所以,现在的乌镇由乌镇和青镇两处组成,而只有乌镇对外开放。

二、导游讲解

导游讲解是导游员带团过程中至关重要的一个环节。导游讲解的好坏直接影响到游客旅游过程中的观景赏美。高水平的导游讲解不仅能让游客对景物的历史背景、人文风貌、传说故事等有全面的了解,同时还能激发游客的游兴和想象力,扩展游客的视野。正所谓"看景不如听景","祖国山河美不美,全凭导游一张嘴",这就是讲解的艺术、讲解的魅力。

(一)讲解方法

1. 分段讲解法

分段讲解法,是指对比较大型的景点采取分段介绍的讲解方法。这种讲解方法首先要求导游人员要非常熟悉该大型景点，进而在带领游客参观的时候，能够将该景点按照空间距离和游览顺序分为几个合理的部分，然后在此分区的基础上，结合相对应的每个分区进行分段讲解的方法。

武当山既是我国著名的道教圣地，又是世界文化遗产之一，是我国道教建筑艺术的集大成者。凡来武当山观光游览的人，除为了一睹其美丽的自然风光之外，欣赏其独有的道教建筑也是旅游者的夙愿之一。武当山道教建筑众多，那么导游员在讲解该景点的时候，如何才能做到既能让游客在有限的时间内了解和欣赏到武当山众多的、且每处都具有其自身特色的道教建筑，又能够让游客感受到导游员条理清晰、主次分明、环环相扣的讲解呢？此时的导游讲解就需要在对武当山这个大的旅游点进行合理分区的基础上，使用分段讲解法。下面以武当山几处比较有名的景点——复真观、紫霄宫和南岩的讲解为例，进行分段讲解。

这里是复真观，基本上是按照“真武修仙”的故事精心设计、巧妙布局的。它位于武当山主峰天柱峰东北的太子坡上。据说，净乐国太子入山修道之初，曾在此修炼，故而得名。复真观始建于明代前期，后多次重修，而其建筑基本上保存了原貌。殿堂依山势而建，层层向上。中轴线上有照壁、梵帛炉、龙虎殿、大殿、太子殿。左侧道院建皇经堂、藏经阁、庙亭、斋房，随山势重叠错落。观中有一栋依岩层叠而建的5层楼阁，以一根立柱支撑着交叉叠搁的12根梁枋，称为“一柱十二梁”。此楼建筑结构独特、建筑技术精湛，虽经历数百年的风雨，依然巍峨耸立于山间。

现在我们眼前的这座宏伟壮观、绿琉璃瓦的大殿就是紫霄宫了。它是武当山保存最完整、最具古代艺术特色的道教建筑。建于明永乐十一年（1413），距今近600年的历史。远远看去，极具皇家道场的气派。那么为什么叫它紫霄宫呢？紫霄的意思，是仙气迷蒙的天空。紫霄宫坐落于武当山展旗峰下,背倚展旗峰,面对照壁峰。这里峰岭群山环绕、松林翠柏幽深,环境幽雅、气候宜人,历来被视为“紫霄福地”。紫霄大殿是武当山唯一幸存下来的重檐歇山式木结构殿宇,这座在全国屈指可数的抬梁式大木结构的道教古建筑,利用其地形落差,建在3层崇台之上,更显其宏伟壮观、气势轩昂。

武当山有36岩,现在我们来到的是被认为36岩中最美的南岩。武当山雄险自然景观与精巧人文建筑的完美融合在这里得到了充分的体现。这座雄踞于悬崖之上的石殿建于元朝,悬崖旁边有一个雕龙石梁。石梁悬空伸出2.9米,宽只有30厘米。上雕盘龙,龙头顶端雕有一个香炉,这便是著名的“龙头香”。过去有些香客冒着生命危险去烧龙头香,以示虔诚,可见他们对道教的信仰之深。为了安全起见,我们大家若想许愿祈祷,可以到别的地方,心诚则灵嘛……

2. 突出重点法

突出重点法,是指导游在讲解过程中有所侧重地详细介绍景点某一个方面的讲解方法。其从小处入手,深入而细致的讲解手法区别于综合概括、点到为止的讲解手法,通过对景点特色或游客感兴趣之处侧重而详细的讲解,给游客留下深刻印象。突出重点法一般是突出以下几个方面:

(1)突出大景点中具有代表性的景观

对于较大的、内容较为丰富的景点,导游人员在讲解中很难做到面面俱到。此时最为适合的讲解方法,就是突出该大型景点中具有典型性和代表性的景观。这就要求导游人员首先应该对该大型景点的整体价值有一个全面的了解,然后,在此基础上选择能够代表景点全貌和体现景点价值的景观进行重点介绍。这样容易使游客从点到面地对该景点形成系统性的了解,并能让游客从某个角度更加深入地认识景点的价值。

例如，对中国十大博物馆之一的湖北省博物馆的介绍，采取突出重点法就比较适宜。湖北省博物馆是武汉市建筑规模最大，也是馆藏文物最多的博物馆，目前馆藏文物达 20 余万件。当导游员向游客讲解该景点的时候，面对如此众多的馆藏文物，如何才能让游客了解这些馆藏文物的地位和价值，进而对湖北省博物馆的历史价值也有一个全面的了解呢？毋庸置疑这只能建立在导游员自己对该博物馆馆藏文物进行较为全面了解的基础之上，选择其中几个具有代表性的文物，重点对游客进行介绍，如可以介绍曾侯乙墓编钟、越王勾践剑和吴王夫差矛等，通过对这几件“馆藏之宝”的介绍，让游客对湖北省博物馆留下深刻印象。

(2)突出景点特征及其与众不同之处

通常情况下，如果我们要将几个同类事物区分开来，会去找出它们之间各自的不同点，即各自的特色，导游讲解同样如此。中国旅游资源丰富，同类性质的景点很多，如何才能真正认识这些景点独具的价值，就需要导游员在讲解中突出其各自的与众不同之处。

以对我国佛教艺术宝库——敦煌莫高窟的讲解为例。很多游客都知道，敦煌莫高窟和洛阳龙门石窟、大同的云冈石窟并称为中国三大石窟。因此，导游员可以这样来介绍敦煌莫高窟：

“莫高窟的开凿比龙门石窟早 128 年、比云冈石窟早 94 年。莫高窟以它创建年代之久、建筑规模之大、壁画数量之多、塑像造型之多、遗迹保存之完整、艺术价值之博大精深而闻名天下，享誉国内外。莫高窟的壁画艺术是龙门石窟、云冈石窟所没有的，是世界上任何石窟寺所无法比拟的。它是莫高窟艺术的精髓。”

这样一来，就突出了莫高窟和另外两大石窟的不同之处。

(3)投其所好,突出旅游者感兴趣的内容

导游员在研究旅游团的资料时,要注意游客的职业和文化层次,以便在游览时重点讲解旅游团内大多数成员感兴趣的内容。投其所好的讲解方法往往能产生良好的讲解效果。游览故宫:面对以建筑业人士为主的旅游团,导游员除一般介绍故宫的概况外,还要突出讲解中国古代宫殿建筑的布局、特征,故宫的主要建筑及其建筑艺术,以及重点建筑物和装饰物的象征意义等。如果还能将中国的宫殿建筑与民间建筑进行比较,将中国的宫殿与西方宫殿的建筑艺术进行比较,导游讲解的层次便会大大提高,就更能吸引人。面对以历史学家为主的旅游团,导游员应更多地讲解故宫的历史沿革、历史地位和作用,以及在故宫中发生的重大事件。

(4)突出"……之最"

一般来说,按照旅游心理学的基本规律,当导游员介绍某个景点是世界、中国、某省、某市或某地最大、最长、最古老、最高或最小的……时,游客会对该景点留下比较深刻的印象,并且还会产生一种自己能来该景点一睹其风采的自豪感。因此,导游员在讲解过程中,应在基于景点实际情况的基础上适当扩大或缩小范围,以突出该景点的"……之最"。

例如,介绍杭州的西湖和武汉的东湖,同为湖泊风光,导游讲解可以突出景物的"……之最"。如:

"俗话说'上有天堂,下有苏杭',西湖是中国风景最美丽,且最富有浪漫色彩的地方";"东湖是武汉市风景最美丽的地方,且是我国最大的城中湖"。

有时第二、第三也值得一提,如,"长江是世界第三大河……"但一定要注意划定之最的范围,千万不能弄巧成拙。有时范围划定不同,比较的结果也不一样。如,云南的抚仙湖是云南省第一深水湖,也是中国第二深水湖。

3. 触景生情法

触景生情法，是一种见物生情、借题发挥的导游讲解方法。"登山则情满于山，观海则意溢于海"，人们在看到景物景观的时候总会触发某种情感或引发某种情愫。因此，导游员在对景点进行讲解的同时，要适时地运用此法，把自己的情感真诚地融入对景点的讲解之中。不同的人看到不同的景物产生的情感也会是不同的，要达到触景生情法的效果，导游员就要注意借题发挥，并要发挥得自然而恰当，才会引起游客的共鸣，进而加深对景物的认识和理解。

例如，海南某位导游员在带领游客游览的时候，路经陵水县。游客指着山顶上一个大型圆球体，问其为何物？作何用途？导游员回答，这是军用飞机导航台，并借此讲到震惊中外的中美撞机事件，勾起游客的回忆。然后，又借势发问，是否还记得当年殉职的飞行员王伟同志，用深情的语言阐述英雄事迹，感叹为有这样的英雄而骄傲和自豪。最后，还建议大家行注目礼，以示对英雄的敬慕。通过这种见物生情的自然借题发挥，能够充分调动游客的爱国热情，使团内气氛更加团结，导游员的自身形象也得以提升。

4. 虚实结合法

虚实结合法，是指导游员在讲解过程中，将与景点相关的传说故事、历史典故和对景点的客观介绍相结合，以使讲解更加形象生动，从而达到激发游客游兴的效果。这就需要导游员必须具备两方面的条件：一是要具有比较丰富的历史知识和传说故事的积累；二是要具有表情和体态语言都非常生动、丰富的故事讲解能力。只有具备了这两个条件，才能实现利用故事、利用传说典故去感染游客，使游客对所游览景点更感兴趣的目的。

很多导游员在对海南亚龙湾的讲解中，能够恰当运用虚实结合的讲解方法，如：

亚龙湾位于三亚市东部约25公里处，东、北、西三面环山，呈月牙形环抱中国南海，总面积146平方公里。这里山清、水碧、沙白、洞幽，被誉为人间仙境和“天下第一湾”。关于亚龙湾，还有一个美丽的传说呢。相传很久以前，在今天的亚龙湾一带，海边没有沙滩，紧靠大海的是高山峻岭和悬崖峭壁。高山上住着几十户人家，这里的姑娘如花似玉，个个美似天仙。

一天，十几个仙女下凡到这里洗澡，遇上了这里的姑娘们。仙女惊叹人间竟有如此美丽的女子。回到天宫，她们把这事告诉了哥哥，并让他们下凡娶这些女子。神仙听后怦然心动，来到人间，果然看到了7个美貌女子，于是向她们每人吹了一口仙气，让这些女子随他们朝深山跑去。正巧这时7位女子的未婚夫出海捕鱼归来，看到此景后下船就追，却追不上。7位女子来到深山后，神仙向她们求爱，但她们都已经有了心上人，不能接受他们的爱。神仙无奈，只好放7位女子回了家。然而，回家后却没有人相信她们，也没有一个小伙子再愿意娶她们。她们在绝望中走进了大海，以死证实自己的清白。她们明亮的眼睛融在海水里，使海水变得更加清澈；她们洁白的身体被海水冲到岸边，高山峻岭自叹不如，立即让路。由于天上神仙的点化，她们的身体变成了洁白的沙滩，灵魂升入了天堂，变成了仙女。

7位女子的未婚夫知道误会了女友的忠诚后，悔恨不已。他们真诚的忏悔感动了天帝。天帝命手下打开天门，这时7位女子缓缓走出，把发生的一切告诉了未婚夫。还告诉他们，现在这海湾属南海龙王第5个儿子牙龙管辖，应叫牙龙湾。

美丽的大海配上美丽的传说，怪不得有人说三亚归来不看海呀！

5. 问答法

问答法，是指导游人员在讲解过程中，通过向旅游者提问题，或引导旅游者主动发问，进而吸引游客的注意力，引发游客思考的导游讲解法。总的来说，问答法主要有三种形式。

(1)自问自答法。自问自答法，是导游人员在讲解景点时，适时地对游客可能会产生疑惑的地方提出一个设问，继而短暂停顿几秒钟后，对此设问进行自我回答的方法。自问自答法能够使平实的导游词增加几许跌宕起伏的意味，能够吸引游客的注意力，通过对某处景点讲解的几个自问自答，把游客的注意力紧紧抓住，游客对景点的认识也会更深刻。

下面这段广西四贤祠的导游词，就是运用自问自答法的典型范例。

“在四贤祠里还有兴安一奇——古树吞碑。树怎么会吞碑呢？咱们现在就去看一看。这就是古树吞碑。为什么它被称为兴安一奇呢？您看到的这棵大古树已经有700多年的历史了。它正以每3年1厘米的速度吞吃着它下方这块乾隆十二年(1747)的石碑。现在石碑的1/3已经被树给吞吃了。这样的景象是怎样形成的呢？先前这块碑立在树的附近，老百姓为了方便，将碑放倒平铺，用来洗衣服、下棋、歇凉等，树越长越粗，因石碑挤住逐年长粗的树干而被树干慢慢吞食，又没有人将石碑拔出来，天长日久，就这么一寸一寸地被吞吃了。”

(2)我问客答法

我问客答法，是指在讲解过程中由导游员向游客提出一些与景点有关的问题，然后引导游客来回答的讲解方法。我问客答法是一种吸引游客参与讲解之中，启发游客开动脑筋的好方法。运用我问客答法时，导游人员要注意必须是在游客似懂非懂的时候提出问题，或者是难度不大，但要动脑筋才能回答的问题。导游员提出问题后，一般要停顿数秒钟，见游客实在回答不出来时，要适时给出答案，否则时间过长会陷入尴尬的场面。

例如，在中国的园林旅游景点中，我们时常会看到各种砖雕、木雕及花纹图案，导游员除了讲解这些所见物的年代、历史和典故外，还可向游客提问其中的寓意。比如，蝙蝠、桃子和灵芝三种图案合在一起为何寓意？导游员这么一问，游客定会兴趣大增、七嘴八舌。

再如，游览黄山时，导游员就可提问："三前摘翠为何意？有谁知道是哪三前吗？""翠"即茶叶，换言之，哪三个节气之前是采茶叶的最佳时间呢？喝茶人一般都想知道，但要说清哪"三前"恐怕为数不多。导游员过一会儿才告诉游客说："清明、谷雨、夏至。"游客中间定会有人说："我猜到了两个，还有一个无论如何也想不起来。"这样一来，导游员和游客的沟通就会更加和谐。

(3)客问我答法

客问我答法，是指导游人员在讲解过程中及时地回答游客提出的种种问题，以满足游客求知欲和好奇心的讲解方法。在整个旅游过程中，游客的问题涉及面很广，其难度也有深浅，同时也具有随时性。导游员首先应该要做到不厌其烦，对自己知道的问题要给予游客全面而细致的回答；对实在回答不出的问题也应谦虚谨慎，想尽办法做到既不失面子，也使游客得到心理上的满足。

比如，在游览寒山寺的时候，有些好奇心强的游客就会提问："寒山寺的钟声为何敲108下呢？"导游员应这样回答：

"首先，这一习俗在唐代十分盛行。后来，随着中日文化交流的发展，这一风俗在日本也流传至今。民间盛传，人生一年中有108个烦恼，登寒山寺钟楼撞钟，或聆听108记钟声，便能消除一年的烦恼，逢凶化吉。又说，人生有108种烦恼，听了佛寺108下钟声就能去掉所有烦恼，年年吉祥如意。还有一种说法，是一年有12个月、24节气、72候。古代称5天为一候，按农历360天记，一年分为72候，把12、24、72相加，得出108，既可代表一年，又符合108种烦恼之数。因此,若除夕听钟声108声,既能解除新的一年中的烦恼,又能消除人生108种烦恼,真是大吉大利呀!"

不过对于从事导游行业不久的新导游员而言,最好不要有意无意让游客发问。俗话说,"导游不怕说,就怕问",如果导游员有意让游客提问,而自己又回答不出,就会置自身于尴尬和不利的处境。当导游员一旦面对自己回答不出的问题时,如,途中有一位游客随口问道窗外的景物说:"导游,那是什么树?那是什么河?"这个时候你可以对客人说:"我对树的研究呢,不是很深,回去研究过了,下次再告诉你。因为我不肯定的事是不可以乱说的。"这样,不仅灵活地回避了客人的问题,而且展示出一个导游员的敬业和专业态度。

6. 制造悬念法

制造悬念法,是指导游人员在讲解过程中提出游客比较感兴趣的问题,但却故意引而不发,激起游客急于知道答案的欲望,使其产生悬念的方法,俗称"吊胃口"、"卖关子"。

游客一旦置身于景物之中,就会产生一种对景观特征、故事结局、文物来历和风俗习惯等迫切希望追根究底的心理。有经验的导游员会借机制造悬念,巧妙安排讲解内容,提出话题、引出审美关注点,从而吸引游客的注意,活跃气氛,使游客从"旁观型"转化为"参与型"。一位导游员在"三潭印月"的讲解中,成功地制造悬念激发起游客的遐想。他这样讲到:

"每到农历八月中秋,人们在塔中点上蜡烛,洞口蒙上薄纸,烛光倒映在湖中,形成了'天上月一轮,水中影成三'的绚丽景色,可以看见33个月亮。大家想一下,怎么才能够看到33个月亮呢?"

当游客在思索三潭五孔倒映水面,总共也只有30个月亮的时候,导游员则适机一语点破:"天上一个,水中一个,手中一个

(月饼),不就成33个月亮了吗?"游客听后恍然大悟。

7. 类比法

所谓"类比法",就是"以熟喻生",达到类比旁通效果的导游讲解方法。类比法主要有相似类比、相异类比、时代类比和换算类比四种。

(1)相似类比法。相似类比,是指将相似的两种事物进行比较,便于旅游者理解并使其产生亲切感的讲解方法。一个比较典型的例子,就是很多导游员在讲解的时候,针对不同国家的游客,可将北京的王府井大街比做日本东京的银座、美国纽约的第五大街、法国巴黎的香榭丽舍大街;把上海的城隍庙比做日本东京的浅草;参观苏州时,可将其比做"东方威尼斯"(马可·波罗将苏州称为"东方威尼斯");讲到中国的梁山伯与祝英台或许仙和白娘子的故事时,可将其比做英国的罗密欧与朱丽叶等。

(2)相异类比法。相异类比,是指将相似的两种事物进行比较,比出在规模、质量、风格、水平、价值等方面的不同。如,讲解北京的颐和园或者济南的遐园,可将它们与江南的苏州园林进行对比,让游客认识北方园林和江南园林在规模、风格、造园特色、价值等方面的不同,在对比中加深对中国园林的了解。一位导游员在讲到大明湖的冬天时,巧妙运用同类相异类比的方法,与杭州的西湖联系起来。她讲到:

"在西湖游览时,人们常说'晴湖不如雾湖,雾湖不如雨湖,雨湖不如夜湖,夜湖不如雪湖',也就是说,美似西子的西湖,她最美的时候是在雪中,而江南少雪,因此要看雪中西子确实很难,所以冬日里请大家来泉城看这里的大明湖。"

对同样的两种景物,如果要比较的是相同之处,则可以选择同类相似类比;如要比较的是不同之处则可选择同类相异类比。这两种方法可以同时使用,互相并不矛盾。

(3)时代类比法。导游员在导游讲解时,可进行时代之比。由于各国计年方式不同,在介绍历史年代时应注意游客的理解程度,要采用便于游客理解的表述方式。以故宫的建设年代为例,如果导游员介绍说故宫建成于明永乐十八年,外国游客听了效果就不会好,因为一般不会有几个外国游客知道这究竟是哪一年。如果直接告诉游客,故宫建成于 1420 年,讲解的效果则要比第一种好一些,因为这样说起码给出了一个通用的时间概念,但仍给人以历史久远的印象,如果使用时代之比,故宫的建设年代在哥伦布发现新大陆前 72 年,莎士比亚诞生前 144 年,中国人就建成了面前的宏伟建筑群,则讲解效果会更佳。它不仅便于外国游客记住故宫的修建年代,留下深刻印象,还会使外国游客产生中国人了不起、中华文明历史悠久的感觉。

又如,讲解故宫,一般都会讲到康熙皇帝,但游客大都不知道他是哪个时代的中国皇帝。如果导游人员对法国人说康熙与路易十四同一时代,对俄国人说他与彼得大帝同一时代,还可加上一句,他们在本国历史上都是很有作为的君主。这样就便于游客认识康熙,他们也会感到高兴。

(4)换算类比法。换算,就是将抽象的数字换算成游客可以理解的数字或者事物,让游客明白数字背后的真正内涵。这就要求导游员不是记流水账似地把导游词背给游客,而是要求导游员具有比较渊博的知识,触类旁通,用大部分人都知道的事物来解释难以理解的数字。

例如,导游员在介绍三峡工程双线五级连续梯级船闸的时候,就可运用换算讲解方法:

该工程是于 1994 年 4 月动工的,负责这项工程的施工单位是武警水电部队的官兵们。他们花了几年时间削平了 18 座山头,劈出了“长江第四峡”。这项工程的土石方开挖量达到了

4356 万立方米，是整个三峡工程中土石开挖量最大的一项工程了。如果把它垒成一座 1 米见方的石墙，就相当于建了 8 座万里长城，可以说咱们中华民族愚公移山的精神在这里得到了充分体现。

又如，导游员在介绍故宫的时候如果直接说故宫的房间有九千九百九十九间半，这个数字就太过于抽象，太不容易理解了，可以这样来做一个换算：

"如果让一个婴儿从出生的第一天开始每天晚上住一间的话，等他把全部房间都住一遍时他已经 27 岁多了。"

这样，游客就会发出由衷的感叹。

8. 画龙点睛法

画龙点睛法，是指导游员在讲述完某一景点或某一景点的部分内容之后，用精练的语言概述带领游客所游览过的景点，让游客从整体上形成对该景点的认知，再次加深游客对景点印象的一种讲解方法。

比如，有些导游员在带领游客游览完黄山之后，当游客还在陶醉于黄山的美景中意犹未尽之时，将黄山的美景概括为四点——奇松、怪石、云海、温泉，游客肯定会对这个画龙点睛的概括点头称是，并且游客对黄山的认知也会更加精辟和深刻。再如，有些导游员在带领游客游览完"五岳之首"泰山之后，引导游客回忆泰山石壁上古人的题刻——"努力登高"、"首出万山"、"共攀青云梯"……并说：

"大家请看，那负荷百斤的挑山工，再想想当年无名无姓的凿石修路人……大山无言，但它们能激励人们向上。朋友，登山犹如干任何事业，只有义无反顾地向上，才能战胜险阻，才能到达最高的境界！"

通过此段画龙点睛的讲解，游客对泰山的感情定会升华。

(二)讲解技巧

1. 表情、动作、声调一起上

平淡的叙述不能算是讲解,而只能让人越听越困。丰富的表情、抑扬顿挫的语调加之适当的动作才会引人入胜。换言之,导游人员的讲解既要有内容,又要有形式。导游讲解少不了传说典故、逸闻趣事,故事的讲解除了故事本身要有趣之外,最重要的还是要依靠导游员的“讲”。语言的生动和流畅是基础,而导游讲解的表情、动作,声音的高低起伏和抑扬顿挫则是展现故事的必要辅助。更进一步说,表情、动作、声调甚至会比讲解故事本身更加重要。它们才是带动游客、感染游客的基本要素。除了生动的故事之外,导游讲解往往会有很多知识性的内容。这些知识性的东西会比较枯燥且难以理解。游客在听导游讲解的时候就会失去兴趣,甚至不听讲解。因此,针对知识性的讲解内容,导游员尤其要重视运用表情、动作、声调,把游客的注意力吸引过来。

2. 互动参与,气氛和谐

游客是旅游的主体,导游员的讲解就是为了直接服务于这一主体。因此,哪怕导游员的讲解水平再高、讲解的内容再丰富,也不能只顾讲解而忘了讲解的对象是游客。讲解效果的好坏与否,直接取决于导游员是否照顾到了游客的情绪,是否通过互动的方式让游客也参与到讲解中来。

在导游讲解过程中能够表现互动技巧的时候很多,关键在于导游员是否用心于和游客之间的互动。下面以一位导游员对扬州的讲解为例。他说:

“大家现在走的地方叫‘长堤春柳’,这里‘三步一桃五步一柳’,请看路湖岸边的桃树和柳树,大家不妨亲自走一下,看看是不是三步一桃五步一柳?”

“游客们,这里是有名的徐园,馆前的两只大铁镬,经过10年众多游人的抚摩，越发的亮了。这两只大铁镬，是南北朝萧梁时期的镇水之物。我们也可以来摸一下它们，为当地人民祈福……”

当导游说到这里的时候，肯定会有一帮热心的游客也将手放到两只大铁镬上去。再如，还有些导游员在游览过程中让游客数石狮子、数台阶等，都是为了增强与游客的互动，使游客对导游讲解、对景点产生更加浓厚的兴趣，不知不觉也拉近了导游员和游客之间的距离。

3. 机智幽默，笑声不断

幽默的讲解技巧在导游讲解中最为可贵。有位哲人说过：“世界上最美的声音是笑声、最深奥的道理是哲理，幽默则是笑声与哲理的美妙结合。它能使人们从笑声中悟出哲理，在哲理的启示下发出会心的笑声。”幽默可以化腐朽为神奇、化压力为轻松、化沉闷为愉悦、化平淡为有趣、化冲突为和谐、化干戈为玉帛。因此，在导游讲解过程中，导游员应能幽默、会幽默。

有一泰国导游员，上车就痛说家史，说自己与车上中国游客同宗同根，曾祖父时下南洋，现已 4 代。虽说自己已加入泰国籍，娶了泰国人做老婆，也算为国争光。但洋装虽然穿在身，可心依然是中国心（一下拉近了同游客的感情距离）。接着讲当地风土人情，说学几句泰国话方便出行。泰语夸小伙子帅，叫“老妈妈”；夸姑娘漂亮，叫“水晶晶”；大哥大姐叫“屁”，我姓洪，为了亲切，大家可叫我“洪屁”，或叫“屁”也行。又说，车上有姓“方”的可叫“方屁”，姓马的可叫“马屁”。这一段插科打诨、虚实难辨的神侃，大家笑得前仰后合，心理警戒线被冲破，思想上被彻底缴了械，成了俘虏。真是“谈笑间樯橹灰飞烟灭”。

再如，一名导游员带团参观博物馆时说：“这个盒子里的化石已有 200 万零 9 年了。”有游客马上就反问，你为什么会如此清楚？导游员回答说：“我刚来时它已有 200 万年了，今年是我来这儿的第9个年头。”这下游客就只会为导游员的机智而佩服，再也不会去深究化石的年岁了。

4. 重视开口第一句话

“好的开始是成功的一半”，开口第一句话或每段导游词的开头，一定要吸引游客的注意力，这样游客就更容易进入状态，对导游员后面的讲解会更加感兴趣。比如，有位导游员介绍故宫的关雎宫，一进入关雎宫就大声念道：“关关雎鸠，在河之洲，窈窕淑女，君子好逑。”用诗经中为大家所熟悉的句子把游客的注意力全部吸引过来。然后，解释此宫为什么叫关雎宫，接着讲皇太极和海兰珠的爱情故事。再如，介绍永福宫的时候，导游员一进门就大声说：“兴亡二后，孝庄慈禧！”第一句用非常凝练的语言概括所要讲解的对象，吸引住游客的注意，然后接着讲述孝庄和慈禧的故事。

三、参观活动

（一）参观前的准备

导游工作是一项劳动密集型和知识密集型兼具的工作，要真正做好导游工作，既要有运筹帷幄的组织和控制能力，又要有细致入微的计划和实施能力。哪怕是在旅游团还没到来之前的准备工作，都是繁复而艰巨的。参观前的准备工作因具体的导游员身份性质而不同，因此本部分将分为地陪和全陪两个角色来阐述。

1. 地陪的准备工作

地陪作为旅游接待计划的真正实施者，其准备工作可谓千头万绪，稍有疏忽就会影响整个旅游行程的进行。地陪的准备工作，应在领取了盖有旅行社印章的接待计划书后立即开始。地陪需在上团前3天领取接待计划书。准备工作可分为以下4个方面。

（1）熟悉接待计划。地陪应通过接待计划书获知以下信息：

① 旅游团的基本信息

• 计划签发单位（组团社），联络人姓名、电话；团队的种类（如全包价、半包价等）；费用的结算方法；团的等级（如豪华等、标准等等）。

• 旅游团的团名、代号、电脑序号、人数（含儿童）、住房、用车情况、餐饮标准等。

• 在食、住、行、游方面是否有特殊要求，有否需要特殊服务的旅游者（如，残疾旅游者、高龄旅游者等）。

② 旅游团成员的基本情况。客源国（地），领队姓名，旅游者姓名、性别、职业、年龄（有否高龄老人和儿童）、宗教信仰、民族等。

③ 全程旅游路线，海外旅游团的入出境地点。

④ 所乘交通工具情况。抵离本地时所乘飞机、火车的班次、时间和机场、火车站的名称。

⑤ 掌握交通工具情况。该团去下一站的交通票据是否已按计划订妥，有无变更及变更后的情况；有无返程票，机场建设费的付费方式（是旅游者自付还是接待社垫付）等。

（2）落实接待事宜

① 核对、落实该旅游团在该地活动日程表的内容。根据组团社旅游接待计划，地陪应将地接社安排的旅游活动日程与接待计划逐项核实，如发现有出入，应立即与本社有关人员联系，不明白的地方一定要问清，以免在实施时遇到麻烦，影响工作。

② 落实旅游车辆。与为该团提供交通服务的车队或汽车公司联系，问清、核实司机师傅的姓名、车号、联系电话，出发地点等。

③ 落实住房

• 地陪应熟悉该团所住饭店的名称、位置、概况、服务设施和服务项目。如，距市中心的距离，附近有何购物、娱乐场所，交通状况等。

• 向饭店销售部或总服务台核实该团旅游者所住房间的数目、级别、用房时间是否与旅游接待计划相符合及房费内是否含早餐等。

• 向饭店提供该团抵达航班、车次及时间。

④ 落实用餐。地陪应提前与各有关餐厅联系，确认该团日程上安排的每一次用餐情况，其中包括：日期、团号、用餐人数、餐饮标准、特殊要求等。

⑤ 落实行李运送。各旅行社是否配备行李车是根据旅游团人数多少确定的。地陪应了解本社的具体规定。如果所接团队是配有行李车的旅游团，地陪应了解落实为该团提供行李服务的车辆和人员，提前联络，使其了解该旅游团抵达的时间、地点及住哪一家饭店。

⑥ 了解不熟悉景点的情况。在旅游团的活动日程中，若安排有新开放的或不熟悉的景点，地陪应提前了解该景点的概况，如开放时间、最佳游览路线、公共洗手间的位置等，以便游览活动顺利进行。

⑦ 与全陪联系。地陪应和全陪提前约定接团的时间、地点，以防空接或漏接事故的发生。

（3）做好物质准备

① 领取必要的票证和表格。按照该旅游团中旅游者的人数和活动日程表中活动安排的实际需要，到本社有关人员处领取“门票结算单”和“旅游团餐饮结算单”等结算凭证及与该团有关的表格（如，“旅游者意见反馈表”等）。地陪一定要注意，在填写

各种结算凭证时，具体数目一定要与该团的实到人数相符，人数、金额要用中文大写。

② 备齐必备的上团证件和物品。包括接站牌、导游旗、导游证、胸卡、名片、记事本等。

(4)保证联络畅通

① 地陪须备齐并随身携带与接待社各个部门及行李员、车队、餐厅、饭店、剧场、商店、机场、车站等相关单位联系的电话号码。

② 要检查自己的手机是否好用，电力是否充足，以保证与旅行社之间的联络畅通。

(5)充实相关知识。根据旅游团计划和旅游团的性质、特点准备相关知识。如，带专业旅游团所需的专业知识，新开放的游览点或特殊游览点的知识等，对当前的热门话题、国内外重大新闻、旅游者可能感兴趣的话题等都应做好相应的准备。

2. 全陪的准备工作

全陪作为旅游团的全程陪同者，其准备工作可能不像地陪那样繁杂和事必躬亲，但是全陪细致周密的准备工作也是保证旅游计划顺利实施的重要条件之一。全陪在领取了接待计划后，要在旅游团抵达之前做好以下工作：

(1)熟悉接待计划

① 熟悉旅游团成员的基本情况。包括团员的性别和年龄构成，职业、客源国(地)、民族、宗教信仰，有无特殊旅游者(如残疾人、儿童、高龄老人等)，记住旅游团人数、名称或团号及领队姓名。

② 掌握旅游团的等级、餐饮标准，团内旅游者在饮食上有无禁忌和特别要求等情况。

③ 有无特殊安排。如，有否会见、座谈及特殊的文娱节目等。

④ 了解收费情况及付款方式。如，团费、风味餐费、各地机场

建设费等。

⑤ 掌握旅游团的行程计划，核实旅游团机、车、船票的预订情况，熟悉该团所乘交通工具抵离各站的时间。

（2）做好物质准备

① 团中所需旅行手续。如，边防通行证（如，去经济特区深圳、珠海）；带齐必要证件，如，身份证、导游资格证、胸卡等。

② 备好必要票据及物品。如，旅游计划，机票、行李卡、通讯录、名片及个人所需物品等。

③ 结算单据和适量现金。如，“拨款结算通知单”和支票，现金根据该团在旅途中的需要而定（如，乘火车时间较长需在车上用餐，所需餐费要提前准备好）。

（3）与有关人员联系

① 出发前，应与组团人联系，听取意见和指示，并确认有无现收费用等特殊要求。

② 根据需要，接团前一天与第一站接待社取得联系，互通情况，妥善安排好相关事宜。

（4）知识准备

① 根据旅游团的不同类型和实际需要准备相关知识：了解和充实客源国（地）的历史、政治、礼仪等方面的知识，接专业旅游团要准备相关专业知识。

② 沿途各站的相关知识。如果全陪对该团所经各站不太熟悉，一定要提前准备各站的基本知识，如主要景观、市容民情、风俗习惯等。

（二）参观活动的角色演变

当参观前的准备工作做好、做全之后，我们就能较好地应对即将面临的参观游览活动了。

参观游览活动是导游带团工作的中心环节，游客选择任何旅游线路参与旅游活动，基本上都是为了前往异地观看景点景区、放松身心，所以参观游览活动的质量将直接影响到游客对此次行程的评价。那么，导游员要注意哪些方面，才能出色地完成参观活动的导游任务呢？参观游览活动的顺利完成需要导游注意角色的演变过程，明白自身的角色定位和工作任务，才能有的放矢地完成带团任务。

首先，参观活动开始之前，更确切地说，是游客未到来之前，导游员应该是旅游团的全程策划者。他需要提前策划和组织好旅游团到来之后顺利进行旅游行程的全部活动。这时导游员还未与游客见面，可以充分考虑好所有能想到的细节问题，以确保准备工作万无一失。

待旅游团到来之后，导游员第一次与游客进行全面接触，一般是在旅游车上。旅游车的核心人物和灵魂人物就是导游员。游客情绪受导游员的影响很大，那么，这时导游员的角色应该如何定位呢？导游员应该是一位演员，而要成为一位出色的演员，目标就是要让他的观众，感受到快乐和轻松，同时，还能了解客源地的相关情况。在明了自己的角色定位后，导游员就应该知道，他此时的工作就是要组织好游客感兴趣的活动和游戏，营造出愉快的车上氛围并做好途中讲解。

其次，带领游客参观游览，游客是异地到来的客人，而且绝大多数都是第一次到来，不言而喻，此时的导游员应该是向导、领路人。向导不仅要向游客介绍游什么，还须指出正确的游览路线并当好游览路线上的讲解员，边走边讲，娓娓道来，控制好节奏，会让游客觉得参观活动井然有序，增长了见识、拓展了视野。

导游人员需要注意在带团不同阶段的不同角色定位，才能明确工作重心以及其间的衔接和转换，顺利地完成带团参观游览计划。

【经典案例】

【案例1】游览的路上，游客仍然板着脸

【案情】

刘先生学的是西班牙语专业，毕业后就在北京做导游工作。他说：

“我第一次带团是2006年。那年夏天，我接待过一个来自西班牙的家庭，一共5口人，夫妇二人，两个男孩子，大的是十来岁，小的七八岁，还有孩子的外婆，60多岁了。男主人梅先生是西班牙一家药厂的高级职员，40多岁，魁梧精神，长着一脸连鬓胡须，略有谢顶，人很威严。我感觉到，这一家人的情绪都围绕着梅先生的情绪转悠。你看，出了机场后，那个小一点儿的孩子为了一点儿什么事情和外婆撒娇，妈妈和哥哥都劝不住，结果梅先生伴着眼神发出了一声咳嗽，一家的孩子和大人顿时都安静了。我想，在西班牙那样的西方社会中也有如此严父和家规，大概是不多见的。我担心梅先生的情绪不好，那样对我这个带团新手来说将是十分麻烦的事情。可是事情偏偏就是这么凑巧，梅先生的情绪不高，连带着一家人的情绪都阴沉沉的。我很着急，如果游客的情绪不高，导游员的个人收入会因此而大打折扣，观光游览活动也难以顺利进行。无论如何得想个办法，扭转这家人的情绪。而要扭转情绪，营造出旅游的欢快气氛，得先设法扭转梅先生的情绪，调动起他的热情来。这样，一家人的情绪才会都好起来。

第二天的行程是游览十三陵，我想总能够找到适合采取措施的机会。在游览的路上，梅先生仍然板着脸，另外4位游客，仍然是大气不敢出，气氛沉闷。我不住地调换着话题，可是梅先生说话的腔调却依然是低哑呆板、有气无力，就是打不起精神来。其他4位游客，除了梅夫人对我的话偶有回应，其他人都是只听不说。中午时分，我领着梅先生一家到预先安排好的一家餐厅用餐，安排妥帖之后，我忽然看到了不远处连片的桃园。目前正是桃子成熟的季节，低矮的枝头散挂着纸包的硕果。桃农就在路边叫卖那些新摘下的大桃。我请司机去买一些，不一会儿，司机买回了十几个抱拳大小的鲜桃。梅先生一家用餐后，我让服务员把洗净的桃子端上来，请这家人品尝。梅先生拿起一个晶莹无疵的大桃，对着殷红的桃尖闻了闻，兴奋地说：'我的家乡也出产桃子，也是很大、很甜的。'我从梅先生脸上看到了难得一见的微笑。一家人一面对我表示感谢，一面开心地吃着桃子。我便开始和梅先生谈起了桃园、桃树、桃子的话题，梅先生的话多了起来，情绪也在变。很快，一家人的情绪都在变。后来，梅先生叫我带他们一家人去看了临近的桃园，并在那里拍下了不少照片。我不知道梅先生起初为什么不开心，但在此之后，他的情绪开始好转了，自然，一家人后面的游览也因此而变得更开心了。事后，司机告诉我，买那些桃子花了 30 多块钱。”

【点评】

刘导游员善于从一个男人的角度观察另一个男人的内心世界，并找到了能够撬动这个小小世界的支点。他感动了梅先生，扭转了他的情绪，进而调动起了这一家人的情绪，从而使这“一家人后面的游览也因此而变得更开心了”。刘导游员特意点明他“买那些桃子花了 30 多块钱”是意味深长的。这里面有钱的问题，正如刘导游员起初所担心的那样，“如果游客的情绪不高，导游员的个人收入会因此而大打折扣”。倘能借助这些鲜桃的灵气，冲掉梅先生心中的晦气，换来远道而来的西班牙游客的心情愉快，单是权衡利弊得失，那么就是投入再大一些也是值得的。套用孔夫子的话，这叫做“已欲立而立人，已欲达而达人”。然而，这里又不只是钱的问题。刘导游员后来说，即使不考虑客人情绪好转，有利于推进后面的各项活动，为了防范可能产生的麻烦，也一定要扭转游客的坏情绪。一家人也是一样，情绪被压抑得时间长了，总是要释放出来的，如果碰巧遇上什么其他突发事件，相互作用，有可能引发更为严重的后果。刘导游员绝不愿意遭遇这种情况，正是为了防范那些使"观光游览活动难以顺利进行"的突发事件，他才借助鲜桃来劝慰梅先生。梅先生显然理解了刘导游员寓于桃中的一番好意。套用孔夫子的话，这叫做"己所不欲，勿施于人"。刘导游员对于这两方面的关系都把握得不错，理应如愿而获得好的结果。

【案例2】游客们为了观看国宝大熊猫，表现出孩子一样的执著

【案情】

胡导游员说："我刚刚做导游工作的那年夏天做地陪，接待一个来自东南亚国家的旅游团。那个旅游团的游客国籍不同，但都是华侨或华裔外籍人。游客在北京的行程是3夜4天，游览颐和园、故宫、八达岭长城、明十三陵和天坛。前3天的观光游览进行得很顺利，我和游客相处得也不错。游客在购物等事情上与我十分配合。最后一个晚上用餐的时候，我为了向游客表示感谢和道别之意，还为游客加了些助兴的小节目，客我关系达到了高潮。按照计划，第二天上午的行程很简单，只带游客走天坛一个景点，然后吃午饭，送游客乘坐下午3:30的班机出境。没想到，第二天一大早我刚来到酒店，还没有出发，游客突然向我提出一个要求。他们要求我务必带他们去观看国宝大熊猫。游客们七嘴八舌地说：'我们在祖国观光游览了几个大城市，始终没有机会观看大熊猫，到了北京还是看不到大熊猫，实在遗憾。今天我们就要离开祖国了，请胡导游务必带我们去看一看大熊猫。'我当时的第一反应是：'你们为什么不早说呢？哪怕是能够放在昨天的行程里安排，我都会尽量满足的。可是今天不行，今天如果改变行程，万一误了飞机，麻烦可就大了。’于是我对他们说：‘不行。我们还是按照计划走，先去天坛，中午12:00用餐，12:40出发，到机场赶15:40的出境航班。’我把行程宣布以后，游客的情绪很低落，一个个待在酒店的大堂里面不动。有几位游客把我叫到了一边做协商，并表示，为了看大熊猫，他们可以压缩在天坛游览的时间，只看看祈年殿就行。游客们为了观看国宝大熊猫，表现出孩子一样的执著，这令我非常同情。我询问全陪的意见，全陪表示：‘行程里并没有动物园，千万不能改，绝不能因此误机。’我尊重全陪的意见，再次劝阻游客们打消观看熊猫的愿望。好容易说服游客们上了旅行车，还没开车，游客们又闹着要去看大熊猫。一位老先生向我表示，只要能看一眼大熊猫，我们可以多付钱。然而这并不只是钱的问题，我只好第三次婉言拒绝了游客的要求。车里的气氛渐渐紧张起来了，游客们沉默着，有的低着头，有的呆呆地看着我。我真是左右为难，不答应客人吧，有悖情理，答应了吧，后果实难预测。就这样僵持了大约两分钟。突然，游客中一位老太太声音颤抖地说：‘我是再也没有机会了！’就在她那满含泪水的双眼和我对视的一刹那，我终于决定尊重游客的要求，加上动物园这个景点。做好必要的准备工作之后，我拿起话筒对游客们说：‘好！我们去看大熊猫！’游客们立刻欢呼起来。我又说：‘但是，我们17个人的行动必须统一。天坛我们只游览一个小时，动物园只参观15分钟，午餐就在机场买些饼干、面包。大家还要配合我做一件事，请大家签一张保证书，万一误机，责任得由大家承担。’‘没问题！’客人们立刻动了起来。那天的行程，虽然加了一个景点，而且走的线路多是堵车的路段，但是由于我们订计划时留出了比较多的余地，按变更的计划游览时又抓得很紧，导游员和司机配合默契，全体游客自觉服从安排，路上也没有遇到严重的堵车，所以一切进行得都很顺利。”

【点评】

胡导游员提供的这个案例很富有戏剧性冲突。回到祖国游览观光的一群炎黄子孙，盼望看一看国宝大熊猫，偏偏游览计划中又没有这项内容；剩下半天的时间，原定的观光景点不能减，出境的飞机航班不能误。游客们一心要看大熊猫，似乎不惜代价。导游员要按计划走行程，实在左右为难。于是，带团的计划和突发的变化，工作的规则和处事的情理，游客的要求和导游员的职责，主观愿望和客观条件，各种矛盾交织在一起摆到了胡导游员的面前。矛盾的焦点是继续坚持按原定计划走，还是改变计划，临时增加景点。显然，胡导游员在那种条件下增加景点、改变计划是要冒一定风险的，所以他也是犹豫再三、考虑再三。胡导游员之所以三次婉言拒绝游客的要求，正是顾忌到规避风险的可行性。他担心的是一旦改变行程，自己究竟有没有成功的把握。然而，胡导游员最后还是改变了行程，满足了游客观看大熊猫的愿望。胡导游员的行为中有两点值得新导游员注意：第一，千变万变，宗旨不变。导游员的工作宗旨，就是为游客服务，让游客满意。胡导游员起初不同意游客的要求，后来又同意了游客的要求，在这个转变中始终贯穿着为游客服务、对游客负责这个根本宗旨。第二，计划周密，执行精确。胡导游员不仅是一个好心人，而且是一个有心人。这是值得新导游员特别注意的地方。导游员如果对游客的合理要求无动于衷，那便在“好心人”这一条上打了折扣。但是，导游员要满足游客的要求须看具体条件，要有一个度。如果做事情不看条件、不讲分寸，那也是在“有心人”这一条上打了折扣。俗话说，世上无难事，只怕有心人，导游员要善于做有心人。什么是有心人？胡导游员让游客签订保证书，这就是有心人；计划时间打出富余，使用时间争分夺秒，促成导游员与司机互相配合，调度游客听从安排，这就是有心人。导游员做事有时候也需要一点人气和运气，然而这“二气”往往偏爱“有心人”。胡导游员有人气，所以游客竟然会“像孩子一样执著”地和他闹着要看大熊猫。胡导游员有运气，他用富余的时间来保障执行周密的计划，所以没遇上堵车，对他来说就是锦上添花。

【案例3】有导游证是否可以免景点门票

【案情】

2002年10月，上海某单位组织职工去洛阳、开封、郑州等地旅游，费用由单位承担大部分、职工自理小部分。该单位委托上海A旅行社安排景点、住宿、餐饮、交通等。A旅行社组团后，即委托洛阳B旅行社做地接。旅游期间，该单位有一职工拿出自己的导游证给洛阳的地陪看，说可以免费进入景点，要求退还个人的门票费用。该地接社导游称，要该职工在旅游结束返沪后再找A旅行社商量解决此事。返沪后该职工来到A旅行社，要求退还自己在洛阳、开封、郑州游玩时的门票钱款，被该旅行社拒绝。其理由，一是旅游合同是与单位签订的，与该职工没有直接关系；二是该职工和其单位在签约时事先并未提出此项要求。

【点评】

本案中上海组团社拒绝退还该职工门票款的做法是正确的。这个案例涉及导游人员的概念问题。《导游人员管理条例》第二条规定：“本条例所称导游人员，是指依照本条例的规定取得导游证，接受旅行社委派，为旅游者提供向导，讲解及提供相关旅游服务的人员。”这表明，导游人员的概念有三层含义：(1)担任导游工作的人员必须是通过导游人员资格考试，并按规定取得导游证的人员；(2)导游人员是接受了旅行社的委派后，从事导游业务的人员；(3)导游人员的工作是为旅游者提供向导、讲解及相关的旅游服务。这里需要特别强调的是，导游人员的职业性质必须是经过旅行社的委派才能显现并是合法的。简单说，只有经过旅行社委派的导游人员才能行使其职业行为。这就意味着，非法承揽导游业务私自带团，即使是有导游证也是违规和违法的，将受到旅游行政管理部门的处罚。理由就是，这不是你的职务行为，因为你没有经过旅行社的委托。

因此，本案例中该职工虽然具有导游证，但由于他在旅游团队中是以游客身份参加旅游的，导游并不是他现实的工作职务，所以他不具有享受导游人员免票的权利。仅由此一点来看，该旅行社就完全有理由拒绝该职工退还门票款的要求，而无须另找其他理由。

【实战演练】

1. 最担心与客人第一次见面时拿着麦克风的讲解

根据心理学普遍规律，单独与一群陌生的游客第一次见面，心情肯定是有点忐忑不安的。尤其是对新导游来说，由于不了解客人的喜好、性格特点、忌讳等，生怕与客人第一次见面时讲解得不好而让游客滋生不满。但是，担心和紧张并不能解决问题，也并不意味着越担心越紧张，第一次的讲解也完全可以做得更好。因此，与其紧张，还不如把心放轻松，把全部精神集中到准备讲解导游词的工作上来。

首先，导游员需要研究游客的构成情况。比如，大学生，他们知识比较广阔且乐于接受更多的新知识，导游词中首先就应该更多地涉及他们课本中学不到的知识；如果是文化水平一般的普通游客，那么导游词就应该通俗易懂，同时讲解时要注意活跃气氛，让客人高兴。其次，导游员要全面查阅资料，将导游词烂熟于胸，以应对讲解中游客提出的问题。再次，如果讲解中突然忘词儿，也不要慌张，随时都要平复心情，借助一些过渡性的灵活用语使自己渡过难关。

2. 游客不懂欣赏风景，导游员该怎么办

游客不懂欣赏风景，是大多数旅游者身上存在的一种现象。原因主要有二：其一，旅游本身就具有异地性的特点，游客一般都是初来乍到一个陌生的地方，对周围环境都不太熟悉，更谈不上懂得去欣赏环境中的美。其二，旅游者的文化水平和知识层次会决定他对风景的欣赏程度。要真正懂得欣赏风景的美，需要旅游者具备很多学科的知识，如地理、历史、文化、天文、历法、政治、经济等，而一个人的知识是有限的，很难面面俱到。因此，要“懂”欣赏是比较难的。

这就正好引出了导游员的一项深层次的责任，即要引导游客学会欣赏风景。这就是对导游员须成为“杂家”的要求。正如“看景不如听景”，导游员要动用全身的知识储备，并能灵活运用，既能“深入”又能“浅出”地为游客讲解景点相关知识，让游客觉得导游员所讲既通俗易懂，又见地深刻。同时，结合不同的讲解内容，导游员还要会引导游客从各个不同角度观景赏美。如，俯视、仰视、侧视等。另外，讲解的时候要注意步移景换，步步是景，引导游客欣赏景观不同的动态美和静态美。总之，要选择最佳的时间、地点、方法，让游客在旅游过程中真正有所收获。

3. 游客提出的问题一时回答不出来，导游员该怎么办

导游即使知识再渊博，也不是无所不知的，因此，一时回答不出游客提出的问题也是正常的。有些问题难度很高，需要专家才能解答；有些问题也可能是导游员平时没太注意到的，比如对联上的某个字，山上的某一块不知名的大石头等，即使导游员去过再多次，也不太可能对一花、一草、一木、一石都非常了解。

当游客提出的问题一时回答不出来的时候，导游员需要有一些技巧来应对。比如，一个问题：“苏州园林中为什么没有花？”导游员不能以“苏州园林一向没有花”一句话就打发了。首先，不要紧张或不知所措，也不能为了应付和掩饰面子而胡编乱造地瞎说一气。其次，实事求是地向游客解释清楚，并可请教其他游客是否能解答问题，拜能者为师。如果当时没有人能够解答，则可把所提问题及游客的姓名、通信地址或是住房号码抄下来，当天旅游活动结束后（或在游客自由活动时间）赶紧与旅行社或资深导游员取得联系，或查资料，并在第二天带团时将答案告诉游客。若是旅游团已离开本地，导游员也一定要通过某种渠道将答案告诉游客。此项工作千万不可不做，不可忘记给游客一个满意的答复。

4. 在旅游车上讲解时，导游员该怎么办

导游员在旅游车上的讲解和在景点的讲解，因二者讲解的情境不同，其讲解内容也不太一样。首先，在旅游车上，如果是沿途风光导游，导游员就应该紧密结合游客在旅游车上能够看到的景观，在把握好旅游车的前进速度的前提下，进行简明扼要的讲解。讲解要重点突出，沿途的风景才能在旅游者心中留下印象。其次，在旅游车上如果是讲解与目的地相关的情况，游客是看不到目的地景点的，他们只能通过导游员的讲解去想象景点的全貌。这就要求导游员的讲解要生动形象、全面且详略得当，以让游客在接下来的实地参观中，对目的地景观作进一步的深入了解。再次，由于游客是处在旅游车上，不免会疲惫困顿，导游员须见机行事，在讲解完基本内容之后，可组织一些车内活动，如讲笑话和唱歌等，来活跃车内气氛，缓解游客的疲倦状态。等游客情绪比较兴奋的时候，导游员接下来的进一步讲解，才能更吸引他们的注意力。

第五单元

餐饮篇

【导读摘要】

俗话说:“民以食为天,食以味为先。”“食”作为旅游六大要素“食、住、行、游、购、娱”之首,足以体现其重要性。游客到达旅游目的地之后品尝美食,则成为一项重要的旅游活动,不仅希望能吃得饱、还要吃得有品位、有文化,定要品尝当地特色风味小吃。同时,中国地大物博,各类资源丰富,各地物产、气候、习俗和传统不同,造就了不同的地方口味和特色,促使饮食成为一项重要的旅游资源。

本篇从餐饮的类型、餐饮服务的工作程序及服务技巧三个方面进行阐述,指出导游员的餐饮工作范畴、程序要求,以求掌握餐饮服务的原则,并能较好地处理解决餐饮中的常见问题。除安排好传统的桌餐外,导游员还要做好美食代言人,为游客提供个性化服务。通常,风味的菜点都来自某乡某地的民间。作为导游员,就要发挥主人翁的意识,把当地与风味有关的风俗民情介绍给游客,使“风味”更具“风情”。从而使游客的旅程变得更加丰富多彩、品位独特,提升游客的满意度。

【专题讲座】

众所周知,旅游六大要素为“食、住、行、游、购、娱”,如果我们把旅游接待过程看做是一条环环相扣的链条的话,这六大方面则是这根链条中的一个个环节,密不可分,缺一不可。“吃”,即饮食,居于首位,因为中国人讲究“民以食为天”。在全程旅游活动中,只有吃得饱,才有精力去旅游;只有吃得好,才能游得好;只有吃得干净、吃得卫生,才能游得愉快、游得顺利。现代社会中,饮食在经历了千百年的发展后,都出现了鲜明的地方特色,与当地的自然环境、居民生活有着密切的关系。饮食不仅自身成为一种文化，同时它又涉及多种文化，是地域文化的一种最容易被游客"发现"并能直接"体验"的文化。基于这种社会因素，游客在旅游行程中用餐，不仅仅是填饱肚子的问题，还包含更高的精神享受。因此，游客对餐饮服务质量提出了更高的要求，其用餐的好坏，就直接关系到旅游产品的质量，关系到旅行社的声誉。

一、旅游行程中餐饮的类型

（一）计划内的团队便餐

计划内的团队便餐，指旅行社事先与酒店、宾馆、饭店等接待点商定的餐饮价格、餐饮种类、餐饮质量和数量等用餐要求。为旅游团队游客提供的普通正餐，是一种 8 菜 1 汤，10 人 1 桌的所谓"宴席"的传统模式。

通常情况下，三餐饮食都由旅行社统一安排，在指定餐厅按其标准价进行用餐。午餐和晚餐统称正餐，采用的是"桌餐"形式，10 人 1 桌，8 菜 1 汤、主食米饭，游客的餐饮标准以 15 元/人～50 元/人不等。一般均为保证有鱼、肉、虾、青菜的荤素搭配标准。早饭通常包括稀饭、馒头、咸菜、鸡蛋（或鸭蛋）1 个或面条 1 碗。由于各旅游目的地的生活习俗不同，饭菜的种类和样式也异彩纷呈，吸引着来自四面八方的游客。

导游员在带领游客用餐时，应注意以下方面：

1. 旅行社在制订行程计划时，一定要选择那些用餐环境好、卫生条件优、饭菜质量高的餐馆

在实际用餐中，导游员首先要确保 8 菜 1 汤的数量，并对饭菜的质、量、卫生做好监督工作。

2. 计划内的团队餐属于一般标准，以吃饱为原则

导游员须在用餐前给游客打好预防针，告知游客，既然是以

吃饱为原则，就不能期待菜有多好。例如，在用餐前，导游员可以这样说，我们来北京旅游，由于价格的原因，旅行社为大家安排的都是便餐，即正规的中餐，但它并不是北京菜，所以大家要谅解，另外，旅游旺季用餐高峰期间，餐厅会比较拥挤，请大家做好心理准备。这样，便可防止用餐时引起游客的抱怨。

☞小贴士

旅游团队餐，一直是一个大家比较关注且头痛的问题，也是旅游过程中一项十分重要的内容，更是游客意见最多的一个问题。然而面对物价飞涨的现实，怎么办？大家都“陷”在一个“涨”字上，能不能跳出来！换个思维方式？不要老在团队餐8菜1汤的8元、10元、12元、15元……n元上转圈。谁能保证物价明天、后天，将来都不再涨了吗？谁敢说物价还会回到过去的水平？显然不能。

在这里，想和各位旅游人探讨探讨，我们换个思路来思考，能不能跳出8菜1汤的传统模式，中国的饮食品种数不胜数，各地的特色饮食琳琅满目，我们为什么要“陷”在8菜1汤，10人1桌的所谓“宴席”上呢。现在交通发达、物流快捷、人才交流方便，我们为什么不能区分地区、区别客人来做相应的饭食呢。以陕西为例，按30人一个团队，15元/人餐的标准，在当地停留5天，10个正餐，用陕西现有大众化的、各地一些有代表性的饭食，我们来试着概算一下：羊肉泡馍8元~10元/份（陕西）、岐山臊子面6元~8元/份（陕西）、兰州拉条子6元~10元/份（甘肃）、新疆拌面6元~8元/份（新疆）、桂林米粉8元~10元/份（广西）、云南过桥米线10元~15元/份（云南）、罐罐面6元~10元/份、汽锅或沙锅6元~10元/份（基本各地均有）、扬州蛋炒米饭6元~8元/份（江南）、麻辣粉6元~10元/份（四川、湖南）共10种饭食，每餐用一个品种，大概算一下，平均每餐人均按10元计，那么，这比我们现在通行的15元/人的团队餐标准还余5元/人。那么5元×10餐×30人=1500元。这1500元我们可用两种办法来处理，一可用来降低旅游成本；二可按照通行的惯例，管好最后一顿餐，那么30人吃一顿，应该是不错的真正的“宴席”了。

当然，这是按照陕西地区现有的市面饭店的家常便饭来概算的。各地有不同的地方特色，大家可以根据地域性的特点来进行安排，既可使客人吃上地方特色，又符合大部分人的肠胃，何乐而不为呢。

（二）自助餐

自助餐，是旅游团队用餐中常见的一种形式，指餐厅把事先准备好的食物、饮料陈列于食品台上，游客进入餐厅后，根据自己的口味特点，随意拿取，然后到餐桌上用餐的一种就餐方式。这种方式是现代都市人最喜欢的用餐方式之一，由于可省略许多点菜的麻烦、配菜的心思、礼让的虚套，且在最短的时间和有限的空间可方便灵活地尝尽各式美食，因而深受游客们的欢迎。

在用自助餐时，导游员须向游客作出以下几点提示：

第一，强调自助餐的用餐要求，告诫游客以吃饱为标准，注意卫生、节约，切忌浪费，更不可以打包带走，因为有的自助餐厅明确规定浪费一定数量以上的顾客或打包带走者都将会受到罚款。对于有罚款规定的餐厅，导游员一定要在第一时间提醒游客，以免餐后出现不必要的尴尬。

第二，介绍科学的自助餐进食顺序：小碗汤—蔬菜—米面类—鱼虾类—肉禽类—半小时后水果。

第三，在进餐之前，可首先向游客介绍一下自助餐的历史，使游客在进食的同时增长见识。

☞小贴士　自助餐的来历

相传这是海盗最先采用的一种进餐方式，至今世界各地仍有许多自助餐厅以“海盗”命名。海盗们性格粗野，放荡不羁，以至于用餐时讨厌那些用餐礼节和规矩，只要求餐馆将他们所需要的各种饭菜、酒水用盛器盛好，集中在餐桌上，然后由他们肆无忌惮地畅饮豪吃，吃完不够再加。海盗们这种特殊的就餐形式，起初被人们视为是不文明的现象，但久而久之，人们觉得这种方式也有许多好处，对顾客来说，用餐时不受任何约束，随心所欲，想吃什么菜就取什么菜，吃多少取多少；对饭店经营者来说，由于省去了顾客的桌前服务，自然就省去了许多劳力和人力，可减少使用服务生的人数，为企业降低了用人成本。因此，这种自助式服务的用餐方式很快在欧美各国流行起来。随着人们对美食的不断追求，自助餐形式则由餐前冷食和早餐逐渐发展成为晚餐、正餐，并由便餐发展到各种主题自助餐，如：情人节自助餐、圣诞节自助餐、周末家庭自助餐、庆典自助餐、婚礼自助餐、美食节自助餐等；自助餐的供应方式，也由传统的客人取食，菜桌成品发展为客前现场烹制、现烹现食，甚至还发展为由顾客自助食物原料，自烹自食“自制式”自助餐，真可谓五花八门、丰富多彩。

随着西餐的传入，自助餐的就餐方式也随之带到我国。这种就餐方式最早出现在20世纪30年代外国人在中国开设的大饭店中，其真正与中国老百姓的接触，是在20世纪80年代后期，随着中国对外开放，新兴的旅游合资宾馆、饭店将自助餐推广到我国大众化餐饮市场，自助餐以其形式多样、菜式丰富、营养全面、价格低廉、用餐简便而深受消费者喜爱，尤其受青年、儿童的青睐。自助餐以其独特的魅力正在逐渐兴旺起来。

（三）特色风味餐

所谓风味餐，就是按照地源、地域或以当地传统工艺及土特产品为原料制作的菜点，并且融合了当地的人文风情，形成了独具特色的风味流派。

旅游团队的风味餐分为计划内和计划外两种。计划内风味餐，是团队行程计划中所含括的，其费用在团款中已包括；计划外风味餐，是脱离行程计划，游客临时决定的活动项目，并且是一种自费项目。

对于游客要品尝特色风味餐，导游员要做到以下几点：

(1)风味美食是旅游目的地传统文化的组成部分。大多数游客对旅游目的地的风味餐都抱有很高的热情。导游员应做好美食形象代言人，积极宣传、介绍特色风味餐的历史、特色、人文精神及吃法等，使游客既饱口福，又饱耳福。例如，北京烤鸭的正宗吃法、云南过桥米线的传说、湖北武昌鱼的做法等。

(2)在用风味餐时，作为导游员，不是游客出面邀请不可参加；若受游客邀请一起用餐时，一定要处理好主宾关系，不能喧宾夺主。

(3)选择价廉物美的特殊风味菜点。品尝各地的特色菜点，不一定非得到当地大宾馆的餐厅或大酒楼就餐。正常的风味餐往往是不起眼的中小饮食店，而在当地却是名牌店。例如，成都的著名菜点夫妻肺片、赖汤圆、担担面等，上海本帮菜著名的“老匠兴菜馆”的特色菜“炒圈子”“红烧秃肺”，或者小东门佳兴馆的“虾子大乌参”，都比五星级宾馆的中餐厅做得好；又如到青岛、大连吃海鲜，不一定到大酒楼去。可以几个人合伙到当地水产市场买上一些当天捕获上市的新鲜虾、蟹，委托附近居民加工，尝到的美味不会比大酒楼相差毫厘。

（四）宴会餐

宴会餐，是指旅游团队在行程即将结束时举行的告别宴会。在宴会中，游客都比较放松愉快，宴会的气氛往往比较热烈。

在宴会服务中，导游员须注意如下事项：

1. 处理好与游客的关系

即便是在宴会这种轻松愉快的时刻，导游员也要绷紧服务这根“弦”，为游客做好勤务兵。

2. 宴会服务中的角色转变

举行送别宴会，导游员应着装整齐大方且准时参加。在轻松的环境中，导游员要积极融入游客的大集体中，与游客同乐，但又不能完全放松自己，举止礼仪不可失常。

3. 做好宴会结束后的游客送别工作

二、导游员餐饮服务的工作程序

（一）“吊”胃口——餐前介绍

俗话说：“民以食为天，食以味为先。”由于中国地大物博，各地物产、气候、习俗和传统各不相同，口味也有很大差异，并形成各地不同的风味特色，吸引着来自四面八方的游客。

风味菜点都来自于某乡某地的民间。导游员须了解该地区的饮食特色，并把当地与风味有关的风俗民情介绍给游客，以充分调动游客的兴致，吊足其胃口，满足其好奇心。

1. 吊胃口的时机

导游员吊游客胃口的时间一定要合时宜，才能产生事半功倍的效果。通常介绍“饮食特色”是在游客们去往饭店的路途之中，具有强烈的就餐欲望之时，或是由某种特殊事物引发而讲，切忌在游客刚用完餐，已经酒足饭饱的情况下，大讲特讲与饮食有关的风俗、吃法及特色等。

2. 吊胃口的方法

(1)以精彩的传说故事吊胃口。在中国几乎每道菜都包含着一个动人的故事,使菜点增添了传奇色彩。每一道菜又有独特的做法、口味和功效,有的还包含了诸多哲理。这些内容,游客用眼、鼻、嘴是体察不到的,这就需要听导游员娓娓道来。导游员的精彩讲解不仅能激发游客的食欲,还能让游客在品尝这些菜点的同时获得文化的享受。这种方法帮助游客更加全面地了解旅游目的地,领略旅游的别样乐趣。作为导游员,要有意识地去挖掘这些菜点相应的典故传说与文化背景。

例如,广东名菜“西施虾仁”,有这样一段历史典故。我国古代四大美女之一的西施之死,众说不一。传说,春秋战国时期,越王勾践灭吴后,他的夫人偷偷地叫人骗出西施,将石头绑在西施身上,而后沉入大海。从此,沿海的泥沙中便有了一种似人舌的文蛔(蛤蜊),大家都说这是西施的舌头,所以称它为“西施舌”。这是个多么艳丽的名字啊!“西施舌”是沿海食用文蛔的一个品种,属软体动物,双壳贝类。它肉质软嫩,汆、炒、拌、炖,味道鲜美,令人难忘。20 世纪 30 年代,著名作家郁达夫在福建时,亦称赞长乐“西施舌”是闽菜中最佳的一种神品。它用虾仁、鸡蛋清、鲜牛奶、火腿末、龙虾片及猪油、精盐、味精、黄酒、麻油、胡椒等调味烹制而成。此菜色泽奶白、口味鲜嫩、爽滑适口,故名西施虾仁。杏花楼还以精制广式月饼著称,著名的特色月饼“西施醉月”,早已蜚声沪上,而借用西施的史话命名月饼则更添了些许文化情趣。

(2)以特色原料和工艺吊胃口。对于菜点特色,导游员可以抓住其独特的原料、加工工艺、口味特色等进行讲解,以吊起游客的胃口。由于各地区自然环境不同,动植物饲养、栽培方法和品种不同,加上风土人情、饮食习俗的影响,烹饪原料的品种差异较大,而且对原料的加工工艺各异,造就了大量的地方特产。地方特产又可成为入菜的原料从而形成独具特色的地方菜点。

例如,哈士蟆、飞龙、猴头和熊掌为东北的四大山珍;石鸡、石耳、石鱼为著名的庐山特产"庐山三石";而太湖糟蛋以其独特的糟香成为江苏特产。再如,贵州地处祖国西南云贵高原,土地肥沃、气候温和、无霜期长、极少污染,是一个特有的绿色植物王国。特别是远离都市,依山傍水的少数民族地区,满山遍野的山珍野味、河鲜野蔬均可成为入菜的原料,使得贵州的菜点别具一格。像野外的青蛙、黄娃、小蝌蚪、马蜂蛹、松树虫、土狗崽等,都可作为菜点的原料进行烹调。

(3)以独特的烹饪方法吊胃口。中国各地资源与环境特色各异,在长期的历史发展进程中,形成了各具特色的菜系,各类菜点又有其独特的烹饪方法。在现代社会中,人们都注重健康饮食、营养搭配,所以,爱好烹饪的朋友不在少数,若导游员将一些菜点的制作方法与游客共享,定会引起游客的共鸣,调动其兴致。

对于一些烹饪特色独具的菜肴,导游员可先让游客猜一猜它的制作方法,这必然会引发游客之间的大讨论,然后在客人猜得兴致勃勃之时,再讲解烹制的秘诀,这样可以极大刺激游客的品尝欲望和好奇感。

例如,在介绍传统名菜"三鲜锅巴""桑拿虾""冰镇草虾"等名菜时,就可先让游客对其烹饪方法来个竞猜对抗赛,活跃团队气氛,吊动游客食趣。

传统的"三鲜锅巴",就是在菜肴上桌时,将滚热的三鲜烩菜当场倒入刚炸好的锅巴中,让以此引起的爆裂声给客人带来听觉的刺激,此菜被戏称为"春雷一声响"。"桑拿虾",是将草虾与调好味的汤水一起倒在装有烧热的鹅卵石的木制盛器里,顿时盛器内汤汁沸腾热气翻滚,此景就像草虾在洗桑拿浴。"冰镇草虾"则反其道而行之，是将草虾白灼后倒入盛器，上面用食用冰粒覆盖，此菜在夏天较受欢迎。

介绍完这些菜点的独特烹饪方法后，导游员可再补充一下这种特色烹饪手法出现的原因，使游客对这类菜点有一个完整、清晰的了解。将菜点原料放在现场烹制已成为一种特色、一种时尚，将原在厨房内“暗箱操作”的菜肴，如白灼虾等，放在现场的操作车上，当着客人的面进行烹制，打消了客人原来怕厨房掉包，将活虾、活蟹换成死虾死蟹等的种种疑虑，同时，也大大提高了客人用餐的趣味性。通过改变烹调的形式，利用声音、火光和冰块等，对客人的听觉、视觉和触觉进行刺激，产生一种新、奇、特的效果，因而成为一种菜点的特色。

☞小贴士

中国十大传统早餐

1. 兰州牛肉拉面

著称天下的兰州清汤牛肉拉面是兰州的风味小吃。就像绵延万里的古丝绸之路一样，兰州牛肉拉面也有悠久的历史。传说兰州牛肉拉面起源于唐代，但因历史久远已无法考证。真正的兰州清汤牛肉拉面是由河南省怀庆府（今河南博爱县）清化小车牛肉老汤面演变而成的。煮牛肉的汤放凉就成了肉冻的胶状物，也就是老汤，是小车牛肉里最入味儿的，鲜美无比。此汤乃是做牛肉面的上品。兰州的牛肉面始于清朝嘉庆四年（1799），系东乡族马六七从河南省怀庆府清化陈维精处学成带入兰州的，后经后人陈和声、马宝仔等人以“一清（汤）二白（萝卜）三绿（香菜蒜苗）四红（辣子）五黄（面条黄亮）”统一了兰州牛肉面的标准。在其后200多年的漫长岁月里，以一碗面而享誉天下，以肉烂汤鲜、面质精细而蜚声中外，打入了全国各地，赢得了国内乃至世界范围食客的好评和赞誉,1999 年被国家确定为中式三大快餐试点推广品种之一,被誉为“中华第一面”,成为餐饮业的一束奇葩。今天,清汤牛肉面因为味美可口、经济实惠,不仅在兰州比比皆是,而且在全国各省乃至世界许多国家和地区都有了兰州牛肉面馆,兰州不愧为是世界牛肉面之乡。

2. 武汉热干面

热干面,是武汉的传统小吃之一,既不同于凉面,又不同于汤面,面条事先煮熟,拌油摊晾,吃时再放在沸水里烫热,加上调料,成品面筋道、黄而油润、香而鲜美,诱人食欲。

20 世纪 30 年代初期,汉口长堤街有个名叫李包的食贩,在关帝庙一带靠卖凉粉和汤面为生。有一天,天气异常炎热,不少剩面未卖完,他怕面条发馊变质,便将剩面煮熟沥干,晾在案板上。一不小心,碰倒案上的油壶,麻油泼在面条上。李包见状,无可奈何,只好将面条用油拌匀重新晾放。第二天早上,李包将拌油的熟面条放在沸水里稍烫,捞起沥干入碗,然后加上卖凉粉用的调料,弄得热气腾腾、香气四溢。人们争相购买,吃得津津有味。有人问他卖的是什么面,他脱口而出,说是“热干面”。从此他就专卖这种面,不仅人们竞相品尝,还有不少人向他拜师学艺。过了几年,有位姓蔡的在中山大道满春路口开设了一家热干面面馆,取财源茂盛之意,叫做“蔡林记”,成为武汉市经营热干面的名店。

3. 西安胡辣汤

胡辣汤,是陕西最经典的小吃之一,凝聚了陕西小吃的精华。在西安,只要有人居住的地方就会有胡辣汤。熬胡辣汤是西安回民的绝活,似乎没有外传,几乎卖胡辣汤的店都会有清真的牌子,而往往一些回民的泡馍馆早上也会客串卖胡辣汤。因为胡辣汤的精华在于汤,必定要用好的肉汤,而泡馍馆的那些纯正的羊肉或者牛肉汤正好能满足那些饕餮者挑剔的口味。胡辣汤里面的菜很杂，几乎每一家胡辣汤小店放的菜都各不相同，可能100家胡辣汤里就会有100种菜的搭配。这就让很多喝胡辣汤的人忽略了胡辣汤里的菜，但是菜的选材和质量直接影响到胡辣汤的品质。喝着胡辣汤，菜确实都没有了自己的味道，所有的味道都融入那浓浓的汤里，但菜的口感却往往能给食客愉悦的感觉。胡辣汤的另一个主角便是馍了，正宗的胡辣汤应该用半发面烙的大饼，吃时切开，按角卖。这种馍不会似发面馍那般泡一会便虚浮肿大，没有了馍味；也不会似死面馍那样不吃汤，让人仍感觉汤是汤，馍是馍。好的馍应该掰成一些大块儿并放入汤碗中泡一泡后再捞起来吃，感觉馍就如菜一样，已经成为胡辣汤不可分割的一部分。真是爽极了！说起胡辣汤，不得不提一下原来在大麦市街的"好再来"，或许这是西安第一家整天专门卖胡辣汤的店呢。

4. 北京的焦圈儿豆汁

豆汁，是北京独具特色的民间小吃，已流传了上千年。它是以绿豆为原料制成的，颜色暗淡，味道甜酸，第一次品尝往往会觉得难以下咽，而一旦多尝几次，它淳厚的香味便让人欲罢不能了，难怪许多远在他乡的老北京，都对它念念不忘。人们在喝豆汁的时候，常常佐以焦圈儿、油条、薄脆、排叉一类油炸的食品或辣咸菜。位于崇文门外磁器口十字路口东南角的锦馨豆汁店味道最佳。

5. 上海的糯米团

在老上海人的眼里，所谓的什么沙拉、比萨之类都不是什么好的早餐。在他们心目中最好的早餐，就是吃了几十年的一种糍饭团子。先把一团糯米擀成薄薄的一张面饼，在上面放点榨菜，夹一根油条，卷成一个团子，这就是老上海人的传统早餐，在宁波和上海的一些地摊上，均可见到这种特色的传统早餐。

6. 宁波的汤圆

汤圆,是宁波的著名小吃之一,也是我国的代表小吃之一,历史悠久。据传,汤圆起源于宋朝。当时各地兴起吃一种新奇食品,即用各种果饵做馅儿,外面用糯米粉搓成球,煮熟后,吃起来香甜可口。因为这种糯米球煮在锅里又浮又沉,所以它最早叫"浮元子",后来有的地区把"浮元子"改称元宵。与北方人不同,宁波人在早晨都有合家聚坐共进汤圆的传统习俗。宁波汤圆始于宋元时期,已有700多年历史。做法有点儿像包饺子。先把糯米粉加水和成团(跟做饺子时和面一样)并放置几小时让它"醒"透。然后,把做馅儿的各种原料拌匀放在大碗里备用(不需像做元宵那样切成小块)。汤圆馅儿含水量比元宵多。包汤圆的过程也像饺子,但不用擀面杖。湿糯米粉黏性极强,只好用手揪一小团湿面,挤压成圆片状,再用筷子(或薄竹片状的工具)挑一团馅儿放在糯米片上,用双手边转边收口做成汤圆。做得好的汤圆表面光滑发亮,有的还留一个尖儿,像桃形。

7. 山东的煎饼

大饼卷大葱,是众人皆知的典型山东土吃。这里的大饼实际指的是煎饼。大饼和煎饼的区别除了做法上不同,主要还在于其用料有异,前者以白面烙成,而后者则以粗粮制作。在大饼卷大葱成名之时,白面还是稀有之物,故以粗粮煎饼为主食。

山东人称"摊煎饼",工具也是特有的,几乎家家必备。首先是一个鏊子,实际上为铸铁制成的圆形铁板,上面平整光滑,下面有三支角可以作为支撑,也可以在鏊子和地面间留下空间以便加柴烧火。再就是一个耙子,为一个木板,上面垂直安上一个把手,用手拖曳,这便是"摊"。当鏊子烧热以后,可以用勺子舀上一勺煎饼糊放到鏊子上,用耙子在鏊子上摊几圈。由于鏊子是热的,煎饼糊所到之处就迅速地被凝固成一张焦黄的薄片,揭下来就是所谓的煎饼了。耙子的长短正好等于鏊子的半径,所以耙子绕场一周,煎饼差不多就做成了。为了煎饼质量更好,在上层的煎饼糊还没有完全凝固煎熟之前,用一块木板(称为刮子)在上面刮一下,可以使上面平整且厚度均匀。

8. 长沙的米粉

长沙人最爱吃的早餐就是米粉。长沙的米粉店,遍布大街小巷,只要有人家的地方,就会有米粉店。名牌的,有桂林人米粉店、常德牛肉米粉店,以及甘长顺、杨欲兴的米粉。每一家米粉店都有自己的特色和风味,给人的感觉大不相同。端上来时,只见一根根雪白透亮的米粉互相缠绕在一起,上面放有特制的酱汁,其中黄的豆角、绿的大葱、深红的辣椒粉、褐色的牛肉片、淡红的脆花生,卤香扑鼻,让人不禁想流口水。你知道卤菜粉是怎么做的吗?厨师先把米粉用漏勺装好,再放进浓烈的童子骨汤里去,煮上3分钟左右。然后放进大碗里,加上特制的卤汁,一碗热气腾腾的卤菜粉,就做好了。

9. 重庆酸辣粉

酸辣粉很早以前流传于四川民间,取材当地手工制作的红薯粉,味以突出酸辣为主而得名,后来经过不断演变和调制而正式走上街头,成为大街小巷的一种特色小吃。正宗八哥重庆酸辣粉,是八哥在酸辣粉的原有基础上,经过精心改进秘制,主原料仍采用四川民间手工制作的红薯粉再辅以辣椒、醋等20多种上等调味料,在不添加任何香精、色素的情况下,把酸辣粉的味道演绎得淋漓尽致,吃了叫人流连忘返。

10. 汉中热面皮

汉中的面皮店,没有华丽的门脸儿,很多有名的面皮店,甚至连招牌都没有。有的只是很小的店面和标志性的一摞蒸笼,炉子上的蒸笼摞得越高就说明这个店的生意越好。调料也是有学问的，主要成分是新炸好的辣椒油，另外还有少量的醋、一些盐、少量圆白菜、还有配菜(通常是豆芽和土豆丝，这些可以任选)。汉中人大都具有“面皮情结”。出差的、求学的，在外打工的回到家乡，迫不及待地冲上去先吃上一两碗。随着口舌间的享受，一切出门在外的烦恼及浓浓的思乡之情便烟消云散了。

(二)“满”胃口——餐前安排

带领游客用好第一餐，可以稳定游客的情绪，并树立起导游员在游客中的良好形象。

第一步，提前落实相关事宜。在去往餐厅的途中，导游员要提前并主动与就餐餐厅联系，落实当天游客用餐的时间、地点、人数、标准、形式，游客的饮食习惯及特殊要求等，逐一核实并确认。

第二步，到达餐厅或饭店后，导游员首先应向全团介绍饭店内的相关设施，如：外币兑换处(若旅游团为外宾团)、中西餐厅、娱乐场所、商品部、公共洗手间、电梯等设施的位置。

第三步，导游员向游客介绍用餐餐厅及特别注意事项，如：酒水问题、加菜问题、时间要求、特色饮食的吃法等。

第四步，导游员引导游客进入餐厅，并向引座员介绍团队信息，要将领队和全陪介绍给餐厅领班、主管等有关人员，告知旅游团的特殊要求(如，用餐标准、游客口味、忌食等)，并协助餐厅服务人员安排游客入座。

第五步，引导游客入座。游客入座后，导游员(包括地陪、全陪)首先要清点人数，并与旅游团的领队协商出发时间，并向全团游客当众宣布。

第六步，导游员要告知领队，自己及司机的用餐地点及联系方式，以便能以最快速度联系到导游员处理解决相关问题。

（三）"验"胃口——餐间巡视

在游客用餐过程中，导游员要担当起监督员的职责，维护好游客的利益，须做到如下几点：

1. 把好餐厅服务及菜肴质量关

一般情况下，团队餐的菜肴是 8 菜 1 汤，10 人为 1 桌，导游员要监督菜点是否很快上齐，菜的分量足不足，菜的卫生条件是否达标等环节。

2. 巡视游客的用餐情况

客人的整个用餐过程，导游员须巡视 2～3 次。检查餐厅服务标准及菜肴质量，是否按照行程餐饮要求进行操作。如若用的是风味餐，导游员还须特别介绍菜肴的名称、特色、用餐程序等，做好游客饮食的向导。

3. 妥善处理特殊的饮食要求

（1）加餐问题。如果游客想在团队餐的基础上，要求加菜或酒品、饮料等，导游员就要明确告知游客，另加菜点是需要游客自费的，不包括在计划团款中。如果游客需要导游员垫付的话，导游员一定要切记让游客写下一份确认书，以免日后结算争议。

例如：

证　明

兹有××××旅行社导游员×××，应武汉美年达公司一行 20 人要求，为湘西凤凰之旅的游客垫支自付餐点费 15 元/人，总计 300 元整。所加餐点有：血粑鸭子、糯米腌酸鱼、罐罐菌，啤酒 20 瓶。就餐饭店为"乡土人家"。立此为据。

导游员：×××

××××年××月××日

游客（签章）

××××年××月××日

(2)要求换餐

如果旅游团要求换餐事先有约,地陪在接团前应检查落实情况,并不折不扣地兑现;如若是抵达后提出,应视情况而定:与餐厅联系,在可能的情况下尽量满足要求;如确有困难,地陪可协助其自行解决。

(3)要求单独用餐

个别游客如果要求单独用餐,首先,导游人员要耐心解释,并告知领队请其调解,尽量劝说该游客与团队一起用餐;如若游客坚持,导游人员可协助与餐厅联系,但告知该游客餐费自理且综合服务费不退。

(四)“收”胃口——餐后结算

游客在用餐完毕后陆续返回旅游车,导游员要到餐厅前台与餐厅结清账目,严格按实际用餐人数、标准、饮用酒水数量等,如实填写旅行社“餐饮费结算单”(见表5-1),将盖有旅行社业务章的一联交给餐厅留存,随后要带领旅游团离开餐厅。待饭店餐厅的前台核对无误后,转入该旅行社在饭店所设的总账中,以备定期统一结账。

表5-1 旅行社餐饮结算单

旅行社名称		导游员签字			
团号		团队人数		用餐标准	
游客人数		餐费小计			
地陪		餐费小计			
司机		餐费小计			
全陪		餐费小计			
领队		餐费小计			
餐费合计:					

（五）导游员餐饮服务工作程序顺口溜

餐饮安排要早定，查实质量和卫生；
游客口味要询问，问题若大应调整；
难题大事要请示，处理解决须冷静；
避免争执须灵活，原则问题要慎重；
讲话办事有分寸，出现差错要纠正；
游客权益须维护，公司重在守信用；
导游首要是人格，威信尊严须并重；
地接团款要理清，互助合作要精明；
对方优点要学习，互惠互益要双赢。

三、导游员餐饮服务的技巧

（一）遵循服务原则，赢得游客信任

餐饮服务是导游服务中必不可少的环节。导游员应向团队提供标准化的餐饮服务。地方风味餐饮服务、个性化餐饮服务，其服务质量的优劣，直接影响着游客对旅行社评价的高低。

导游员具有协调与监督的作用。游客行程中的用餐，是导游员依据游客与旅行社之间所签合同中规定的内容和标准来进行安排的。当游客抵达餐厅后，导游员充当着桥梁的作用，代表游客与餐厅协调、沟通。并且，导游员有责任对餐厅的硬件设施及服务进行监督，如：用餐环境（有无空调）、饭菜质量、饮餐标准、卫生状况等，以保障游客的权益不受侵害。

除此之外，游客在餐饮中会提出一些个别要求，向游客提供个性化的餐饮服务，既是对导游员处理问题能力的考验，也是对导游员服务质量的检验。在餐饮服务中，导游员必须遵循如下原则，使工作有条不紊，从而赢得游客的信任和赞誉。

1. 诚信就餐的原则

遵循诚信原则，需要导游员向游客公开就餐标准，不得降低或克扣其餐标；所选餐馆应明码标价，确保膳食质量；所选餐馆应环境整洁，符合 GB16153 的要求，提供的食品、饮料应符合国家有关法律法规的要求。

2. 尽量满足游客需要的原则

努力满足游客需要，是导游服务的基本原则，游客提出的要求只要是合理的，又是有可能办到的，即使存在一定困难，导游员也要设法予以满足。

3. 尊重游客、不卑不亢的原则

在导游餐饮服务过程中，难免会遇到个别游客无理取闹。一旦遇到这种情况，导游员要时刻记住自己的服务身份，对游客要礼让三分。导游员对游客要以礼相待，不与其争吵，更不要与其发生正面冲突，以免造成不良后果。若个别游客的无理取闹影响了整个团队的正常就餐，导游员可请领队出面协助解决。

4. 认真倾听、耐心解释的原则

在就餐过程中，尤其是桌餐，众口难调，往往会出现一些个别要求。有些看似合理，但一时无法满足；或者是某些游客故意刁难、过分挑剔等。对于这些情况，导游员要认真倾听，不要没听完就指责游客的要求过高或胡乱应付；要耐心解释，尤其对合理的但不可能办到的要求，要解释清楚，不要以为“办不到”就一口回绝。

（二）做好美味餐食代言人

“人是铁，饭是钢，一顿不吃饿得慌”，人要生存就必须要“吃”。吃的需求，贯穿人类所有需求的各个层面。“吃”，除了作为生理需要外，同时还是心理需要。随着社会经济的发展，人们对吃的要求已发生了巨大变化，其发展轨迹是：有的吃—吃得饱—吃得好—吃得营养—吃出文化。

美食对于游客来说是非常重要的一环。旅游中的一项重要内容就是品美食。各地饮食也是当地重要的旅游资源。游客们首先要吃饱,这样才有足够的体力完成游程。同时要吃好,吃得有品位、有文化。各地的特色美食会给游客的行程平添许多乐趣。丰富的美食不仅能够丰富游客的旅途生活,还能为游客增添回家后的“谈资”。

中国菜点作为中国文化和中国艺术宝库中的一朵奇葩,其食用价值、美学价值、文化价值乃至科学价值都是极高的。这就对导游员的素质提出了很高的要求,不仅要具备丰富的饮食文化知识,还须通过灵活的语言讲解方法和技巧,引导和吸引游客用餐,做好美味食品的代言人。

由于中国地大物博,各地资源与环境特色各异,人们的口味也各不相同,在长期的历史发展进程中,形成了各具特色的菜系。每个菜系具有独特的原料、工艺和口味特色。导游员要做好一名美食代言人,并非易事,首要条件就是要全面了解中国的饮食文化,具备丰富的饮食文化知识。掌握中国各大菜系的特点,了解一些菜点的基本制作方法,能讲出本地菜的特色。

在具备饮食文化知识的基础上,导游员还要懂得中国美食菜肴的欣赏途径,能够引导游客去审美,发现“吃”的艺术。导游员在陪同游客用餐,特别是品尝风味或出席宴会的时候,导游员的责任就不仅是指导游客吃的问题了,更重要的是通过“吃”,向游客展示中国博大精深的餐饮文化,引导游客用美食家的眼光去体察中国各地食品、菜肴之美。这就要求导游员在饮食讲解中要绘声绘色,时刻让游客有一种垂涎欲滴的感觉。

中国饮食中最重要的几个概念,是务必要详细了解的。如:满汉全席、中国的八大菜系等。

1. 满汉全席

满汉全席(满汉全筵)兴起于清代。乾隆年间满汉全席是集满族与汉族菜点之精华而形成的历史上最著名的中华大宴。乾隆甲申年间李斗所著《扬州书舫录》中记有一份满汉全席食单,是关于满汉全席的最早记载。据载,满汉全席是由大型酒宴演变而来,共有108款菜点,分作3天4餐供客人享用。菜式有咸有甜、有荤有素,尽可令人从中领略中国饮食文化的博大精深。

满汉全席是我国一种既具浓郁民族特色,又有地方风味精华的大宴,菜点精美、礼仪讲究,形成了引人注目的独特风格。满汉全席原是官场中举办宴会时满人和汉人合作的一种全席,一般上菜起码有108种,分3天吃完。满汉全席取材广泛、用料精细,山珍海味无所不包。

满汉全席烹饪技艺精湛,富有地方特色,突出满族菜点特殊风味,烧烤、火锅、涮锅几乎是不可缺少的菜点;同时又展示了汉族烹调的特色,扒、炸、炒、熘、烧等兼备,实乃中华菜系文化的瑰宝。

满汉全席又具体分6种宴席,分别是:

(1)蒙古亲潘宴。蒙古亲潘宴,是清朝皇帝为招待与皇室联姻的蒙古亲族所设的御宴。一般设宴于正大光明殿,由满族一、二品大臣作陪。历代皇帝均重视此宴,每年循例举行。而受宴的蒙古亲族更视此宴为大福,对皇帝在宴中所例赏的食物十分珍惜。《清稗类钞·蒙人宴会之带福还家》一文中说:"年班蒙古亲王等入京,值颁赏食物,必之去,曰带福还家。若无器皿,则以外褂兜之,平金绣蟒,往往汤汁所沾,淋漓尽,无所惜也。"

(2)廷臣宴。廷臣宴,于每年上元后一日即正月十六日举行,是时,由皇帝亲点大学士,九卿中有功勋者参加。宴所设于奉三无私殿,宴时循宗室宴之礼。皆用高椅,赋诗饮酒,每岁循例举行。蒙古王公等皆参加。皇帝借此施恩来笼络属臣，而同时又是廷臣们功禄的一种象征形式 。

(3)万寿宴。万寿宴，是清朝帝王的寿诞宴，也是内廷的大宴之一。后妃王公、文武百官，无不以进寿献寿礼为荣。其间，名食美馔不可胜数。如遇大寿，则庆典更为隆重盛大，系派专人专司。衣物首饰、装潢陈设、乐舞宴饮一应俱全。光绪二十年(1894)十月初十日慈禧60大寿，于光绪十八年(1892)就颁布上谕，寿日前月余，筵宴即已开始。仅事前江西烧造的绘有万寿无疆字样和吉祥喜庆图案的各种釉彩碗、碟、盘等瓷器，就达29 170余件。整个庆典耗费白银近1000万两，在中国历史上是空前的。

(4)千叟宴。千叟宴，始于康熙，盛于乾隆时期，是清宫中的规模最大、与宴者最多的盛大御宴。康熙五十二年(1713)在阳春园第一次举行千人大宴，玄烨帝席赋《千叟宴》诗一首，固得宴名。乾隆五十年(1785)于乾清宫举行千叟宴，与宴者3000人，即席用柏梁体选百联句。嘉庆元年(1796)正月再举千叟宴于宁寿宫皇极殿，与宴者3056人，即席赋诗3000余首。后人称谓千叟宴是“恩隆礼洽，为万古未有之举”。

(5)九白宴。九白宴，始于康熙年间。康熙初定蒙古外萨克等四部落时，这些部落为表示投诚忠心，每年以九白为贡，即：白骆驼一匹、白马八匹。以此为信。蒙古部落献贡后，皇帝高御宴招待使臣，谓之九白宴。每年循例而行。后来，道光皇帝曾为此做诗云：“四偶银花一玉驼，西羌岁献帝京罗。”

(6)节令宴。节令宴，系指清宫内廷按固定的年节时令而设的筵宴。如，元日宴、元会宴、春耕宴、端午宴、乞巧宴、中秋宴、重阳宴、冬至宴、除夕宴等，皆按节次定规，循例而行。满族虽有其固有的食俗，但入主中原后，在满汉文化交融中和统治需要之下，大量接受了汉族的食俗；又由于宫廷的特殊地位，逐使食俗定规详尽。其食风又与民俗和地区有着密切的联系,故,腊八粥、元宵、粽子、冰碗、雄黄酒、重阳糕、乞巧饼、月饼等制作仪器,在清宫中一应俱全。

2. 中国八大菜系及特色

中国菜肴在烹饪中有许多流派。其中,最有影响、最有代表性,也是为社会所公认的有:鲁、川、粤、闽、苏、浙、湘、徽等菜系,即被人们常说的中国“八大菜系”。一个菜系的形成是与它的悠久历史和独到的烹饪特色密不可分的,同时,也受到这个地区自然地理、气候条件、资源特产、饮食习惯等方面的影响。有人把“八大菜系”用拟人化的手法描绘为:苏、浙菜,好比清秀素丽的江南美女;鲁、徽菜,犹如古拙朴实的北方健汉;粤、闽菜宛如风流典雅的公子哥;川、湘菜就像内涵丰富充实、才艺满身的风流名士。中国“八大菜系”的烹调技艺各具风韵,其菜肴之特色也各有千秋。

(1)鲁菜。宋以后,鲁菜成为“北食”的代表。明、清两代,鲁菜已成为宫廷御膳的主体,对京、津及东北各地的影响较大。现今鲁菜是由济南和胶东两地的地方菜演化而成的。其特点是以清香、鲜嫩、味纯而著名,十分讲究清汤和奶汤的调制,清汤色清而鲜、奶汤色白而醇。济南菜擅长爆、烧、炸、炒,其著名品种有“糖醋黄河鲤鱼”“九转大肠”“汤爆双脆”“烧海螺”“烧蛎蝗”“烤大虾”及“清汤燕窝”等。胶东菜以烹制各种海鲜而驰名,口味以鲜为主,偏重清淡,其著名品种有“干蒸加吉鱼”“油爆海螺”等。新中国成立后,创新名菜的品种有“扒原壳鲍鱼”“奶汤核桃肉”“白汁瓤鱼”“麻粉肘子”等。

(2)川菜。川菜,在秦末汉初就已初具规模,唐宋时发展迅速,明清已富有名气,现今川菜馆遍布世界。正宗川菜以四川成都、重庆两地的菜肴为代表。重视选料,讲究规格,分色配菜主次分明，鲜艳协调。其特点，是酸、甜、麻、辣、香、油重、味浓，注重调味，离不开三椒（即辣椒、胡椒、花椒）和鲜姜，以辣、酸、麻脍炙人口，为其他地方菜所少有，形成川菜的独特风味，享有“一菜一味，百菜百味”的美誉。烹调方法擅长于烤、烧、干煸、蒸。川菜善于综合用味，收汁较浓，在咸、甜、麻、辣、酸五味基础上，加上各种调料，相互配合，形成各种复合味，如，家常味、咸鲜味、鱼香味、荔枝味、怪味等23种。代表菜肴有“大煮干丝”“黄焖鳗”“怪味鸡块”“麻婆豆腐”等。

（3）粤菜。西汉时就有粤菜的记载，南宋时受御厨随往羊城的影响，明清发展迅速，20世纪随着对外通商，吸取西餐的某些特长，粤菜也推向世界，仅美国纽约就有粤菜馆数千家。粤菜是以广州、潮州、东江三地的菜为代表而形成的。菜肴的原料较广，花色繁多、形态新颖，善于变化，讲究鲜、嫩、爽、滑，一般夏秋力求清淡，冬春偏重浓醇。调味有所谓五滋（香、松、臭、肥、浓）、六味（酸、甜、苦、咸、辣、鲜）之别。其烹调擅长煎、炸、烩、炖、煸等，菜肴色彩浓重，滑而不腻，尤以烹制蛇、狸、猫、狗、猴、鼠等野生动物而负盛名，著名的菜肴品种有“三蛇龙虎凤大会”“五蛇羹”“盐焗鸡”“蚝油牛肉”“烤乳猪”“干煎大虾碌”和“冬瓜盅”等。

（4）闽菜。闽菜，起源于福建省闽侯县。它是以福州、泉州、厦门等地的菜肴为代表发展起来的。其特点，是以色调美观、滋味清鲜而著称。烹调方法擅长于炒、熘、煎、煨，尤以“糟”最具特色。由于福建地处东南沿海，盛产多种海鲜，如，海鳗、蛏子、鱿鱼、黄鱼、海参等，因此，多以海鲜为原料烹制各式菜肴，别具风味。著名菜肴品种有“佛跳墙”“醉糟鸡”“酸辣烂鱿鱼”“烧片糟鸡”“太极明虾”“清蒸加力鱼”“荔枝肉”等。

（5）苏菜。苏菜，起始于南北朝时期，唐宋以后，与浙菜竞秀，成为“南食”两大台柱之一。苏菜是由苏州、扬州、南京、镇江四大菜为代表而构成的菜系。其特点，是浓中带淡、鲜香酥烂、原汁原汤、浓而不腻、口味平和、咸中带甜。其烹调技艺以擅长炖、焖、烧、煨、炒而著称。烹调时用料严谨，注重配色、讲究造型，四季有别。苏州菜口味偏甜、配色和谐；扬州菜清淡适口、主料突出、刀工精细、淳厚入味；南京、镇江菜口味和醇、玲珑细巧，尤以鸭制的菜肴负有盛名。著名菜肴品种有“清汤火方”“鸭包鱼翅”“松鼠鳜鱼”“西瓜鸡”“盐水鸭”等。

(6)浙菜。浙菜，是以杭州、宁波、绍兴、温州等地的菜肴为代表发展而成的菜系。其特点，是清、香、脆、嫩、爽、鲜。浙江盛产鱼虾，又是著名的风景旅游胜地，湖山清秀、水光山色、淡雅宜人，故其菜如景，不少名菜来自民间，制作精细，变化较多。烹调技法擅长于炒、炸、烩、熘、蒸、烧。久负盛名的菜肴有“西湖醋鱼”“生爆鳝片”“东坡肉”“龙井虾仁”“干炸响铃”“教化童鸡”“清汤鱼圆”“干菜焖肉”“大汤黄鱼”“爆墨鱼卷”“锦绣鱼丝”等。

(7)湘菜。湘菜，是以湘江流域、洞庭湖区和湘西山区的菜肴为代表发展而成的菜系。其特点，是用料广泛、油重色浓，多以辣椒、熏腊为原料，口味注重香鲜、酸辣、软嫩。烹调方法擅长腊、熏、煨、蒸、炖、炸、炒。其著名菜肴品种有：“腊味合蒸”“东安子鸡”“麻辣子鸡”“红煨鱼翅”“汤泡肚”“冰糖湘莲”“金钱鱼”等。

(8)徽菜。徽菜，是以沿江、沿淮、徽州三地区的地方菜为代表构成的菜系。其特点，是选料朴实、讲究火功，油重色浓、味道醇厚，保持原汁原味。徽菜以烹制山野海味而闻名，早在南宋时，“沙地马蹄鳖，雪中牛尾狐”，就是那时的著名菜肴了。其烹调方法擅长于烧、焖、炖。著名菜肴品种有：“符离集烧鸡”“火腿炖甲鱼”“腌鲜鳜鱼”“火腿炖鞭笋”“雪冬烧山鸡”“红烧果子狸”“奶汁肥王鱼”“毛蜂熏鲥鱼”等。

3. 地方饮食特色

中国地大物博，不管是人文旅游资源还是自然旅游资源都异常丰富。因此，众多“驴友”对中国的旅游城市、名山圣水进行了归纳总结，评选出什么“中国十大景点”、“欧洲人最爱的中国十大景点”、“小资最爱的中国十大景点”、“中国十大避暑城市”等。这诸多景点当然不虚此名，不仅以独具特色的自然风光和人文资源吸引着八方来客，各地独具匠心、无与伦比的美食也成为游客心中念念不忘的经典。本章所列举的地方饮食是众所周知、耳熟能详、具有广泛影响意义的特色饮食。

☞小贴士

中国“十大景点”和“十大避暑城市”

• 中国十大景点：万里长城、北京故宫、承德避暑山庄、安徽黄山、杭州西湖、桂林山水、西安秦始皇陵兵马俑、苏州园林、长江三峡、台湾地区日月潭。

• 欧洲人最爱的中国十大景点：珠海、西安、杭州、拉萨、北京、丽江、昆明、成都、洛阳、威海。

• 小资最爱的中国十大景点：阳朔、丽江、大理、凤凰古城、泸沽湖、杭州西湖、三亚、鼓浪屿、婺源、西藏。

• 中国十大避暑城市：贵阳、昆明、哈尔滨、伊春、六盘水、大理、承德、太原、呼和浩特、西宁。

(1)北京烤鸭。到北京来旅游的人都知道这样一句话：“不到长城非好汉，不吃烤鸭真遗憾。”

北京烤鸭，是北京名食，以色泽红艳、肉质细嫩、味道醇厚、肥而不腻的特色，被誉为“天下美味”而驰名中外。

相传，烤鸭之美，系源于名贵品种的北京鸭。它是当今世界最优质的一种肉食鸭。据说，这一特种纯白北京鸭的饲养，约起源于千年之前，是因辽、金、元之历代帝王游猎，偶获此纯白野鸭种，后为游猎而养，一直延续下来，才得此优良纯种，并培育成今之名贵的肉食鸭种，是以填喂方法育肥的一种白鸭，故名“填鸭”。不仅如此，北京鸭曾在百年以前传至欧美，经繁育一鸣惊人。因而，作为优质品种的北京鸭，成为世界名贵鸭种的来源已久。

在明朝时，“北京烤鸭”已成为北京官宦人家中的席上珍品。朱元璋建都南京后，明宫御厨便采用炭火烘烤，成菜后鸭子肉质酥香、肥而不腻，即被宫廷取名为“烤鸭”。以后明朝迁都北京，烤鸭技术也带到北京，进一步发展。由于制作时取用玉泉山所产的填鸭，皮薄肉嫩，口味更佳。烤鸭很快就成为北京风味名菜。北京两家有名的烤鸭店“便宜坊”“全聚德”，便是明朝时开业的。

在北京吃烤鸭用的鸭子，生的每只要在2.9公斤以上，生长期限要在60天以内方为正品料。低于2.75公斤的鸭子就不好吃了，在一些饭馆中卖的30多元一只的烤鸭是不能代表北京烤鸭的。

吃北京烤鸭是有一些讲究的，否则不能体现其正宗风味。

• 讲究季节：吃烤鸭必须在合适的季节里，季节不好则影响口味。品味者主张在冬、春、秋三季吃烤鸭其味最佳。原因是，冬春二季的北京鸭，肉质肥嫩；秋季天高气爽，温度和湿度都特别适宜制作烤鸭，而此时的鸭子也比较肥壮。夏季气候炎热、空气湿度较大，此时的北京鸭肉少膘薄，质量较差，烤制后的鸭皮容易发艮（即不松脆），口味相对较差。

• 讲究片法：烤鸭片得好，不仅菜肴造型佳，而且口味更美。烤鸭烤制成后，要在鸭脯凹塌前及时片下皮肉装盘供食。此时的鸭肉吃在嘴里酥香味美。片鸭的方法也有讲究，一是趁热先片下鸭皮，酥脆香美；然后再片鸭肉吃。二是片片有皮带肉、薄而不碎。一只2公斤以上的鸭子能片出100余片鸭肉片，而且大小均匀如丁香叶，口感则酥香鲜嫩，独具风味。

• 讲究作料：进食烤鸭的作料有三种类型，它们各具不同风味，适应不同宾客的口味需好。第一种，是甜面酱加葱段，再配黄瓜条或青萝卜条等，以清口解腻；第二种，是蒜泥加酱油，也可配黄瓜条或青萝卜条等，蒜泥口感清香又带一丝辣意，也可解油腻，它是早年很受欢迎的一种作料；第三种，是以白糖为作料的甜食法，较受不喜葱蒜顾客的偏爱，尤受年轻女性的欢迎，其中，第一种作料方式是最为常用的，所食甜面酱讲究用北京“六必居”出产的，不然口味就不能算作正宗。

• 讲究佐食：常用吃烤鸭的佐食品有两种，一为荷叶饼；一为空心芝麻烧饼。荷叶饼，可一揭两片，每片抹上甜面酱再放葱段、黄瓜条（或青萝卜条）、烤鸭片，或者抹上蒜泥、酱油、黄瓜条（或青萝卜条），再夹上烤鸭片卷起来吃。早年，全聚德烤鸭店还常年备有一种配以大麦米和红小豆熬制的小米粥。这种小米粥色泽美观、滑润爽口，吃完烤鸭后再喝上一小碗这种特制的小米粥，给人带来无比的舒畅感。

（2）云南的吃“怪”。目前，在游客中流传着“吃在广州，味在四川，民族风味在云南”的说法。到云南吃什么？到云南吃“怪”。由于云南特殊的地理环境和历史等原因，在古代交通闭塞，难与外界交流，形成了云南特有的“十里不同天，百里不同俗”的局面。云南各民族在饮食习俗方面存在着一些奇怪的现象。早在20世纪40年代就流传着“云南十八怪”。如今随着对各民族饮食文化的不断深入挖掘，吃“怪”越来越多，常见的就有：过桥米线人人爱，土锅通洞蒸鸡卖，花花草草都是菜，竹筒煮饭卖，鸡蛋拴着卖，蘑菇成了“天皇”菜，席上珍馐“象牙菜”，蚂蚱叫“跳菜”，牛奶做成片片卖，粑粑叫饵块，竹筒烤鸡卖，蚁卵成了珍肴菜，草根当做“人参”卖，野生作料傣家菜，牛肠苦水拌菜卖，豆腐烧着卖，鱼鳞壳一道菜，琵琶猪肉摩梭菜，螺蛳成了“罗刹”菜，纳西盛宴“霞客”菜，“天龙八部”大理菜。

(3)啤酒鱼。漓江啤酒鱼的兴起，始于20世纪80年代的阳朔。随着阳朔西街中西文化的完美结合，阳朔的饮食风格也在这种中西文化交融中形成新的特色。最具代表性的莫过于啤酒漓江鱼了。作为主要的鲜活鲤鱼、草鱼、竹鱼捕自清冽的漓江中，而用来红烧鱼的啤酒则原属于西方最传统的饮料。在烹饪中把啤酒用于中国菜肴的大胆尝试，最终创出了一个极具特色的地方名菜而火暴于阳朔，乃至扩展到整个桂林。这种味道鲜美又飘着啤酒醇香的菜肴，不仅适合于中国人的口味，而且深受来自海内外客人的赞赏。

(4)天津狗不理。狗不理包子，以其味道鲜美而誉满全国、名扬中外。狗不理包子用料精细、制作讲究，选用七成瘦、三成肥的新鲜猪肉，以香油、味精、葱姜末等作料，边加水边搅拌，打成肉丁水馅。做工上，从揉面揪剂儿、擀皮、装馅、掐包、上屉、上大灶，都有明确的标准。包子褶花匀称，每个包子的褶不少于15个。刚出屉的包子，看上去如薄雾中的含苞秋菊。据说，袁世凯当直隶总督时，曾把狗不理包子作为贡品进京献给慈禧太后。从此，狗不理包子名声大振，并在许多地方开设分号。

(三)游客“吃”尽兴，导游“巧”安排

1. 充分了解游客的客源地、民族、宗教信仰、年龄、生活习惯、身体状况等情况后，再依据行程安排为游客订餐

各个旅游城市或景区有各自的风味特征，而来自不同国家和地区的游客有不同的口味和饮食习惯。因此，导游员在安排游客用餐时，一定要向餐厅工作人员讲清游客的口味要求和餐饮标准。在具体安排用餐时，要注意地方风味与游客的饮食习惯有机搭配。风味虽然有特色，不一定符合游客的口味。

例如：湘菜、川菜都以辣闻名，但是对于不吃辣味的游客来说，奇辣无比的菜肴就是一种负担。这种情况下，就需要导游员在安排用餐时，特意向餐厅叮嘱，强调菜肴的口味。再如，清真的游客禁食猪肉、驴肉、狗肉、骡肉和骆驼肉，禁食一切动物的血。凡是自死的牲畜一律不食，且禁用盛过这些食物的所有器皿。

同时，导游员一定要向游客讲清用餐的要求，哪些是免费的、哪些是需要游客自己现付的，而且必须在用餐前向游客交代清楚，以免带来不必要的麻烦。因为，有时游客会认为是导游员动了手脚，欺骗游客。

由于游客自身各种条件的差异，有时会出现个别游客提出特殊的餐饮要求。这就需要导游员有针对性地进行处理，使游客满意，赢得游客信任。各种特殊要求处理方法，见表 5－2。

表 5－2　餐饮方面特殊要求一览表

内　容	情　景	处理方法
特殊饮食要求	由于生活习惯、宗教信仰、民族传统、身体状况等原因，部分游客会提出一些特殊的饮食要求。如，不吃荤、不吃糖，要吃半熟或全熟的食物等，而这些特殊要求在旅游合同中没有明文规定	●地陪要向游客解释清楚 ●协助游客自行解决
要求换餐	游客提出换餐，如，将中餐换成西餐、更换用餐地点等	●如果是在用餐前 3 小时提出，地陪应与餐厅联系，尽量予以满足 ●如果是在接近用餐时提出，一般不应接受，但导游人员要做好解释工作 ●若游客仍坚持换餐，导游人员可建议他们自己点菜，并说明费用自理 ●游客用餐时，要求增加菜肴或酒水饮料，导游人员应给予满足，但费用自理

续表

内 容	情 景	处理方法
要求单独用餐	由于旅游团内部不团结或其他原因，个别游客不愿与大家在一起而希望单独用餐	●首先，导游人员应耐心解释，予以劝说 ●如劝说无效，告诉领队请其出面调解 ●如果游客坚持己见，导游员可协助其与餐厅联系，满足他的要求，但餐费自理，并告知综合服务费不退
要求在客房内用餐	游客因病不能去餐厅用餐	●导游员通知餐厅提供送餐服务 ●若必要（如游客生病），导游员可自己将饭菜端进房间以示关心 ●告诉其服务费自理
要求自费品尝风味餐	有游客提出要求自费品尝风味餐	●导游员应协助与有关餐厅联系订餐 ●风味餐预订之后，旅游团因故不能去，导游员应规劝游客在预订的时间前往用餐，并说明若不去须赔偿餐厅损失 ●如果游客邀请导游员一起去，这时游客是主人，导游员是客人，去不去应视情况而定，不能反客为主
要求提前或推迟用餐时间	游客因生活习惯或其他原因，要求提前或推迟用餐时间	●劝说其按正常时间去就餐 ●不能按餐厅固定的用餐时间就餐时，告知过时用餐需由其另付服务费 ●若同意付费，应与餐厅联系，满足其要求

2. 要主动向游客介绍旅游目的地的特色饮食，挖掘其文化内涵，体验别样“风味”

中国的饮食文化享誉全球，有烹饪王国的美誉。中国菜讲究色、香、味、形、器、声，独特的菜肴构成了中国文化的一部分，吸引着国内外游客期待品尝当地的特色风味餐。因此，导游员在实地导游过程中，要伺机向游客介绍当地美食及其所包含的文化内涵，引导游客正确欣赏和品尝美食。

例如，四川名菜“三鲜锅巴”，浇汁时会发出声音来，叫做“声声报喜”；又如“满汉全席”，盘子一定要用黄色，因为它是皇家菜的代表，象征皇权的威严，容不得一点儿差错。

3. 向游客介绍特色风味餐的食用程序及方法

在游客用餐过程中，导游员要适时向游客介绍当地的各种特色风味。有时，也可以选择在来餐厅的路上，或在游览中涉及相关饮食问题时适时向游客介绍。但要注意一点，在行程中没有安排的特色风味，在讲解中应该适当讲解。导游员要做好美食的向导，满足游客体验别样“风味”的愿望，但同时要提前告知游客，风味餐的费用自理。

有的美食在吃法上别具一格，没有掌握正确的吃法和程序，就不能真正体验到特色美食之“美味”，有时还会出现意外，让游客受到伤害。

例如，四川火锅众人喜爱，这与吃火锅的乐趣有关。宋人林洪说，吃火锅“团圆热暖之”，清诗人严辰咏火锅诗句“围炉聚饮欢呼处，百味消融小釜中”，正是这种乐趣的写照。但火锅有其吃法和技巧。四川火锅有许多种吃法，主要有涮、烫、煮等。

• 涮。即将生食料用筷子夹好，在锅中涮熟。其要点是区分各种食料，不是所有食料都可以涮食。一般来讲，质地嫩脆，立刻即熟的食料适于涮食。如，鱼皮、肉片、腰片、鸭肠、豌豆苗、菠菜、筒蒿等。

• 烫。也是将用料夹好放入锅中，只是时间稍长。质地紧密，立刻不易熟的，要采用烫的方法，如毛肚、鱼丸、葱蒜、海带等。

火锅涮和烫要掌握技巧，一是观察汤卤变化。当汤卤汁滚沸，不断翻滚时，即可涮食；每当汤卤上油脂充足时，可烫食。二是要掌握火候。火候过头，食物则变老，火候不到，则夹生，需要

通过几次实践才能掌握。三是涮食必须夹稳食物。如果不慎掉入锅中，就会煮老、煮化。

• 煮。即把用料投入汤中煮熟。如鲫鱼、鳝鱼、泥鳅、海参、带鱼、蹄筋、平菇、粉条、鸡块等适用于煮食。这些食料质地较密，必须经过长时间烹煮才能食用。煮也要掌握火候。有的煮久了要散、要化，如，海参、鱼皮、银耳等。而血旺、蹄筋、鱿鱼等可以煮久一些。

另外，吃火锅必须配茶一杯，以开胃消食、解油去腻，换换口味，减轻麻辣之感。茶叶以绿茶为上。

4. 对"吃"的讲解要合时宜

中国菜肴，是以品味为媒介的、多角多元的综合艺术，是中国饮食文化的重要组成部分。所以，导游员要指导旅游者成为美食家，同时也要启发他们成为饮食文化的欣赏者。这就需要导游员合时宜地灵活运用导游讲解方法，通常可以在去往餐厅的路途中介绍"吃"，或由某种特殊事物引发而讲，不能为了讲"吃"而讲"吃"。

5. 乘飞机前的饮食安排

旅游行程中，很多情况下是需要赶时间的，可能游客用餐没多久就要赶航班登程。而乘坐飞机对人体健康有很多要求，这就需要导游员做好乘机前如何用餐的指导。

(1)宜选高热量食品。由于高度、气温、气压等因素的改变，飞行时人体需要消耗较高的热量，所以，饮食中注意摄取高热量的食品才能保障健康。提醒餐厅尽可能选择面包、点心、面条、酸牛奶、绿叶蔬菜、蜜饯、水果、动物肝脏等。

(2)宜提早用餐。导游员最好安排在游客上飞机前 2 小时左右完成用餐，以便食物尽快消化吸收，增加热量。

(3)忌吃得过饱。高空的条件可以使食物在体内产生大量气体，吃得过饱，一方面加重心脏和血液循环的负担，另一方面可引起恶心、呕吐、晕机等“飞行病”。

(4)忌食用多纤维和易产生气体的食物。人体在5000米高空，体内的气体较在地面时增加两倍，如果进食此类食物，飞行时会加重胸闷、腹胀的感觉。

(5)忌食太油腻和含大量动物蛋白质的食物。这些食物尽管进食不多，但其在胃内难以排空，乘飞机过程中会使胃肠膨胀。

6.熟练掌握旅途中饮食安排技巧

(1)注意饮食卫生，一定要吃得干净，防止“病从口入”，预防食物中毒。为防止食物中毒事故的发生，导游人员应严格执行在旅游定点餐厅就餐的规定，提醒游客不要在小摊上购买食物；用餐时，若发现食物、饮料不卫生或有异味变质的情况，导游人员应立即要求更换并要求餐厅负责人出面道歉，必要时向旅行社领导汇报。

在边远地区及民族地区品尝纯正风味菜点时，导游员应尽到自己的职责，把好卫生关，亲自到厨房去监督好卫生问题。若发现厨房卫生条件差(如，生熟食乱放、地上污水横流、空气污浊等)，则应放弃在此用餐，切记——安全卫生第一。

如若出现食物中毒情况，导游员应具备基本的处理常识。发现游客食物中毒，导游人员应设法催吐，让食物中毒者多喝水，以加速排泄、缓解毒性，并立即将患者送往医院抢救；请医生开具诊断证明，迅速报告旅行社并追究供餐单位的责任。

(2)旅行社在制定行程时，用餐环节要精心安排，注意饮食平衡，坚持饮食荤素搭配，以保持游客良好的食欲。在整个行程中，为了做好健康饮食工作，导游员要不断强调，外出旅游不要贪食特殊风味菜肴，用餐不要饱一顿饥一顿；为了避免“上火”，应建议游客少吃大鱼大肉等肥腻食物，多吃一些蔬菜和水果，多饮绿茶或白开水；少吃生冷食品，尤其不要吃生鱼片、毛蚶之类的菜肴；吃海鲜不要过多，多吃点蒜、醋，少量饮酒，以防腹泻，肠胃不好的人千万要慎重；对吃不惯的当地调料和菜肴，宁可少吃或不吃，以免肠胃不适，影响整个游程。

(3)各地名吃一定要“品”，但一定要注意量不可过大，注意游客的日常饮食习惯和消化能力。如，江浙一带游客不喜欢辣椒，到湖南、四川、云南、贵州等地旅游时，当地的风味几乎都带有辣椒，导游员在安排品尝风味食品时，一定要提醒餐厅减少辣椒的用量，同时也要提醒游客不宜过食。

(4)各地都有风味小吃，特别是特产瓜果、生猛海鲜等。这些食品当地人吃得津津有味，而游客却并不一定能够享受，因为确实存在水土不服的问题。所以，导游员应提醒游客特别注意，不要为了品尝美食，而勉强食用自己不喜欢吃的东西，以免对身体健康带来负面影响。

例如，旅游饮食要注意季节性，不同的季节会给人带来不同的“味感”，金秋时节，菊黄蟹肥，到阳澄湖品尝清水大闸蟹，货真价实。这大闸蟹是青背、白肚、金爪、黄毛，而且体壮，两螯八爪粗壮有力，烹熟后揭开背壳绝无“一壳水”现象。那橘红色的蟹黄、白玉似的膏脂、洁白细嫩的蟹肉，将使人回味无穷。

(四)与餐厅合作要愉快

“食”是旅游六要素之首，导游员在执行旅游接待计划时，务必要与餐厅打交道。因此，搞好与餐厅的关系，是保证旅游团队顺利用餐的重要因素。

首先，导游员要清醒地认识到，从某种意义上说，旅游餐厅提供的服务就是游客购买的“旅游产品”，导游员要按照旅游接待计划书的要求，监督餐厅按标准向游客提供服务。同时，导游员要尊重餐厅的工作人员，既不可因为带来了“财神爷”而显得盛气凌人,也不可因工作上出现一些矛盾和问题而变得低声下气,始终要保持一种热情上进的工作姿态。

其次,要及时向游客互通信息和情况,工作上遇到困难和问题时要及时向游客通报,争取得到游客的支持和谅解,共同搞好旅游接待工作。

再次,在各自单位经济利益都将受损时,导游员要在请示旅行社领导的情况下,妥善协调好双方的利益关系,切忌因一时感情冲动或考虑欠妥而影响与旅游接待单位的关系。

【经典案例】

【案例1】游客用餐后拒绝付费

【案情】

S地的全陪周先生,讲了一个游客用餐之后拒绝付费的故事。这是2006年9月,发生在重庆的一件事情,故事的主人公是重庆的一位女导游员。那次她接待的是一个来自S省的旅游团,26位游客,周先生是这个旅游团的全陪。

宋小姐,重庆人,21岁,大专文化程度,当时从事导游工作还不到3个月,工作很有热情。游客在重庆的旅游项目之一,是品尝风味餐。在当地,这是一项很受外地游客欢迎的保留节目。按照惯例,享用这种风味餐,需要游客在用餐标准之外加付一笔费用。自然,这件事情需要导游员事先同游客商量妥当,要游客自愿认同才行。为了防止事后出现不必要的麻烦,导游员在与游客协商好之后,通常要先从游客那里收上钱来,然后再办理用餐事宜。但是,这位宋导游员由于缺乏经验,事先并未将吃风味餐需要额外收费的事情一五一十地向游客说清楚,并就这件事情得到游客的明确答复。自然,她也没有事先从游客手中收上这笔费用来。就这样,宋导游员满心欢喜地安排游客享用了一顿十分丰盛的重庆风味餐。她只是感觉游客吃得很满意,一点也没觉察出用餐之后即将出现的纠纷。用餐过后,当导游员宋女士向游客加收吃风味餐的费用时,游客却拒绝付钱。小宋有些着急了,这时她才一五一十地向游客作解释。但是,游客哪里还听得进去呢?只是七嘴八舌地批评她说,你事先并没有说吃风味餐要额外收钱呀;有的说,如果事先知道还得额外收钱,那我就不吃这风味餐了。一时间,双方的情绪有些对立。宋小姐收不上钱来,一时左右为难,终于急得哭了起来。一些游客见到小宋哭了,便不再说她,却仍然不出钱。直到此时周先生才知道了事情的原委,作为同行,自然是理解和同情小宋的。趁着宋导游员的哭声换来的短暂缓和,周先生走出来打破僵局。他先借着批评宋导游员事先未征得游客明确答复这件事,将游客在此地吃风味餐的种种细节,一应俱全地向游客作了细致的解释;又向游客说明,责任当然应该由宋导游员负责,她将为自己的疏忽而垫付游客吃风味餐的费用。接着,周先生又恳请游客对宋导游员的工作提出中肯的批评,并且半认真半开玩笑地对宋说,大家拒绝给你风味餐的费用,主要是想通过这种让你印象深刻的方式,对你进行深入的批评教育,目的并不是为了惩罚你,而是帮助你,这是为了你好。作为导游员,小宋自然应该理解和感谢游客的这番深意。这时,宋导游员也领会了周先生的用心,她稳定了情绪、振作起精神,借着作自我批评的机会来做游客的工作。事情终于有了转机,几位年长的游客将风味餐的费用交了,跟着,又有几位游客交费了,再下来,更多的游客交费了。事后,宋导游员说,周先生帮助她减少了2/3的损失。

【点评】

程咬金与对手对阵,他的“三板斧”战术很有威力:周导游员化解客我矛盾冲突的“三板斧”战术也很有威力。这场矛盾冲突是由宋导游员引起的，她的问题我们放在后面去说。周先生面临突如其来的事变，挺身而出，打破僵局，救了宋导游员的驾，其所用的方法值得我们去细细地品味一番。第一，周先生善于抓住有利战机。他用于打破僵局的“三板斧”战术，选择在“由宋导游员的哭声换来的短暂缓和”刚刚到来的时候出手，收到了很好的效果。这个时候，大多数游客的恻隐之心开始抬头，容易替对方着想。导游员抓住时机，选对方法，善加诱导，可以对游客最大限度地施加有效影响。第二，周先生善于抓住游客的心理变化。他的“三板斧”着眼大局、抓准时机、目标准确、力度适宜。结果，斧子一下下劈过去，问题一层层化解开。第一回合，周先生瞄着宋导游员“劈”，通过批评她的错误，将她暂时置于“局外”，游客失去了情绪对立的“对手”也便同时被置于“局外”，情绪得到了进一步平息。这样，周先生才能使游客在不知不觉中，以一种第三者的平和心态，听他讲解此地吃风味餐的规定和惯例，推动游客“实事求是”地作出自己的判断和选择。第二回合，周先生还是瞄着宋导游员“劈”，通过明确宋导游员将要承担的责任，又将她拉回到局内，使此时已经置身“局外”而又了解实情的游客，有可能“设身处地”地为宋导游员想一想。这种换位思考能够唤起大多数游客的同情心，使他们萌生对宋导游员的理解和同情。第三回合，周先生依然是瞄着宋小姐“劈”，通过启发她如何正确对待游客和正确对待自己，使那些已经有了悔意的游客们，看到一个十分方便易行的台阶，从而促使他们“从善如流”，自觉而又不失尊严地走过来。宋导游员需要从此事中认真地吸取教训。一方面，一定要以严谨的态度来处理，特别是对于那些影响全局的关键细节，更是不能有一丝一毫的马虎。只有严谨在先，才能防止悔恨于后。另一方面，新导游员对已经发生的错误，对已经出现的损失，对少数的确是素质不高的游客，要以良好的心态来对待。无论是谁，如果有与宋小姐类似的遭遇，不必品评和抱怨游客的素质。一个新导游员，如果总是抱怨游客“竟然会如何如何，怎忍心这样那样”一类的问题，终究是做不好工作的。在这件事情中，因宋导游员伤心落泪而缓和了局面，属于歪打正着，然而宋导游员“领会了周先生的用心，她稳定了情绪、振作起精神，借着作自我批评的机会来做游客的工作”，这个转变，却是自觉作出的正确选择。

【案例 2】游客为何指着菜肴破口大骂

【案情】

秦先生是某市国旅的导游员，同事们都称赞他是一名“很不错”的导游员。对此，秦先生却不以为然，他自嘲说：“不错，那就是合格，不用再加上一个‘很’字。”秦先生认为：作为一名合格的导游员，得有一个好心态。导游员以一种好心态来和游客交往，才能处理好突发的各种大事小情。

拿游客用餐来说吧，虽没有发生过食物中毒一类的大事故，但一点儿小事，也可能导致游客和导游员的严重冲突。游客着急，人家有自己的道理；导游员不能跟着着急。秦导游员说：“3 年前的夏天，我带过一个贵阳的旅游团。那个团的人挺多，游客对游程中遇到的一些小事情，也比我带过的其他游客更爱挑剔和计较。我想，这些游客来自西部，那里的经济和社会发展水平低一些，不能拿他们与东部沿海地区的游客相比，凡事自己应该多担待一点儿。所以，我对这批客人还是比较照顾的。前两天的游程挺顺当，谁知第三天安排客人用午餐时，突然出了事。当时，游客围着 5 张餐桌刚坐好，菜就上来了，我和往常一样，绕着餐桌转了一圈，没看出什么异常，便回到自己的位置上去吃工作餐。我刚刚拿起筷子，突然听到有游客在餐厅里高声叫骂起来，于是又赶紧转回来看看发生了什么事。一进餐厅，我就见到两位 40 来岁的先生站在餐桌旁边，指着桌上的饭菜破口大骂。一起用餐的其他游客都停下筷子，缄口不言，任由这两位先生尽情宣泄。‘这也能算是炒菜吗?!’‘这是人吃的吗？简直像是猪食！’‘你们导游真是黑了心了，竟然安排我们吃这样的饭菜。’这两位先生指桑骂槐，一唱一和，骂声忽高忽低。我赶紧走上前，问他们究竟怎么啦。其中一个留着胡须的先生指着一盘木樨肉，高声对我说：‘你看看，这叫人怎么吃?’另一个戴着眼镜的接过话茬：‘你们竟然拿这样的饭菜来糊弄我们？收了那么多的钱，就让我们吃这些东西?’我看了看那盘已经吃下去一部分的木樨肉，真是感慨良多，要是站在游客的角度说话，这木樨肉的色、香、味、形的确不能说好，然而从游客用餐餐馆的档次来说，又并不是说不过去。事情往往就是这样，公说公有理、婆说婆有理，只是把我们做导游员的夹在中间。有什么办法呢，处理这种事情，能模糊就是真认真。我心里别扭，还得开导游客：出门在外图的是一个好心情。于是，我安排餐厅把每桌的木樨肉都换了，又为每桌另加了一道菜，游客终于安静下来继续吃饭。饭后，那位戴眼镜的先生对我说，他们是心里有火，借题发挥罢了。我问他们火从何而来，游客就七嘴八舌地说起来，有的嫌吃得差，有的嫌住得不好，有的嫌花销不值，有的嫌购物时间太长，总之，都是那些堪称经典的老问题，是我辈导游员拿不起来也消除不掉的。其实，游客并不是要我来解答和解决这些问题，因为他们也知道这并不是我所能解决的。我耐心听完他们的抱怨，他们再听我说一遍‘出门在外图的是一个好心情’的道理，游客的情绪慢慢地好转起来。待到游客上了汽车，他们的情绪已经完全恢复正常了。”

【点评】

面对少数游客的雷霆之怒和火山爆发般的指责，秦导游员能够泰然处之，很有大将风度。这种大将风度并不仅仅是徒有其表，面对突然降临的棘手矛盾，之所以能够处之泰然，自然需要一些实实在在的好手段。秦导游员就拥有这样的好手段。从这个案例来看,秦导游员平息游客的愤怒,第一,是定位准确;第二,是知己知彼;第三,是以诚相待。导游员解决问题,首先,要对问题做准确定位,既要认清问题发生的大背景,又要认清它所处的小环境。你看:"这些游客来自西部","不能拿他们与东部沿海地区的游客相比","站在游客的角度说话,这木樨肉的色、香、味、形的确不能说好",这种认识,从大处着眼,小处着手,把问题定位在一个进退自如的位置上是高明的,既能知己知彼,又能设身处地地为对方着想,这是化解人民内部矛盾的基本方法。如今,人们在饭馆用餐日益成了家常便饭,然而吃这种家常便饭却不像在家里一样好凑合。游客要吃好,饭馆要赚钱,二者还要双赢,自然会有难度。导游员是一个"夹在中间"的重要环节,秦导游员提出的"处理这种事情,能模糊就是真认真",符合实现双赢的大目标,既是原则,又是手段,既好用又实用。秦导游员的"以诚相待",做得很实在:他一面耐心倾听,一面真诚诉说,全心全意地为游客提供力所能及的帮助。难能可贵的是,他并没有抱怨什么,心理活动并没有说出来。我们也知道,团餐只能吃饱,是不能吃好的,须常常告诫游客:吃饱不想家。

【案例3】女游客为何在餐厅叫嚷

【案情】

马先生是一位英语导游员,带团阅历比较丰富,他既接待过外国游客,也接待过中国游客,从客我交往的角度,对接待中外游客的难易程度做了一些比较。马导游员说:"一般而言,接待外国游客的难度要大一些,起码你要讲人家听得懂的语言,也要懂一些人家的历史文化与风俗习惯。可是,外国游客来到中国,对他们来说就是到了异地他乡,所以往往比较矜持,导游员与游客之间彼此客气,产生矛盾的机会也比较少,很少为小事情产生摩擦。

带国内旅游团则不一样，大家是同胞，彼此都知道对方大概是怎么回事，没有那么多的客套，一旦有冲突，直截了当，所以有时候这分寸反倒不好掌握。那年‘五一’，我带过一个安徽旅游团，其中一位女游客为了一点儿不愉快的事情，在餐厅里和我大吵大闹，弄得我很是尴尬，因为那情景要是让不知情的人看了，还以为是我欺负了她呢。其实，事情的起因很简单，游故宫的时候，那位女游客带着孩子去买饮料，结果掉了队。正是节日期间，紫禁城里人山人海，人走丢了一时找不回来也是难免的事情。后来，还是我和全陪组织人把她们找了回来。那位女士可能是受到了惊吓，任由我怎么向她诚恳道歉、细心解释，她就是不能原谅。游客是心里一股气儿，外表一股劲儿，表里呼应，仿佛这件事怎么也过不去了似的。吃中午饭的时候，大概是越想越生气，菜刚一端上来，还没等同桌其他游客动手，她便突然站了起来，愤愤不平地说：‘不吃了，不吃了！我咽不下这口气！’接着，她拉起自己的孩子，绕开餐桌，站在餐厅里叫嚷起来。我赶紧跑过去，问她有什么要求。可这位女士根本不理睬我，只管面向众人高声讲述她上午在紫禁城里走失的‘遭遇’和‘感受’，诉说自己一个多小时都没找到队伍，大人急、孩子哭，叫天天不应、叫地地不灵，直到最后讲得声泪俱下，泣不成声。这些其实也是其他游客已经知道了的事情。但是当时在餐厅里用餐的人，并不都是我们这个旅游团的，许多人停住筷子在听她的讲述，有些人对她很同情，也很为她捧场。其实，我也是很同情这位游客的。可经她这么一闹，餐厅里的秩序立刻就乱了套。我劝那位女士先照顾孩子吃饭，有什么事等吃完饭再说不迟。可是她正在气头上，一时劝不住，我只好一面硬着头皮听她宣泄，一面悄悄地候在旁边，以免她在气急败坏之下不当心伤了孩子，结果我也没能吃好饭。令我感动的是，我们那个旅游团里没有一个客人跟着起哄。过了一会儿，那女士的火气消了,也许是闹累了,反正高潮总算过去了。我赶紧动员了几个能和那位女士说上话的游客过去劝解,那几个游客早就觉得此人已经闹得没边儿了,趁她哑了火,立刻上去劝其回座。那是我做导游员以来遇到的最没面子的一件事了。许多知道这件事的朋友,直到今天还不时和我开玩笑。说实话,咱可没跟那位女游客计较,自始至终都没因为她大耍脾气而怠慢了她们娘儿俩。”

【点评】

马导游员做得对,临场冷静,应对得也不错;他对得起那位女游客和她的孩子,更对得起全团的游客。这段故事,为“小不忍则乱大谋”这句老话做了新的诠释。导游员与游客交往,要练好两项基本功:一项叫做“引导”;另一项叫做“克制”。导游员对游客,主要是发挥“引导”的作用,这里暂且不谈。单说这个“克制”,你只要仔细揣摩一下马导游员叙述这个故事时所发的感慨,听一听他的弦外之音,品一品他的话中之话,就不难想象其影响和难度。马导游员关于中国游客和外国游客的比较,确实是经验之谈。新导游员应该对此认真思考一番。接待国内游客,导游员更需要善于克制自己的心理和情绪。中国是一个古老的国度,有无数好东西,也有一些不好的东西。有些不好的东西还很古怪,单独来看,它也并非不好,可是一旦和特定的条件撞到一起,就变得不好了。比如,“好男不跟女斗”,马导游员做到了,但是他偏偏撞上了一个耍脾气跟他一点儿不见外的女游客。这件事情可就不容易说清楚了。一方可能觉得事情小到了不值得解释,一方却能为此从“声泪俱下”一直闹到“泣不成声”,事情的蹊跷也正在于此。在中国,俗话说“一物降一物,卤水点豆腐”,在旁观者观察、思索的时候,总习惯透过这些表面现象,多问几个为什么。这多问的“为什么”左右着人们的心理和舆论的走向,形成了一种让人无可奈何的力量。于是聪明人做事多有忌讳。他们往往在人们多问那些"为什么"之前，就早早地避让开了，这就是"难得糊涂"这句话为什么在中国总有市场的一个原因。新导游员对此可要谨慎对待。

【案例4】小肚鸡肠的地陪

【案情】

导游员小王接待一个入境旅游团，其中一天晚上，安排到北京全聚德和平门烤鸭店吃烤鸭。当天下午，小王在带领游客参观完天坛后，驱车前往和平门烤鸭店。由于刚刚参观完天坛，许多游客表现出疲惫的样子，再加上早上去琉璃厂参观购物时，小王与团队中的一位游客发生了小的不愉快，所以，小王没有进行沿途的导游讲解，而是一直在与司机聊天。

到达和平门烤鸭店后，小王将客人带至就餐大厅。客人落座后，小王与餐厅服务人员简单交接后就去司机和陪同人员餐厅用餐了，且在用餐过程中再没回到游客这里照顾游客。然而，团队中有两位游客是素食主义者，在来餐厅之前由于对北京传统风味食品——烤鸭缺乏了解，也没向导游员提出额外的要求，但在就餐过程中，由于不适应餐饮，当其他游客用餐时，这两位游客一直在餐厅外边闲坐，饿着肚子没用餐。

用餐结束后，小王从司陪餐厅出来，看到两位游客没用餐，只是简单地询问了一句，也没有做更多的处理，待其他游客用餐完毕后，就直接带领游客去天桥看京剧表演了。

事后，旅游团中的游客针对小王的服务向旅行社提出了投诉。

【点评】

在此案例中导游员有以下几点做法是不符合导游服务规范的：

（1）在前往和平门烤鸭店的途中，一直在旅游车上与司机聊天，而没有为游客提供导游讲解服务。

(2)对与游客发生的不愉快耿耿于怀。

(3)用餐过程中没有再到游客餐厅照顾游客用餐，导致团队中的两位素食主义游客没有用餐。

(4)在出现问题后没有想办法解决问题，不顾游客没有用餐的实际情况，直接带领团队观看京剧表演。

【案例5】西餐赢得全团喝彩

【案情】

全陪小熊和一个来自德国的旅游团坐长江豪华游船游览长江三峡，一路上相处十分愉快。游船上每餐的中国菜肴都十分丰盛，且每道菜都不重复。然而，一日晚餐过后，一游客对小熊说："你们的中国菜很好吃，我每次都吃得很多，不过今天我的肚子有点想家了，你要是吃多了我们的面包和黄油，是不是也想中国的大米饭?"旁边的游客也笑了起来。虽说是一句半开玩笑的话，却让小熊深思了。晚上，小熊与游船上取得联系，说明了游客的情况，提出第二天安排一顿西餐的要求。第二天，当游客发现吃西餐时，许多人兴奋地鼓起掌来。

【点评】

这是一次对游客超常服务的成功案例。全陪小熊的妥善安排给导游员一定的提示，即导游人员在对客服务时，应时时考虑到游客的饮食习惯。在游客含蓄提出换餐要求后，导游人员要尽量与餐厅联系，看是否可行；如需增加费用，应征求游客的意见。

【案例6】遇到中毒事件莫慌乱

【案情】

新导游员小朱带了一个来自北京的18人旅游团。第二天下午在行车途中，游客李先生突然对小朱说他身体不适，正当小朱了解情况时，又有六七位游客说不舒服，而且表现的症状极为相似。小朱一打听,原来这几位游客在上午的游览中都吃过李先生从一小贩处购买的油炸食品。导游员小朱面对突发事件,一时不知所措,迅速报告了旅行社,并在旅行社的具体指导下,将患者及时送往医院,使病人得到了有效的救治。

【点评】

从几个人的症状分析,可初步判断这几名游客可能是食物中毒。食物中毒的特点,是许多人同时发病,病状相似,病情急、发展快,有食用某种食物的历史。

这时,小朱立即向旅行社报告,并根据指示请司机把患者及时送往医院,途中又设法帮助游客催吐,并请领队、全陪协助,尽量让患者将有害食物全都吐出来,还在催吐的同时让患者多喝水以加速排泄、缓解毒性。到医院抢救后,请医生开具诊断证明。小朱是个新导游,遇到游客中毒事件,一时不知所措有些慌乱,实属正常,但她及时报告并根据指示迅速采取有效措施,使患者安全脱险的做法是正确的。

【实战演练】

1. 游客在餐馆用餐,导游员该怎么办

按旅行社的一般安排,除早餐在原宾馆用餐外(当然也有个别旅游团是在外面用餐的),其余的中、晚餐都在宾馆外面不同的餐馆用餐。因此,导游员在不同的餐馆用餐时,除介绍该餐馆的不同特色和风味外,其余的操作程序基本是相同的。

游客在用餐时,由于年龄、性格等原因,一般都会出现食速有快有慢的情况。在此期间,导游员要遵循"不要催,让游客安心吃饭"的原则,但同时也要考虑到,由于受游览时间和活动内容的制约,游客总的用餐时间,要看当时的情况而定。

游客抵达餐馆后,导游员首先要请餐馆服务人员安排好游客

席位，然后介绍洗手间的位置。在开席之前可适当讲解一些中国的饮食文化（对欧美游客要教他们使用筷子的方法），也可介绍该餐馆的菜肴属于哪个菜系，特色何在等。

游客在用餐时，导游员起码要巡视两次，看看餐馆提供的菜肴是否符合旅行社规定的质量标准，问问游客对菜肴的咸淡是否满意等。一旦发现问题要及时解决，不可等到游客站起身，不愿吃，那就为时过晚了。

除晚间没有安排活动时，游客品尝特色风味餐的时间可以宽裕些外，从目前的实际情况来看，一般早餐约 45 分钟，午、晚餐为 75 分钟左右，为了确保饭后的游览活动，导游员均须在饭前向游客讲清用餐时间，让游客于饭后喝点茶、休息一会儿或让他们上洗手间。然后，导游员要与餐馆办理结账手续。离开餐馆前，要特别提醒游客不要忘记自己随身携带的东西及衣服等。

值得一提的是，导游员自己在吃饭时要抓紧时间，做到吃得快、吃得好、吃得饱，这些事情虽属无奈，但都是为了工作的需要。

2. 游客要求自己点菜，导游员该怎么办

游客自己点菜的原因大概有这么几条：

(1) 旅游团队的饭菜不合自己的口味。

(2) 自己喜欢吃感兴趣的菜肴及特色风味。

(3) 与同桌的团友有意见、闹矛盾。

(4) 想换个环境，体现身价，等等。

根据上述原因，首先，导游员要问清游客自己点菜的原因。然后，可针对不同原因采取不同措施。一般来说，游客若坚持自己点菜，导游员要耐心解释，旅游团队餐是按照协议和旅行社的规定按标准提供的，若游客自行点菜用餐，不但餐费自理、综合服务费不退，而且旅行社也将受损失。与此同时，导游员要协助餐厅服务员为此类游客另作安排，并在餐间关心他们的用餐情况。

3. 游客临时提出由中餐改西餐,导游员该怎么办

游客临时提出由中餐改西餐的原因一般有如下几种:

(1)所到饭店感觉不佳。

(2)游客想换换口味。

(3)兴趣突发而致等。

面对游客临时提出的要求,导游员要尽快与用餐单位取得联系,协商满足游客要求的可能性。若用餐单位方面提出有难度或各种原因不允许,那么,导游员要向游客做好耐心的解释工作,并在解释过程中加以“婉拒”,同时积极地向游客建议,改日或当天的下一顿改用西餐等。

若游客坚持要由中餐改西餐,一方面,导游员须告知他们,自己点菜的同时,要补偿团队餐的违约金及折价部分的损失。另一方面,不可忘记提醒游客饭后游览时间和活动内容,不要因改餐而耽误了游览活动。

4. 游客之间闹矛盾提出分餐,导游员该怎么办

游客之间闹矛盾提出分餐的原因有多种:一是游客之间有意见;二是部分游客看不起另一部分游客;三是游客之间性格脾气合不拢;四是个别游客生怕吃亏,等等。游客提出要分餐的事情在旅游途中时有发生。问题的关键,是导游员要及时做好思想工作、采取相应措施,防止游客之间的矛盾进一步恶化,影响整个旅游行程计划的实施。

游客提出要分开用餐,这实质上是给导游员敲响了警钟,预示着旅游团队出现了矛盾,导游员要引起足够的重视。对于游客所提出的要求,首先,要了解其原因,做好耐心细致的说服、解释和教育工作。若游客坚持自己的意见和态度,导游员则可请领队出面调解、协商,或者自行解决矛盾,也可在旅游团队内部调整,重新安排游客的用餐座位。

俗话说,“一人向隅,举座而不欢”。一旦发生此类事情,一般说,导游员还是及时调整游客用餐座位为好,免得出现“不欢”的局面。但导游员必须提醒游客,根据合同规定,分餐后原定的综合服务费及用餐费不退,分餐费自理。

若是导游员所带的旅游团是国内游客,他们又坚持分餐,其他游客也不愿调换座位,那么,导游员则可与餐厅联系,让他们按标准单独用餐。

5. 游客提出送餐服务要求,导游员该怎么办

提出送餐服务要求的游客,绝大部分是上了年纪的老人、体弱多病者,或是在旅游过程中不慎摔伤及突发病症者。这些游客在生活上发生了困难,请求导游员帮忙是在情理之中的。作为导游员有这个义务帮助他们解决生活上的困难。

首先,导游员要和宾馆服务总台或餐饮部取得联系,并询问有无送餐服务。若有,导游员要问清送餐服务费是多少?因为,这些都需要让游客了解,以便在宾馆提供送餐服务时游客能够主动付费(或采取统一结账的方式)。如果该宾馆没有此项服务,导游员便需主动与宾馆餐饮部联系,请他们事先做好准备,到时候由导游员亲自为游客服务。

第六单元

购 物 篇

【导读摘要】

旅游购物，是旅游过程的延伸和物化，对丰富旅游内容、提高旅游目的地形象、增加旅游收入、扩大社会效益都有着极其重要的作用。本单元通过介绍导游员带团购物原则、购物禁忌、购物技巧，以便使新导游员能够熟练掌握购物规范，减少游客投诉现象的发生。

【专题讲座】

在旅游活动中，人们每到一地，除参观游览景点、品尝特色风味外，游客都希望能购买一些特色商品以作纪念或回家后馈赠亲友。但除少数游客是以购物为旅游主要目的外，对大多数游客来说，购物只是一项附带的活动。许多外国人在中国的小城镇，都要买点小物品，但后来大部分又被弃掉，问他们为什么？他们说购物是接触当地人、了解当地人的好机会，他们特别说明，同当地人“讨价还价”，其乐无穷，购物过程所获乐趣，甚至胜过所购物品本身。大家可能都有这样的体会，看看自己在旅游地所购买的小物品，回忆起当时的游览和购物情况，往往可以记起许多美好的往事，令人愉快。所以，可以这样讲，购物是游中和游后的一大乐趣。

作为导游员，在导游服务讲解过程中向游客介绍当地的风物特产是其本职工作。在实际导游服务中，涉及旅游购物时，要做到思想重视、态度积极；熟悉物品、热情服务；了解对象、因势利导，掌握购物原则。

一、购物原则

（一）依法引导游客购物

购物，是旅游活动六大要素中的一项，同时也是游客的旅游动机之一。做好游客的购物服务,能更全面地让游客满意。导游员在带团过程中要正确处理好参观游览活动与购物之间的关系,绝不能因购物而影响游客在景区(点)的游览活动。在安排购物活动之前,要征询领队及游客的意见,尽可能地尊重游客合理而可能的要求。如果游客主动要求购物,导游员要在不影响游览行程的前提下,尽量予以安排。

在向游客提供购物服务时,导游员要遵循的服务原则,是既要让游客购物,更要让游客购物后称心如意。导游员的购物服务必须建立在游客"需要购物、愿意购物"的基础之上。

(二)时刻维护游客利益

和地陪导游相比,全陪导游员因自始至终和游客在一起,感情上更融洽一些,也更能赢得游客的信任。因此,在购物等方面,游客会更多地向全陪导游员咨询,请全陪帮忙拿主意。在这种时候,全陪一定要从游客的角度考虑,时刻维护游客的利益,结合自己所掌握的旅游商品知识,为游客着想。

例:导游员老吴和旅游团正在开往购物点途中的旅游车上

旅游团成员:导游员,请介绍一下中国的陶瓷好吗?

吴:好的。陶瓷,是陶器和瓷器两者的统称。通过陶瓷产品,人们能对中国手工艺术有所了解。

总的来说,陶瓷产品可分为两类:实用品和艺术品。它们能做成餐具、茶具、花瓶和花盆等实用品,或做成人物肖像和飞禽走兽等摆设品。

景德镇是陶瓷制造业历史悠久的城市,驰名国内外。其陶瓷产品工艺精细、图案丰富、造型精美、色彩迷人,赢得全世界的赞誉。以薄胎瓷为例,薄如蛋壳、轻如鸿毛、洁白如雪。

湖南醴陵的瓷茶具、餐具和广东的广彩瓷器也以色彩艳丽、造型独特而出名。此外,山东淄博的白陶看起来像是瓷器,也非常受人们喜爱。

唐三彩陶器发明于1300年前的唐代。起先，多数陶器只用了红、绿、白三种釉彩，因而得名。唐三彩陶器有“东方艺术明珠”的盛誉，西安和洛阳是该产品的出产地。

宜兴的紫砂陶器，是用本地特有红黏土做成的，虽然色彩单调了一些，却具有较高的实用价值。

由于做工精致，一些中国的陶瓷艺术品曾被作为礼物馈赠给许多国家的高级领导人。陶瓷艺术是中华民族的骄傲……

（导游老吴和旅游团成员玛丽正在瓷器柜旁）

玛：吴导，那些是景德镇的瓷器吗？

吴：不，不是瓷器，它们是山东省淄博县的白陶。它们看起来像瓷器，我请营业员拿来让你看看怎样？

玛：不，谢谢。我要看景德镇的瓷花瓶。

吴：服务员小姐，这位女士想看一看景德镇的瓷花瓶。

服：好，请上这边来（对玛丽说），您较喜欢哪个花瓶呢（指着橱窗里的瓷器）？

玛：喔，请给我看看那个白底蓝花的。

服：行（拿出花瓶）。这是一种薄胎瓷。它的瓶壁比蛋壳还薄。瞧，它有多轻呀！

玛：妙极了！这图案是“双龙夺珠”，对吗？

服：对极了，这是中国传统的图案。

玛：好，这一个我买了。

……

（瓷工王先生和一位美国教授史密斯先生在谈论中国的陶瓷艺术。导游员老吴在一旁进行翻译。）

史：我明白了，陶器和瓷器是用不同的原料做成的，我指的是用不同的黏土做成的。

王:还要经过不同的制作工艺。您可知道中国有许多著名的窑,如,浙江省“哥窑”,造的是一种裂纹釉瓷,河北省“定窑”,造的则是白瓷。

史:陶瓷品种极为丰富啰?

王:是的,就我所知,陶瓷可分为两类:一类为瓷器,包括青瓷、白瓷、薄胎瓷、裂纹釉瓷等;另一类为陶器,包括彩陶、釉陶、紫砂陶等。

史:据说上乘陶瓷品的色泽是永不退色的,对吗?

王:对。不会退色的。中国陶瓷工业在世界上享有盛誉。您知道,你们大学里的威廉教授去年来中国时参观了北京故宫博物院。那里展出的200多件宋、明、清三代的陶瓷器艺术珍品,让他流连忘返。那可是世界上最珍贵的无价之宝啊!

史:的确是无价之宝!非常感谢你的介绍。哦,我希望什么时候也能去那里参观一下。

王:好主意,史密斯教授,故宫博物院是值得参观的。

(三)做好游客的贴心导购员

事实上,购物是每个游客必不可少的一项活动。任何一个游客,都会以极大的兴趣,在异国他乡购买他们所喜爱的工艺品或名特产品。但是,他们又都缺乏对产品的了解,加上时间仓促,如果没有导游员当好顾问,是很难称心如意的。如果游客买了不称心的物品,即使回到家里,也会直接影响“美好的回忆”这个完整的旅游产品形象。因此,当好游客的购物顾问,时刻维护游客利益,无疑是导游员在完成旅游产品过程中不可缺少的一道程序。

强调当好游客的购物顾问,并不是要导游员做推销员,而是强调向游客客观介绍一些货真价实的旅游纪念品和名特产品。

二、购物心理

在旅游市场千变万化、日新月异的今天，旅行社对“以质量求生存，以效益求发展”的管理模式普遍引起高度重视，而导游员就承担着为旅行社在困境中发展而排忧解难的责任。他们在接团过程中，既要注重社会效益，又要搞好经济效益，无疑必须提高购物促销的能力。而导游购物促销能力的提高并非易事，理论与实践相结合固然重要，而不断学习、深入实践、反复总结就更显必要。现浅谈以下三种新的购物促销方法，与广大导游人员共同探讨。它们是：

- 当顾问，不当推销员；
- 当参谋，不当旁观者；
- 当朋友，不当局外人。

如果真正做好了以上三个方面，我们就能让游客在购物过程中感到“开心、放心和满意”，从而实现“热心做导游，开心创效益”的期望。

（一）当顾问，不当推销员

当好游客的购物顾问，是导游员在完成旅游产品过程中不可缺少的一道工序。我们之所以要强调当顾问，而非推销员，就是要设身处地为游客着想，维护游客在购物方面的消费权益。导游员须尽到地主之谊的责任，向游客介绍一些货真价实、值得推荐、有地方特色的旅游纪念品和名优土特产品。

例如，北京的一些导游员颇具知识性地介绍：景泰蓝是北京传统的工艺美术品，传说因此品在明景泰年间广为流行，且当时的制品以蓝釉为最出色，故名“景泰蓝”。景泰蓝产品制作工艺复杂、精细，用料昂贵，成本较高。主要制品有瓶、盘、罐、盆等，以陈列装饰为主。

桂林的导游员说到西瓜霜,也是从实在、有效的角度去介绍:西瓜霜,是国内首创的口腔咽喉圣药。它是根据民间秘方并采用现代科学技术精制而成的复方中成药,具有清热解毒、消炎止痛的功效。主要产品有喷剂、喉片、胶囊等,现已发展到西瓜霜第五代产品,既不含铅、汞,无副作用,还能迅速有效地抗炎、止痛,消除咽喉口腔之火。

新疆导游员也是从当好游客顾问的角度,概要而又真实地介绍雪莲。首先,强调雪莲只治一种病,就是风湿和类风湿关节炎;其次,强调雪莲一定是要生长在4800米雪线以上的才有这种药效,只有"高山雪莲"才是正品。高山上海拔高、气温低、常有雪崩和冰缝,雪莲极少,5年才能开花。

另外,在涉及民间工艺品和当地名优土特产品促销时,导游讲解应深入浅出,注意文化品位及产品的真实性。如,我国的民间工艺品,在某种程度上对游客更有吸引力。其制造者主要是各民族的一般艺人。他们的作品是按照自己的生活方式、自己的审美习惯,根据自己的经济条件,使用自己的生产方法制造、生产出来的。所以,他们的作品具有鲜明的民族性、地方性、装饰性和趣味性。民间工艺品广泛应用于实际生活中,大体有窗花、门笺、墙花、顶棚花、灯花、喜花、剪纸、泥塑、面塑和风筝等。另外,我国名特产品、民间工艺品的种类很多,可以说是丰富多彩、琳琅满目。像中国丝绸、鞋帽、刺绣及近年来兴起的中国结和各地的土特产品等,都从不同角度显示出了自身的特色。由于这类产品种类繁多,我们可以向选购的游客提出选购标准,那就是"三性兼备",即:所购物品最好同时具有纪念性、艺术性与实用性。像这样客观地介绍产品的特性,把买卖关系建立在自觉自愿的基础上,当好顾问,不当推销员,从而使游客感到没有任何被劝购的压力。

(二)当参谋,不当旁观者

导游员在为游客提供了优质服务、取得了游客的好感和信任后,带团进入定点或景区购物摊点购物时,应用平时所掌握的有关商品知识,主动当好游客的购物参谋,设法将游客的潜在购物需求转化为现实的购物需求。"日久生情",购物时,游客相信已相处一段时间的心目中的好导游,绝对远胜于相信刚刚见面的一心推销商品的购物点的导购员。

【案例1】

在桂林的一家土特产品商店,当导游员发现游客对沙田柚感兴趣时,就以参谋的身份主动对客人说:"你们喜欢吃甜些的还是带点酸味的?我教你们。如果喜欢吃甜的,就挑脖子长长的;如果喜欢吃带些酸味的,就挑脖子短短的,甚至根本没有脖子的。"游客开始不信,但经现场破开几个脖子长短不同的沙田柚试吃,结果十试九应,于是大家都赞扬这位导游员有水平。

【案例2】

在苏州及杭州的一些定点丝绸店里,我们常见到一些翻译导游员颇有耐心而又非常有经验地说道:"真丝布料做成的围巾、T恤衫、睡衣,透气性好,穿着舒适,对皮肤也有一定的好处,因为真丝含有蛋白质成分。而人造丝是用化学纤维提炼而成,成本低廉,所以价格较便宜。由于人造丝织品不透气,对皮肤没有好处,一些皮肤容易过敏的人穿后还会出现红斑、红点。而真丝织品是天然的,不必有过敏之忧。同时,蚕丝被有四大特点:第一,舒适;第二,保健;第三,冬暖夏凉;第四,方便打理,经久耐用。由于它有透气作用,故此,可预防风湿、关节炎等症。另外,对于容易动脉硬化的老年人来说,也具有一定软化血管的作用。因此,我们称它为保健被。"

【案例3】

广西的导游员在向游客介绍南珠时,简明扼要,很到位,能令游客信服。他讲解道:“由于受海洋气候的影响和调节,加上南珠生长的海洋环境独特,相对于东珠、西珠和所有的淡水珠而言,有着许多的优势:第一,南珠的颗粒圆且大,其光泽、形态、颜色等各方面综合起来,均属优异;第二,南珠从来不用打磨、抛光,保持着一种自然美;第三,南珠抗酸碱、抗汗水腐蚀的性能比较强,宜于保存;第四,南珠的药用价值高,其性寒、味甘咸,对轻度甲亢、咽喉炎、扁桃体炎、妇科炎症有明显疗效,具有安神镇惊、清热宜阴的功效。

至于对真假珍珠的鉴别,可通过简单的人工摩擦法、燃烧法和水凉法等简单、易行的方法测试。”

纵观以上案例,我们不难看出:导游在购物促销过程中要想取悦游客,当好购物参谋,别无捷径可走,只有平时多积累当地有特色的、颇受游客青睐的名优土特产知识,即我们常说的:做导游要“上知天文地理,下知鸡毛蒜皮”。如,云南的导游员就要学习翡翠、玉石的鉴别;北京的导游员要学好景泰蓝的知识;杭州的导游员要学好绸缎的鉴赏;东北的导游员要学好人参的挑选;桂林的导游员要学好西瓜霜的介绍,如此等等,不要一问三不知,答非所问,让客人鄙夷。

(三)当朋友,不当局外人

在购物促销过程中,我们只有始终保持以游客为尊、视游客为友的良好服务心态,才能做好导购工作,正如儒商所崇奉之:“暴雨片刻,细水长流”的经商之道。去过新疆、买过雪莲,回家后治好了多年不愈之症的一位游客,写信感谢他的导游员说:“我现在是多么怀念和感谢那位视我们为朋友的好导游啊!他带我们去了一个真正的好药店,买到了货真价实的雪莲。说实话,雪莲再贵几倍,导游员再多拿一些回扣我都不在意,只要真是好东西。”此信虽短,读来感人。导游员只要一心为客人着想,实话实说、实事求是地向客人促销讲解，当那些有需求的游客自觉自愿地买到货真价实、称心如意的商品时，他们便会从心里感谢导游员的促销。这种效果犹如春秋时鲁国武士曹刿论战中提到的："不伤一兵一卒能大获全胜，方为至高境界。"在此，请导游们一定记住：视游客为朋友，真心实意，并向游客介绍一些购物的小窍门，如：

(1)以地方特色为取舍。因为地方特色商品，既具纪念意义，且为正宗，又有价格优势，可以馈赠亲友。

(2)以小型轻便者为首选。有些特色商品体积笨重庞大，随身携带很不方便，不宜购买。

(3)切忌贪图便宜。在某些风景区，经常可见有兜售假冒伪劣商品的，游客可要经得住价格和叫卖的诱惑。

(4)相信自己的判断。过去市场很混乱，现在市场较规范，大部分导游员都能遵守职业道德，不会带游客去非法购物点。

在购物促销过程中，把游客视为朋友，科学、合理地引导游客消费，要热情友好、有始有终，切忌讲景点马马虎虎，讲购物眉飞色舞。以下几点可供参考对照：

(1)优质服务，有始有终。

(2)购物促销，讲解适中。

(3)真假鉴别，绝不说空。

(4)进店安排，灵活轻松。

(5)帮助讲价，力争说通。

(6)帮助选购，再立新功。

(7)遇有问题，不装哑聋。

(8)视客为友，学习雷锋。

愿以上方法对广大导游员在购物促销方面有所帮助，而要找到更为有效的方法，还需要在实践中去不断摸索总结，毕竟"实践出真知"嘛。

三、购物技巧

(一)如何帮助游客制订一个"购物计划"

中国人有个习惯,叫"穷家富路",就是说,在家里日子可以过得俭朴些,钱可以节省些;而出门在外,则须多带些钱,以备急需。这些老百姓根据长期生活经验总结的谚语,是很有道理的。当然,在旅途中,见什么买什么,归来一看,买了很多无意义的东西,以后又丢掉,结果也会造成浪费。我们常见一些外国人到商店后,拿出个小本本,本内记有应购些什么,他们称之为"购物计划"(Shopping Plan)。根据外国人的做法,建议导游员帮助游客制订一个"购物计划",以免造成浪费。当然,偶尔也有这种情况,突然见一物件,真是"一见钟情"、"爱不释手"。在这种情况下,适当突破计划,买件心爱之物也很值得。在订计划时,导游员应让游客对旅游商品有个起码的了解,一般而言,旅游商品有下列几类:

(1)旅游工艺品。如,饰物、手编、民间工艺品等。

(2)旅游纪念品。如,带有当地景观的小型纪念品,像泰山手杖、长城纪念章等。

(3)文物古玩,民间收藏。

(4)土特产品。如,贵州茅台、云南白药、东北人参、苏杭丝绸。

(5)旅游食品。

(6)旅游日用品。了解有哪些可购之物后,就可根据游客的爱好和财力,协助制订一个小计划,其内容应以纪念品和土特产品为主。

(二)帮助游客选购"唯此地独有"的产品

什么叫"唯此地独有"呢?就是一离此地就买不到的东西,有时即使“样子”一样，内容和味道也不一样了。这就是人们常说的“正宗”和“一招鲜”，或“绝活”了。一位老导游员对此颇有感触：他从小在天津长大，后来一直在北京工作生活了30余年。按理讲，京津两地距离不远，但一些小吃的味道就是不一样。从小在天津，爱喝天津的豆浆、豆腐脑，爱吃锅巴菜、煎饼、果子和麻花。后来到北京，30多年没见北京有锅巴菜出售，豆浆、豆腐脑，质量和水平也比天津相差甚远，而煎饼、果子和麻花，就是没有天津做得“那个味儿”，做得不那么正宗。后来久居北京，再回天津，而天津的萨其马、豌豆黄、果脯、酱菜，是无论如何也比不上北京的好吃，这就叫“一方水土养一方人，一方水土出一方产品”。尽管现代经济社会如此发展，但是地方特有产品是难以改变的。所以，我们要吃“特产”，购“特产”，享受、享用“唯此地独有”之物品。这里不妨为游客参谋一下。北京：你若在京华旅游，烤鸭、涮羊肉、仿膳宫廷菜一定要品一品，果脯、酱菜，特别是六必居的，还有王致和的臭豆腐和同仁堂的中药，是一定要买一点的。天津：狗不理的包子一定要吃，十八街麻花一定要买。上海：鸡肉汤包、三黄鸡、鸡鸭血汤一定要尝一尝；丝绸织品、工艺品、小日用品、五香豆一定要买一些。重庆：火锅、板鸭一定要吃，金钩豆瓣酱一定要买。武汉：武昌鱼、热干面、鸭脖子一定要品尝，还可以带一些回去。此外，如沈阳的老边饺子、苏州的松鼠鳜鱼、杭州的龙井虾仁、兰州的牛肉拉面和白兰瓜、桂林的尼姑面和三花酒……都是些“唯此地独有”的小吃，是非品一品不可的。另外，各地特有的小玩意儿，如，小石雕、竹木料雕花也应买一点儿，作为旅游纪念品。

（三）帮助游客了解应该购买哪些旅游纪念品

作为旅游纪念品的“五大要素”，一般来讲，所谓旅游购物品，在形式和内容上要具备新、奇、优、美、廉的特征，同时，适当考虑实用性和便于携带。在精神上,能满足游客的纪念、欣赏、赠送和收藏等精神需求。这些是产品的特点和要求,那么,作为购买者则应抓住如下特点:

(1)"小",这是西方游客和大多数游人购物的第一关注点。首先,"小",就便于携带,要知道,旅游时行李是越小、越轻越好的。"小",一般和精巧连在一起,制作人一般在"小"件上都更下工夫,从而达到"小巧玲珑"的效果。一般小件物品,都会引起人们的喜爱。

(2)"土",就是有地方特色、民族特色。有点儿原始味道,能引起人们对往昔生活的回忆。

(3)"巧",是指物品的构思。就是要看构思是否巧妙、是否独特、是否有"创新"意识而不落俗套,是否让人一看,就有一番惊喜。

(4)"异",是指异地他乡的产品,平时很少见到。"异"能反映当地制作者的文化、思维和独特价值观。

(5)"纪",就是纪念性。日后多年,一见此物,就想起当年旅游的状况。除了注意以上5个特点外,还应注意些什么呢?

- 物品的文化内涵。
- 物品的育人作用。
- 物品的信息含量。
- 物品的引人联想。
- 物品的美妙程度。

(四)教会游客"购物避免上当法"

有位老导游员在这方面做得很好。他的一条经验是向游客介绍购物的原则,其一叫"少买吃的,多买用的"。他说,一些游客旅行回来,真是满载而归。但几个月后就发现,所购吃的物品很容易变质,不得不扔掉。有的刚一到家就发现所购食品已经不能吃了，后悔不迭，但一些用的东西，大部分都能派上用场，小扇子可以用、痒痒挠可以用，其他纪念品，时间过得愈长价值愈大，每每拿出展示给友人，总能带来些愉悦。其二，坚持“三要”与“五不要”。他常向游客讲：旅游时，因时间仓促，来不及仔细挑选，所以，非常容易上当、被骗。另外，许多中国人有个毛病，就是干什么事情都有个“从众心理”，看到别人买某种东西，不管自己需不需要、喜欢不喜欢，一哄而起，就跟着买。这种情况下，往往最易给奸商提供搞骗术的机会，而游客也最易上当。所以，建议大家不论买什么东西，都要“主意自己拿”。具体讲，“三要”，是要买自己喜欢的物品，不“从众”；要让商家开“发票”；贵重物品一定要有“合格证”。“五不要”，是在旅途中不要买贵重物品，不要买金银物品，不要买珠宝玉器，不要买大件物品，不要买海鲜水产品。说实在的，这些东西在专门的商行、大型商店中一般都有出售，待平时有充足时间时，再仔细挑选购买也不迟。

（五）让游客消费在明处

众所周知，在当今“零（负）团费”组（接）团模式下，门票和购物回佣已成为不可回避的现实。某海南导游员说：“这是一个大气候，不是某一人或几个人能够扭转的。政府正在努力，相信以后会变好。眼下我能做的，就是通过自己的服务，让游客明明白白地消费。”这样，游客也许还会配合你的工作。

该导游员进一步说明其观点：“海南这么多好东西，当然不能说一提消费、购物，好像就都有了毛病。三亚潜水呀、黎苗歌舞呀，还有水晶、珍珠，数不清的热带水果呀，哪一样不是世界一流的好东西？大可不必谈消费、购物而色变。”她认为，把握三点就行：一是不能骗人，商品不能有假，得是真的。珍珠不能是贝壳粉、水晶不能是打磨的普通石头。二是不能欺诈，价格要合适，不能漫天要价，就地还钱。漫天要价的永远是强势，就地还钱的永远是弱者。三是游客自愿，再好的东西，也得是游客自愿掏银子呀。

总之，让游客心甘情愿地掏出银子购物，是需要导游提供优质服务的。

四、购物禁忌

（一）强迫游客购物的危害

首先请看一则案例：

一新加坡旅游团在N市由地陪导游员王小姐接待。某日午后，游完一座佛教寺院，王导向大家介绍本地一家新开业的珍珠馆，她说："店主是我的好友，保证价廉物美。"在珍珠馆，团队中的朱女士对标价4000元的珍珠项链发生兴趣，王导立即介绍识别真假珍珠的方法，并为其讨价还价，最终以900元成交。16:40游览某景点时，因景点即将关门，大家匆匆摄影后即离去。在返回饭店途中，数名男士提出去书店购买中国地图，几位女士则希望购买中国烹调书籍，王导表示可以安排。

次日出发前，朱女士手持前日所购项链，要求王导帮其退换，说："一内行人认定这是残次品"。王小姐表示不可能退换。上午结束参观后，她又带领全团去一家定点工艺品商店，许多人不感兴趣，只在车中坐着，王小姐恳求说："大家帮帮忙，不买东西没关系，进店逛一圈也可以。"于是，一些游客才不情愿地下车、进店。13:30赴机场途中，数名游客又提起购书一事，王导说："没有时间了。"一周后旅行社接到新加坡组团社发来的传真，申明该社今后若有旅游团赴N市，不能由王小姐带团。

从这个案例我们不难看出，强迫游客购物、多次购物给旅行社和导游员本身所带来的危害。

(二)带领游客购物要看对象

导游员在带领旅游团购物时,要看对象下菜碟,如果是医生团,你最好不要带领游客去购买中药材、保健品等;如果是教师团,你最好在带团购物前说好停留时间,并且最好去那些价位不要太高的购物点购物。

(三)购物时的注意事项

(1)在整个导游服务过程中,无论是景点讲解还是购物讲解,对待游客态度要前后一致,都应做到细致周到。导游讲解的内容及态度不能以是否能给自己带来"好处"而有所区别。

(2)介绍特产要与相关景点知识的讲解相协调,不能因推销商品而讲解,更不应刚讲完马上就带游客购物,这样容易引起游客的误会和反感。要做到引导购物,舆论先行。

(3)自己要掌握一些鉴别商品的知识,并适时教给游客。同时,教游客一些在购物过程中防骗的方法,以诚信为本。在导游服务中,导游员要通过自己丰厚的知识底蕴、灵活的讲解技巧、真诚的服务态度赢得游客的信任,这样才能做好购物服务工作。

(4)在讲解商品时,除介绍特色和优点外,千万别忘了要讲解产品的缺点。任何一件事物都不可能是十全十美的。在讲解特色商品时,应实事求是地讲明商品的不足之处,这样不仅不会影响游客购物的欲望,相反容易赢得游客的信任。

(5)拉近与游客的心理距离,在讲解介绍中要有敏捷的反应,注意观察游客对自己讲解的好恶,灵活组织自己的导游词。

(6)选择适宜的购物时间和地点,不要安排重复的购物点,带游客到信誉度高的商店购物,同时提醒游客索要购物凭证。

(7)不可因游客不购物而改变自己的服务态度。

(8)正确处理游客购买到不满意商品的问题,协助游客做好商品的调换工作。

(9)游客要求代为购买商品时,必须按旅行社的有关规定办理。

(10)如果游客,特别是海外游客提出要购买古玩或仿古艺术品时,导游员要带游客到正规的文物商店购买,同时提醒游客,携带我国文物出口,须向海关递交中国文物管理部门的鉴定证明,否则不允许携出,因此游客购物后务必要保存好发票,如果物品上有火漆印,切勿将火漆印去掉,以便海关检查。

五、购物讲解

(一)购物讲解的知识准备

中国地大物博,物产丰富,各地都有不同的风物特产。中国又是一个历史悠久、民族众多的国家,在漫长的历史长河中,我们的祖先创造了悠久的历史,也发明创造了众多的能反映不同民族和地方文化特色的、艺术特色鲜明的风物特产。

随着我国旅游业的深度发展,各地方政府也都意识到了旅游业在当地国民经济中的地位,同时也发现了我国旅游业发展中,旅游购物商品生产的滞后问题。随着旅游业的发展,游客越来越成熟,要求也越来越高,对旅游商品的要求和购买同样日趋理性。因此,各地都根据当地的情况和游客的需求设计了许多既具地方特色,又有文化内涵,能反映时代特色的旅游商品,范围日益扩大、品种日益繁多,涉及人们日常生活的各个方面。

导游员要为游客做好购物服务,除通过分析游客结构状况并与游客接触、交往,了解游客购物需求和动机外,更重要的,就是要全面了解旅游地的旅游商品,并在导游讲解中向游客巧妙介绍。

在知识准备时,导游员应查看相关资料,多向专家请教。具体旅游商品的相关知识主要包括:

(1)旅游商品名称,如果有品牌,还应了解其品牌内涵;若有可能,还应了解其生产企业的基本情况。

(2)产地及生产要求。

(3)历史。中国的一些传统旅游商品都具有悠久的历史。如,中国的丝绸、刺绣产品等。

(4)文化承载与动人传说。在中国,无论吃的还是用的特色传统旅游商品,往往都附载有动人的传说故事,同时承载了不同时期人们的美好愿望和文化特色。如,中国传统的陶瓷制品、玉器、绣品等。

(5)旅游商品生产制作的基本过程和工艺特色。如,中国传统的风筝制作,功夫茶、普洱茶工艺特色等。

(6)既要掌握商品的优点,又要了解商品的缺陷,特别是向游客介绍食品和保健品时,一定要实事求是,保健药品类最好请专家指导。

(7)掌握辨别商品品质的基本方法。

(8)了解商品的保存方法和技巧。

(二)中国特产实物分析

1. 工艺品类

(1)象牙雕刻。象牙雕刻,不仅是珍贵的旅游纪念品,也是我国工艺美术的瑰宝。广东的牙雕具有纵深透彻、精巧玲珑的特点,擅长镂空和透雕。北京的牙雕素以圆雕人物,特别是以古装仕女著称,又以花卉见长。上海、南京、天津等地的牙雕产品,技法各异,各有千秋。

(2)扇子。扇子,是我国特有的传统工艺品,特别是苏州工艺扇中的檀香扇,声名尤著。檀香扇系用檀香木制作,为我国首创。其芬芳香郁、纤巧玲珑、制作精良。

(3)景泰蓝。景泰蓝,是北京特有的传统工艺美术品。传说,因此品盛于明景泰年间,且以蓝釉尤著,故名“景泰蓝”。景泰蓝制品制作工艺复杂、精细，用料昂贵，成本较高。主要制品有瓶、盘、罐、盒等，以陈列装饰为主。

(4)陶器。我国江苏宜兴盛产陶瓷，素有“陶都”之称。陶瓷的种类很多，有日用瓷、细陶、精陶、青瓷等几十大类。宜兴陶瓷中最佳者为紫砂陶，主要品种有壶、杯、瓶、鼎、盆、盘、碟等，造型丰富多彩，尤以紫砂茶壶最为出色。紫砂壶有肉眼看不见的小气孔，透气性良好。用紫砂壶泡茶没有化学变化，茶特别清醇。另外，用砂盆栽种花木、盆景，成活率高，不易烂根。

(5)瓷器。我国江西景德镇的瓷器久负盛名，有“瓷都”之称。景德镇的瓷器已有1300多年的历史，经过长期发展，瓷器的品种优良。人们常用“薄如纸，声如磬，白如玉，明如镜”来赞誉景德镇的瓷器。景德镇的名牌瓷器，造型美观，色彩柔和、雅致。如，花青瓷色调淡雅、鲜艳。

(6)玉雕。中国著名的玉石有新疆的和田玉、河南独山玉、辽宁岫岩玉等。中国的玉器世界闻名，中国人对玉石的喜好超出了其他的宝石，玉石雕刻别具特色。从出土文物中发现，远在6000多年前就有玉器。自古以来，饰玉、佩玉被看做吉祥、尊贵的标志。玉雕的材料有白玉、碧玉、翡翠、玛瑙、绿松石、水晶等，器型有件活和小活件之分。件活，包括人物、花鸟、瓶、碗、手镯等；小活件，包括印章、烟嘴、戒指、别针等。

(7)名石雕刻。中国的名石雕刻别具特色，而且有较高的收藏价值。其中，寿山黄田石、青田冻石、昌化鸡血石并称我国三大佳石。

(8)民间工艺品。民间工艺品，在某种程度上对旅游者更有吸引力。其作者主要是各民族的一般艺人。他们的作品，是按照自己的生活方式、自己的审美习惯，根据自己的经济条件、运用自己的生产方式创造、生产出来的。所以，他们的作品具有鲜明的民族性、地方性、装饰性和趣味性。其广泛应用于民俗生活之中，品种繁多，如剪纸、泥(面)塑、风筝等。

• 剪纸，作者多为农家妇女，表现题材一般是她们最称心、最关心、最向往的事物，如家禽、花鸟、农作物、娃娃、吉祥图案、戏曲故事等。她们所寄托的理想、爱慕、祝福等心理因素跃然其中。作品类型大体有窗花、门笺、墙花、顶棚花、灯花、喜花等。

• 无锡惠山的泥人，清代就很有名，以王春林的泥人为最著名。惠山泥人分两大类：一类，是手捏戏曲人物，称"细货"；另一类，是模具印坯，大批生产，称"粗货"。著名的"大阿福"，是惠山泥人中最具特色的作品。天津泥人，清代最盛，以"泥人张"最为有名。据记载，张明山为天津"泥人张"的第一代。张明山捏的泥人形象逼真，远近驰名。

• 风筝，是中国独特的民间工艺品。以北京、天津和山东潍坊的风筝最具盛名。北京的风筝讲究彩绘，粗细有致，自有帝都特色。著名的风筝艺人金福忠，是风筝世家，当年宫中多用金家的风筝。天津的风筝以魏元泰的作品为最佳，清末民初，因其作品精美，赢得"风筝魏"的尊称。天津风筝的特色，带有天津杨柳青年画的特色。潍坊风筝形式多样、丰富多彩，有蝴蝶、金鱼、蟹、飞马、仙鹤、飞机等，在制作上取潍坊县杨家埠年画之长，色彩鲜艳、图案简练、笔法细致、形态逼真。

(9)文房四宝。文房四宝，是笔、墨、纸、砚四大文化用品的总称，与国外文具迥然不同。我国的文房四宝最具独特的民族文化风格，是几千年来中华文化发展进程中我们祖先的伟大发明创造，在世界文化史上占有重要地位，是中外游客，特别是文化人最喜爱的文具和工艺品、纪念品。我国的文房四宝种类繁多，特色各异，最具盛名的有：

• 湖笔，"毛颖之技甲天下"。其发源地在浙江湖州(吴兴县)郊区的善琏镇。湖笔工艺复杂、精细,要经过70多道工序,笔锋具有尖、齐、圆、健等特点。

• 徽墨,“坚如金石,闻有异香,丰肌腻理,光泽如漆”。原产于安徽歙县。

• 宣纸,“至薄能坚寿千年”。产于安徽泾县,具有白度大、拉力强、润墨性好、耐老化等特点。

• 端砚,“群砚之冠”。产于古端州(今广东肇庆)。端砚石品奇妙、石质纯净而细腻,温润如玉、磨墨无声、储水不耗、发墨快捷、含津益毫、隆冬不冰。

(10)我国主要旅游城市的工艺纪念品

• 北京:翡翠、景泰蓝、字画、古董、皮革、金石印章、象牙制品等。

• 上海:丝织品、茶具、珠宝、刺绣、地毯、中药等。

• 天津:地毯、泥塑、木雕、风筝等。

• 苏州:双面刺绣、檀香扇、真迹拓本、金银制品等。

• 杭州:檀香扇、木制品、龙井茶等。

• 南京:云锦、茶具、雨花石等。

• 无锡:丝绸、紫砂陶、泥塑等。

• 扬州:漆器、首饰、剪纸等。

• 广州:端溪砚、墨砚、象牙制品、中药等。

• 长沙:瓷器、菊花石雕、刺绣等。

• 桂林:水墨画、竹和柳枝制品等。

• 昆明:铜(斑铜制品)、翡翠、象牙制品、刺绣、围棋等。

• 成都:银制品、陶器、刺绣等。

• 西安:碑林拓本、拓摹本、挂画等。

• 兰州:夜光杯、骆驼毛织制品等。

• 洛阳:仿唐三彩、宫灯等。

- 青岛：啤酒、贝壳制品等。
- 长春：玉石雕刻、羽毛画等。

2. 茶叶

茶叶，是以茶树新梢上的芽叶嫩梢（亦称鲜叶）为原料加工制成的产品。茶，是中国传统的旅游商品，同时又是一种日常生活消耗品，一种绿色保健品；茶，又是普通的商品。在中国，茶叶及品茶已成为一种文化，是博大精深的中国传统文化的重要组成部分。茶叶是游客在旅游过程中常购买的一种特色商品。导游员在实际工作中，应当对中国的茶叶、茶艺、茶道有所了解，进而引申向游客介绍茶文化的内涵，同时，也能显示出导游员的文化修养和素质。

中国茶文化内涵很深，导游员要不断地积累知识，多看资料，向专家请教，自己多尝试。导游员至少应掌握以下几方面的茶文化知识：

（1）茶叶的种植与栽培。在中国许多风光秀美的地区都盛产好茶。如，杭州的西湖龙井、太湖的碧螺春，以及黄山毛峰、君山银针、武夷岩茶、云南普洱茶，等。导游员要注意茶与风光的有机结合。

（2）茶叶的分类及制作工艺。不同的茶叶品种不同，制作工艺也不相同。根据制作工艺的不同及商业习惯，我们把茶叶分为绿茶、红茶、白茶、乌龙茶、紧压茶和花茶等。

（3）茶叶的发酵与品质、营养成分、功效等。根据对游客家乡环境及茶叶功效的分析，对比不同地区人们的饮食习惯，向游客讲解茶叶常识，重点分析绿茶、普洱茶、红茶、功夫茶等的区别与功效。

（4）掌握中国名茶的名称、制作程序、口味特点等。中国名茶，有西湖龙井、太湖碧螺春、黄山毛峰、乌龙茶（铁观音）、祁门红茶、普洱茶等。

(5)茶与茶具(与中国陶瓷制品的结合)。

(6)掌握不同茶叶的冲泡程序和方法,并与中国文化内涵相结合——茶艺、茶道。

(7)掌握"品茶"的要素,即看、闻、品、心。

(8)茶经与陆羽。

(9)各地饮茶习俗,特别是民族地区的饮茶习俗及习俗与地方文化的关系。例如,云南白族的三道茶、佤族的烤茶、藏族的酥油茶等。

(10)茶叶质量鉴别与茶叶购买常识。

(11)茶的趣事传闻。如,茶叶的起源、茶马古道、茶与经济贸易、茶与生活、茶与禅、茶与名人、茶诗、茶歌等。

3. 酒

酒,是用高粱、麦、米、葡萄或其他水果等为原材料经糖化、发酵制成的含有食用酒精等成分的饮料。酒,同样是中国传统的旅游商品,许多游客自身会喝酒,但对中国的酒及酒文化了解并不多。

中国是世界上最早酿酒的国家之一,早在5000年前就已经开始酿酒。在商周时期,已出现了制曲方法、酿酒职官和酿酒工艺。南北朝时期北魏贾思勰的《齐民要术》记录了9种酒曲的制法、39种酒的酿造法和两种酒的配制法。宋代出现了较全面的酿酒专著——《北山酒经》(朱翼中),详细记述了制曲酿酒的方法。

中国酒根据酿制方法的不同,分为蒸馏酒、发酵酒和配制酒;根据酒精含量的不同,分为高度酒(40度以上)、中度酒(20度~40度)、低度酒(20度以下);根据商业习惯分为白酒、黄酒、葡萄酒、啤酒、果酒、露酒和药酒等,而最著名的是白酒。

• 中国白酒,以各种含淀粉或糖分的原料、辅料、酒曲、酒母、水等，经过糖化发酵后，用蒸馏法制成的40度～65度的高浓度酒，由于其原料、制作工艺和设备及环境等条件的不同，形成了不同的香型和风味（见表6－1）。

表6－1　中国名酒的香型及代表名酒

香　型	特　　点	代 表 名 酒
酱香型	酱香突出、幽雅细致、酒体醇厚、回味悠长	贵州茅台、四川古蔺郎酒等
窖香型	窖香浓郁、绵柔甘洌、香味协调、尾净余长	泸州老窖特曲、五粮液、古井贡酒、全兴大曲、剑南春、洋河大曲等
清香型	清香纯正、口味协调、微甜绵长、余味爽净	陕西汾酒等
米香型	蜜香清雅纯和、入口柔绵、落口爽冽、回味怡畅	桂林三花酒
其他香型	同时兼有两种或两种以上香型或其他香型	遵义董酒、陕西西凤酒

• 黄酒，是中国最古老的饮料酒，也是中国特有的酿造酒，多以糯米为原料，也可用粳米、籼米、黍米和玉米为原料，蒸熟后加入专门的酒曲和酒药，经糖化、发酵后压榨而成。酒度一般为16～18度，含糖、氨基酸等多种成分，具有相当高的热量，是营养价值很高的低度饮料。黄酒，主要产于中国长江下游一带，以浙江绍兴的产品著名。1952～1984年在第四届全国评酒会上被评为国家名酒的黄酒有2种，即：浙江绍兴的加饭酒和福建龙岩沉缸酒。

在实际旅游活动中，导游员及游客都要尽可能避免饮酒，特别是饮酒过量。在实际旅游活动中，导游员可根据实际情况，向游客介绍一些与酒有关的逸闻趣事及不同地区人们的饮酒习俗。

4. 丝绸织绣

丝绸，是我国古代劳动人民的伟大创造，是中华民族贡献给人类的宝贵礼物，自古就有黄帝的妃子嫘祖教民养蚕、缫丝、织绸、制衣的传说；甲骨文中也有桑、蚕、丝、帛等文字。汉代通过著名的丝绸之路将丝绸传入中亚、西亚，再转运到欧洲、非洲。中国丝绸曾使外国的贵族们为之惊奇和倾倒。它在中国人民和世界各国人民之间铺设了友谊的桥梁。

蚕丝，纤细、光洁、柔软；耐热耐磨、耐酸耐碱、绝缘排湿、富有弹性，是最优秀的纺织原料之一，被称为"纤维皇后"。蚕丝织成绸缎美丽多彩，从古到今都是高贵的织物。历史上各地都有著名的产品，如吴绫（江苏）、越罗（浙江）、齐纨和鲁缟（山东）、楚绢（湖北、湖南）、蜀锦（四川）等，争奇斗艳。如今，丝绸生产遍及全国20多个省、市、区，浙江、江苏、四川、广东是桑蚕丝绸主产区，辽宁是柞蚕丝绸主产区，各地产品有绸、缎、绫、罗、锦、绮、绡、纱、纺、绉、缟、纨、绨、绒、素、绢、葛等多类。

中国的著名丝绸、织品有：

- 三大名锦。云锦（产于南京）、宋锦（产于苏州）、蜀锦（产于四川成都）。
- 四大名绣。苏绣、湘绣、蜀绣、粤绣。
- 杭州的织锦、苏州的塔夫绸、潮汕的抽纱、胶东的花边、常熟捏绣、萧山花边等。
- 民族织品。
- 织锦。壮锦、傣锦、苗锦、黎锦、侗锦、瑶锦、土家锦等。
- 其他织品。蜡染、扎染等。

5. 其他

在中国旅游可购买的旅游商品还有很多，如，珠宝首饰、金银饰品、特色小食品、药材、特色水果、干果及其制品等。

导游员在工作中要注意收集总结相关资料信息，做好充分的知识准备，结合高超的导游讲解技巧，提高整体导游服务质量。

【经典案例】

【案例1】购买前后……

【案情】

北京的马导游员对游客购物问题素有研究。他说："游客是否购物，购物多少，这类问题和导游员的关系最为微妙。其微妙在于游客如果不购物，导游员见不到成效；导游员如果过分关注游客的购物，又会引起游客的反感。所以，导游员和游客购物的关系，是一种若即若离的关系，其中的分寸很难拿捏。我刚做导游员的时候，有一次出全陪，带一批游客去西北游览。游客中有人喜欢玉石，购买之前犹豫，购买之后后悔，结果闹出一场风波。那是我们游览敦煌时遇上的一件事情。队伍从莫高窟出来，在去鸣沙山月牙泉的路上，被带到了一个据说是玉石研究中心的地方。自然，这个中心是得到当地政府部门批准的正规营业场所。中心设置在一片朴素的平房中，里面陈列着各种各样的玉石标本，有解说员为游客作讲解，如果你认真听上一遍，可以增长不少有关玉石形成、种类、开采，以及玉器加工、制作、成色、品类、价格、收藏等方面的知识。讲解过后，游客们被导购小姐带进一间大厅，里面满是陈列着各种精美玉器的柜台，任凭游客自由选购。游客中有一位王先生，40多岁，人显得很干练。他对玉器的兴趣显然比别的游客要强烈得多。王先生转了几个柜台以后，停在了一个柜台前，他看上了一件玉器。销售小姐很想做成这笔生意，殷勤地为王先生做介绍。王先生的心被说动了，他想买下那件玉器，可是那东西标价4000元人民币，如此昂贵的价格令王先生犹豫不决。王先生看着我，希望我能为他做决策提供帮助。销售小姐也看着我，希望我能助她一臂之力，至少不要反其道而行之。我不给游客当参谋，也不给商家当说客。对于玉器，我是外行，但是对于游客购物和商家推销这件事情，我还是知道一些的。我告诉王先生，在这里买东西一定要考虑好，不为别的，一旦我们离开这里，再想回来可就难了。销售小姐悄悄翻了我一眼，王先生对我的话似乎没太在意。汽车再次发动的时候，不少游客为王先生花了3000多元人民币买下的玉器赞不绝口。事情似乎就这样过去了。谁知在去嘉峪关的火车上，王先生突然大闹起来，说买这件玉器受了骗。原来，火车上有一位自称懂玉器的人，给王先生买的那件玉器估了价，说那件东西的确是真货，但是并不真值那么多钱。王先生听罢，大骂商家为富不仁，连呼自己上当受骗。他看着手里的东西，留着闹心，退又不能，肠子都要悔青了。我找到王先生，劝他不要听风就是雨，要想开一些。我说，玉器这种东西，并没有固定的收藏价值，不要一准儿认定就是自己买错了、买亏了。后来，我发现王先生的情绪慢慢好了一些，但是要其彻底摆脱‘何必当初’的阴影，还得有待时日。嗨，真是没有办法！”

【点评】

游客在游览过程中购物心态的波动往往大于平日，导游员要注意给予他们适度的提醒。在这个案例中，游客王先生没有认真理会马导游员的提醒，未经深思熟虑就买下了价格昂贵的玉器，结果遭遇了一番进退两难的尴尬。其实，正如马导游员所说的那样，王先生的那件玉器，未必一定就是买亏了；但是王先生在听到那位“自称懂玉器的人”的一番评说之后，其表现却生动、准确地反映出许多游客购买高档工艺品的心理规律。新导游员揣摩这个案例，首先要研究和掌握游客的这种购物心理。倘若将来有游客为购买昂贵的商品而征询导游员的意见，导游员便可以拿出这个案例来借鉴一下。游客在定点旅游商店中购物，导游员对游客的关注重点，不必放在商品的质量和价格上，却应该放在一旦游客对所购商品出现悔意，退换这些商品是否可能和是否方便上。倘若有游客在敦煌买下了东西，待到行至嘉峪关时再想退换，导游员发出“真是没有办法”的慨叹，应属于实事求是的慨叹。当然，即使真的到了鞭长莫及、悔之晚矣的时候，导游员依然要为游客尽义务。从某种意义来说，游客出门在外，有一个好心情是最重要、最可宝贵的。导游员要把帮助游客保持好心情作为自己的一种职业习惯。金钱已经换成了玉器，这是求仁得仁的事情；观赏和收藏，重要的是自己的心态，要欣赏自己买来的东西才是。马导游员对王先生的劝解和开导，就是在帮助他保持好心情。孔夫子说“成事不说，遂事不谏，既往不咎”，马导游员告诫王先生“不要一准儿认定就是自己买错了、买亏了”，就很好地发挥了孔夫子的这个思想，值得新导游员借鉴。

【案例2】老先生竟会看上挂在他房间里的一幅画儿

【案情】

这是导游员小雷讲述的一次带团经历：“我接待过一批德国游客，其中有一位来自耶拿的洪老先生。洪老先生60多岁了，年轻的时候来过中国，喜欢中国字画，我们俩挺谈得来。游客经过上海、南京、北京、太原，一路风尘仆仆来到西安，其间也到过几处出售书画作品的商店，始终没见到洪老先生对哪件东西动过心。没想到，住进西安的一家饭店，洪老先生竟会看上挂在他入住房间里的一幅画儿。临走的前一天，洪老先生对我吐露了自己想要得到那幅画儿的愿望。这虽然出乎我的意料，但我也没把它看成什么很难办到的事情。我住的房间里，也挂有一幅国画，画的是墨牡丹，喜庆而大气，不知道是谁仿的谁，反正还不能算是名画。我想，倘若我与饭店交涉，对方应该能够将其出让给我，只要我出的价钱合适。可是我想错了。事情偏偏就有那么一点巧劲儿，任凭我说那幅画儿并不贵重，被一位德国游客看上了，可是人家饭店就是不愿意出让。饭店经理说，游客如果喜欢中国画，可以到饭店的商品部去选购，那里有一模一样的作品。我回来和洪老先生一说，他有些不高兴，说那里的画儿和这一幅不一样，他就要这一幅。于是，我再去和饭店经理交涉，他说，那幅画儿和其他房间里的画儿是一起挂上去的，好坏不论，却是一套；现在画画儿的老先生已经过世，再没处淘换，摘走一幅就不完整了，再说也不吉利。让我再去劝劝那位客人。这样一来，事情就僵在那里了。这头儿谈不下来，我只好又一次转回去说服洪老先生。我也纳闷，究竟是怎样的一幅画儿让他动了心呢？我去看了那幅画儿，那是一幅临摹古人的水墨画儿，画的是兰竹，一尺多见方，用绫子装裱的，不很精致，我实在看不出有什么特别的好。我询问洪老先生，为什么喜欢这幅画儿。洪老先生用手指了指那幅画儿的落款，我近前去一细看，只见画儿的左下方写着一行小字：'天水管仲姬'。看名字是个女的，这人是谁呀？沾上她，一幅临摹的画儿都能让洪老先生这么上心。为了满足洪老先生的愿望，我硬着头皮又去找饭店经理。经理人不错，给我指了条道儿，让我去找作画的人。我说，那画家不是故去了吗？经理说，他儿子在，也是画画儿的，想想办法嘛。晚上，我陪洪老先生找到了那个画家，诚恳地说明了情况和来意。那画家笑了，连夸洪老先生好眼力。他说，挂在客房里的那幅画儿，是他父亲临摹的；商品部里挂的画儿，是他临摹的，功力不到家，让大家见笑。并表示管仲姬的那幅画儿其父生前临摹过多幅，他可以出让给洪老先生一幅。洪老先生说，他很想看看真迹，画家对他说，家父走后，那幅画儿由族人轮流保管、临习，现在正好不在手边。洪老先生得陇望蜀，碰了个软钉子；但他看了老画家的临作，连声赞叹，其情确是发自内心。洪老先生终于购得了自己想要的画儿，自然是非常满意。我见他高兴，就问他这管仲姬究竟是谁，竟能让他如此痴迷。没想到这老先生‘过河拆桥’，跟我卖关子——你自己去查。我说，那好，下次再有这样的事儿，我也让你自己去办。就这样，我们俩互相看看开怀大笑起来。后来我们分手的时候，洪老先生满怀深情地对我说：‘下回我来中国，一定还找你。’”

【点评】

洪老先生是一位对中国文化有着比较深刻了解的德国朋友，雷导游员为他提供的服务，无愧于人们通常对导游员的赞美——民间文化大使。他们两个人的这段经历，堪称一段佳话。洪老先生索要的那幅画儿，诚如雷导游员所说，“并不贵重”，然而其中的蕴涵却是非常丰富多彩、颇有名堂的。第一，洪老先生执意要收藏这幅现代画家临摹的古画，说明了中国文化博大精深，它不仅源远流长，而且后继有人。即使是临摹画儿，只要是精品，在行家眼里同样具有收藏价值。第二，洪老先生向饭店索要这幅画儿，说明这家饭店的室内装饰品位很高，其文化精神已经悄然触动了这位德国游客。国画挂在西式风格的客房里，中西合璧，富有艺术感染力，使得洪老先生产生了将这种艺术感受带回自己家乡的念头。第三，洪老先生把自己的想法告诉了他的导游员，想得到导游员的帮助，实现自己的愿望。这是对雷导游员的信任，也是对雷导游员接待工作的一种肯定。一时间，这三重意义整齐地聚焦到了雷导游员的身上，于是他穿针引线，忙得不亦乐乎。雷导游员果然有好手段，他虽然并不懂画儿，但解决洪老先生的这道难题却是举重若轻，办得漂亮。一来二去，这小雷不仅让洪老先生如愿以偿地得到了想要的画儿，而且通过购画儿的过程，让他更加广泛、深刻地感受了中国的社会和人情。总之，雷导游员的所作所为，有益于宣传中国文化，有益于扩大饭店影响，也有益于招揽旅游生意，一举三得，值得新导游员们好好揣摩。

（管仲姬，原名道升，吴兴人，是一位有文学和艺术修养的才女。工辞章翰墨，擅长画竹石梅兰，笔调清逸，有“运斤成风”之誉。传说“晴竹新篁”是由她创始。其人物、山水亦有相当造诣。）

【案例3】游客带着刚买的首饰上路

【案情】

北京的导游员杨先生讲了他的一段经历：“我带一个20人的北京旅游团到越南观光，行程是从东兴关进入越南，在海防、亚龙湾、河内三处游览，然后，再从东兴关回国。这批游客多是一些国有大企业的中层干部，中年人居多。旅游团进入东兴关以后，在东兴镇有一段逗留时间，有些游客就跟着越南导游员去逛当地的珠宝商店。游客们来到一处位于闹市街边的珠宝店。店老板殷勤地跑出来迎接。这位老板是一位40多岁的先生，很会做生意，几句话就抓住了不少游客的心。老板说自己姓林，是来自泰国的华侨，流落在此地做生意，对祖国很有感情。他听说我带的这批游客来自北京，顿时显现出惊喜的神情，连说自己的祖籍也是北京，小时候还在那里生活过几年。细听林老板的口音，那话语中果然有一些京韵的儿化音。又问起游客住在北京的何处，还能够说出相距不远的几处有名的地方，连带还说了一些旧年间北京城的故事，这很让游客吃惊。林老板的一番热情接待，使不少游客萌生了‘他乡遇故知’的感慨。林老板的店里，主要经营镶嵌红宝石和蓝宝石的金银首饰。有了老乡这层关系，不用店里的伙计多做推销，游客中很快就有许多人买下了不少的首饰。游客带着刚买的首饰上路后，没想到就出事了。车离开东兴镇大约5个多小时以后，有位游客在摆弄那些首饰的时候，惊异地发现店家所说的14K金已经变了颜色。这位游客一声大叫，顿时结束了车上的欢快气氛。游客们纷纷开始检查自己所购买的首饰，结果又有几个游客的首饰也出现了掉色的问题。越南导游员试图宽慰那些情绪即将爆发的游客，我赶紧按住了他，接过话筒对游客们说：‘请大家不要慌张，我们现在是在旅游行进途中。我会立即与东兴镇的旅游管理部门和那家商店进行联系，设法解决这个问题。请大家清点并保护好自己购买的首饰，我们在返回的时候还要经过东兴镇。’我把发生的事情和可能引起的后果向越南有关方面做了郑重交涉，对方比较重视，答应予以解决。说实话，我当时对于能否解决这个问题并没有把握，只是想首先稳定住游客的情绪：出国一趟不容易，不要彻底破坏了游玩的心境。游客渐渐安静了下来，不久统计结果也出来了，全车游客总共购买了将近一万元的首饰。经过我的劝慰，尤其是知道还要再到东兴镇，游客们能够理智地对待这个问题了。几天的游览顺利过去，我们回到了东兴镇。那个林老板早已躲了起来，店里的伙计面对事实无言以对，先是推三阻四，后是支支吾吾，费了挺大周折，最终总算同意全部退货，可是又提出售出的货物并非都有质量问题，如果全退，不能按照原价退款。此时越南有关人士的态度开始变得暧昧起来。我权衡利弊，劝游客退让一步，最后双方协议按照九折价款退货。虽然有个别游客仍然不满意，但是多数游客认为这个结果已是不幸中的万幸，应当接受。”

【点评】

杨先生的这段经历，就情节来说并不离奇，人在旅途，即使到指定的购物商店购物，也难免遇到类似这群北京游客撞上的尴尬事。幸好这个旅游团在回程中还要经过问题发生的地方，否则，游客面临的结果将会更加难堪。正是在这个意义上，游客中已有人想到实际的结果已是“不幸中的万幸”。杨导游员和游客一样，也是第一次接触林老板，他没有能够看穿林老板狡诈的商业伎俩，这并不奇怪，因为，店家的热情和商业欺诈行为之间并不存在必然的联系。事情发生以后，杨导游员在应对过程中所表现出的大局观念和适宜手段，却是可圈可点的。第一，拦住越南同行，由自己来和游客做解释，这一措施对稳住游客的情绪至关重要。在游客群情激奋的状态下，越方导游员哪怕是讲一些中性的话，也容易被游客认为是刻意为商家辩解，从而激化矛盾。由杨导游员出面，游客容易接受，易于控制局面。第二，杨导游员在事发之后，将工作的重点放在“首先稳定住游客的情绪”上，这个选择是正确的。诚如杨导游员所指出的那样，游客“出国一趟不容易”，要是“坏了游玩的心境”，陷入“屋漏偏逢连阴雨”的心理逆境，损失将会更大。杨导游员力争到了“游览顺利”的结果，维护了游客的根本利益。第三，在索赔的关键时刻有勇有谋，适可而止，最大限度地挽回了游客的损失。如果让游客和店家继续争执下去，时间拖久了，最终难免得不偿失。杨导游员劝游客退一步，吃点亏，他们得到的结果却是各种可能中最好的一种。

【案例4】地陪导游员甩掉旅游团

【案情】

西安的导游员张先生说：“我第一次出全陪，接待的是一个来自武汉的教师旅游团，行程是成都、峨眉山、乐山。我们在成都的时候，当地的旅行社派来了一位地陪导游员。等我们到达峨眉山的时候，当地的旅行社又派了一位导游员。这位导游员姓胡，是一位20多岁的女士。胡导游员刚刚接触游客的时候，表现得很热情，也很有经验，很快拉近了自己和游客的距离。可是没过多久，游客便开始疏远她，并且开始抵制她所讲的内容。原来，胡导游员总是在向游客强调，不要到某某地方去购买某某物品，说那里的商摊儿没有合法的营业执照；如果要购买某某物品，一定要到某某地方的商店去买，那里是旅游指定商店，货真价实，并且说她可以带游客们去买，一切包在她身上。这批游客中大多数是青年人，对胡导游员所说的东西显然没有兴趣，更看不惯她那种颐指气使的做派。起初，他们碍于面子，耐着性子听胡女士讲解如何购物。后来，终于有人打断了胡女士的话头，说：'我们不准备购买你所说的那些东西，你能不能讲一点儿别的？'一旦有人开了头，游客中便有不少人跟着七嘴八舌地议论起来。自然，有的游客可能是讨厌胡导游员的这种半哄半绕的推销方式，也有的游客可能是想起了以前旅游购物中不愉快的经历，有的话说得挺难听，让胡导游员感觉有些下不来台。说实话，游客有些话说得并不准确，甚至有牵强之处，但胡导游员的做法也的确是欠妥当的，搞不好会和游客发生直接冲突。果然，到了峨眉山的某处购物点，胡导游员执意要求游客进店购物，游客集体拒绝。这一次的冲突比刚才那一次还要大，胡导游员和几名游客发生了激烈争吵。胡导游员一气之下甩掉旅游团，自己下山去了。游客此时已是愤怒到了极点，有的人当时就要回去投诉胡导游员。我对游客们讲：'胡导游员的行为，是非常错误的。大家要投诉她，这是你们作为游客的权利。但是我劝大家还是先消消气，不要因小失大。我们不远千里来峨眉山一趟，最重要的是什么呢？是旅游，是饱览峨眉山的自然风光和名胜古迹，如果因为一些不顺心的事情破坏了心情，干扰了游兴，归根结底是划不来的。'听了我的劝解，游客慢慢冷静下来。后面的行程，由成都新来的地陪导游员接待，他就做得比较好。关于购物，这位导游员的办法是，用实话实说来赢得游客的理解，结果，游客中许多人购买了当地的土特产。据这位导游员说，游客们的购物热情可踊跃了。下山后，这批游客对投诉胡导游员的事情，也处理得比较理智、妥当。"

【点评】

作为导游员，要在"事物始生之处，心意初动之时"多多注意，及时检点自己的行为。胡导游员把游客当成阿斗，把自己当成诸葛亮；只顾自己，不顾对象，只看目的，不看手段，明明已经把要求游客购物的意图说破了，自己却还以为做得瞒天过海、天衣无缝；态度上又是表面和气，内里骄横。这些都难免引起游客的反感。这是聪明反被聪明误，是导游员最要不得的工作方法。弃团而去，自己下山，这更是非常严重的错误。她遭到游客的投诉，是顺理成章的事情。张导游员面对导游员和游客的冲突，化解矛盾，因势利导，既维护大局，又照顾重点，其可贵之处在于站在游客的一面，真正替游客着想。导游员的出发点如果是维护游客的利益，那么，他们用自己的职业经验来指点游客的行为，特别是指点那些正处在某种情绪化中的游客，不仅十分重要，而且多有奇效。全陪张导游员对游客的点拨就是及时有效的。正是靠着这种对游客的善意点拨，张导游员及时稳住了游客的情绪，为更换后的成都导游员的工作准备了条件，同时也对胡导游员与游客之间发生的冲突起到了降温作用，这种降温有助于问题的解决。张导游员这样做，是在不违背原则的前提下，既照顾了游客的利益，也为那位犯了错误的同行提供了帮助。因为胡导游员在遭到游客投诉的时候正是自己情绪最坏的时候，其反应很难理智，弄不好很有可能会采取抗拒的态度，从而使本已严重的问题进一步加剧，甚至横生枝节，引发更坏的连锁反应。在这个案例中，胡导游员和张导游员的所作所为，形成了鲜明对照，其中的是非与利害关系是值得新入职导游员思考的。

【实战演练】

1. 游客买到假冒伪劣商品，导游员该怎么办

在旅途中，游客买到假冒伪劣商品的事情时有发生，当时游客的情绪会变得很激动，有个别人会指着导游员的鼻子骂人或扬言投诉等。发生这种情况虽然主要责任不在导游员身上，但游客却认为是你导游员把他们带到商店里去的，其责任理所当然要由导游员承担。面对火冒三丈的游客，导游员要冷静，同时采取相应措施解决游客的实际问题。

当游客买到假冒伪劣商品出现情绪激动时，导游员要尽自己最大的努力来稳定游客的情绪，以免出现不必要的麻烦。同时，导游员要问清游客所购何物？在什么商店购买？有无购物发票？说它是假冒伪劣商品的理由，等等，然后，再与购物商店及有关工商行政管理部门取得联系，并陪同游客到所在购物商店进行交涉。在与有关部门交涉过程中，导游员要始终维护游客的利益，据理力争，并按照《消费者权益保护法》办事。事后，导游员要把详细经过向旅行社汇报。

2. 游客向你借钱，导游员该怎么办

在旅游途中，游客向导游员借钱的事情时有发生。游客想借钱的原因无非有几种：一是游客身边的钱没有带足；二是游客忘了带钱包；三是游客看中的商品又不想把整钞花开，等等。如何帮助游客解决这一实际困难，同时又要防止卷入因借钱而产生的麻烦或造成自己的经济损失，这是导游员应该注意的。

一般说来，借钱的行为是在双方有了一定的了解和熟悉的基础上产生的。游客向导游员借钱也正说明了这一点，但导游员毕竟对游客不十分了解。因此，应在处理措施方面注意方式方法。

(1)在与游客打交道过程中，尽量不与游客在钱财上交往达成借还关系。

(2)要看游客借钱的用途和数目大小。假如借钱数目较大，而实际购买的东西或消费又没多大意义，那导游员应该婉言拒绝，或者借口说身边只有公款没带多余的钱。假如游客确实需要，那么导游员可给予帮助，但在借给游客钱的时候，最好有不属于团里游客的第三者在场，所借钱款数目比较大的还须有必要的手续，以免发生不愉快和麻烦的事情。

(3)导游员不妨留意游客借钱款的消费用途,必要时要做好游客的"顾问"和"参谋"。

(4)借钱后,要注意做好借款回收工作,讲究一些方式方法,真正做到"好事做到底,送佛到西天。"

3. 游客看中的商品请你拿主意,导游员该怎么办

游客看中的商品请导游员拿主意,这说明该游客正在犹豫拿不定主意,请导游员拿主意正说明游客对导游员的信任,作为导游员要把握好这个尺度,确实维护游客的利益。

游客在购物时请导游员拿主意,导游员应遵循"不拿主意",由游客"自行决定"为好。因为游客掏钱购买后,商品的价值暂且不论,游客心里价位感觉值则高兴,反之,则伤心。所以,买东西从某种意义上讲是买称心、买放心,如果在导游员的"主意"下买东西,价廉物美游客自然高兴,万一不是这样,就有可能会埋怨导游员。再说,如今游客购物是个"敏感"问题,导游员要见机行事,慎重为好。

游客在购买商品时,若是一般旅游纪念品,价值不高,导游员当好游客的购物参谋拿个主意什么的,问题还不大。若游客购买的是贵重商品,尤其在商店中购买文房四宝或古代字画等,导游员就得运用上述原则。若游客在地摊上购买"古玩"时,导游员不但要加以劝阻,而且要告知我国海关的有关规定:凡携带文物(包括古旧图书、字画等)出境,须向海关递交中国文物管理部门的鉴定证明,否则不准携出。为此,导游员应主动介绍游客到定点文物商店去购买,买妥后要保存好发票,不要擦去商品上的火漆印,以便于海关查验。

第七单元

娱乐篇

【导读摘要】

随着收入水平的提高及旅游市场的迅猛发展，老百姓的旅游消费观念发生了巨大变化。在旅游中人们花费一定的时间和金钱，就是为了获得快乐，从而达到娱乐的目的，没有人会愿意为一次枯燥无味的经历而付费。游客对“上车睡觉，下车通道，景点拍照，回来啥也不知道”的旅游观光模式逐渐厌倦，提出了更高的要求。他们不仅仅满足于白天的景色观光，还期望通过晚上的文娱活动来充实整个旅游行程。那么作为旅游六要素的“娱”，就成为旅游环节中不可或缺的重要步骤。娱乐项目种类繁多，除传统的地方文艺表演、民族风情表演外，玩法也越发新奇、时尚，日益成为现代人外出旅游的重要组成元素。比如，逛街、潜水、滑雪、浴足按摩、水上夜游、风味夜宵等，丰富了旅游者的夜生活。

在这种情况下，导游员就要发挥主人翁的意识，应主动并巧妙地将旅游产品与娱乐相结合，根据游客的不同特点，为游客量身定做推荐文娱活动。导游员通过为旅游者创造独一无二的娱乐体验，来捕捉旅游者的注意力，使整个旅游过程变得有趣而愉快，从而提升顾客的满意度，达到导游员和游客的双赢效果。

【专题讲座】

随着科技日新月异的发展，人民生活水平的不断提高及自我意识的不断增强，旅游越来越成为社会主要的生活方式和社会经济活动。旅游业正以“朝阳产业”的姿态展现出强劲的发展势头。旅游活动都是围绕着食、住、行、游、购、娱这旅游六大要素展开的。“娱”就是娱乐，旅游过程中必然会遇到。娱乐和文化紧密相连，每个国家有自己的文化，每个地区也有自己的文化。旅游团在旅游过程中欣赏当地的文化，娱乐自然存于其中。白天，旅游者游览了自然胜景或名胜古迹，了解了旅游地的风俗习惯，欣赏了各类艺术精品；晚上，他们也需要有一个好去处，希望能欣赏到原汁原味具有地方特色的文娱节目，充分融入当地的文化生活之中，更深切地了解地方文化特色和人文情怀。但是，由于娱乐的范围较广，价格不一，游客欣赏角度的不同，使得旅行社很难统一安排，所以对于娱乐项目，一般不在旅游行程计划之中，而是属于自费项目。

经济的发展推动了旅游的全面发展，近30年来，旅游者的夜生活也经历了各种变化。20世纪六七十年代，旅游业还只是外事工作的一部分。对国内普通老百姓而言，旅游还是一个陌生的词儿，更谈不上旅游娱乐活动了。外国旅游者来旅游，常常是"白天看庙，晚上睡觉"，即使有一些文艺演出，也是全国计划内的仅有的几个剧目。改革开放后，我国旅游业由"政治接待型"转变为"经济经营型"，旅游服务商品正式向境内外旅游者出售。现代化的旅游相继诞生，城市亮了起来、舞台热闹起来、居民扭动起来。如人们喜闻乐见的京剧、地方剧种、杂技、少数民族风情歌舞等文艺专场演出备受青睐，几乎占领了旅游夜生活的主要文艺舞台；又如桂林的《刘三姐》、丽江的《纳西古乐》、西安的《仿唐乐舞》等。同时，酒吧、歌舞厅等娱乐场所也大量涌现。这些娱乐形式的出现，不仅丰富了当地老百姓的夜生活，而且也吸引了远道而来的游客。

一、娱乐服务原则

(一)娱乐服务的宗旨

到一个陌生的地方旅游，最让人头疼的是不知怎么玩儿、住哪儿、吃啥和买啥。这些问题要是搞不明白，您是玩儿也不尽兴、住也觉得别扭、吃啥啥都不香、买啥啥都不称心。所以呢，关于这些问题，导游员就是最好的咨询师。

娱乐服务的宗旨是让旅游者快乐。传统观念认为，娱乐活动，就是指舞台演出。其实不然，舞台演出只是其中的一项重要娱乐项目，而非旅游娱乐服务的全部内容。因为能让旅游者快乐的事情很多。比如，参加刘老根大舞台、去歌舞厅跳舞、去北京的德云社听相声等，同样也是快乐。

旅游者白天游览了秀丽的自然风光和人文景观后，虽然有些累，但仍像过去那样“白天看庙，晚上睡觉”的旅游方式会让游客觉得异常空虚。他们有着更高的精神需求，对当地的民俗民风、美味佳肴都有着浓厚的兴趣。这就促进了娱乐场所的兴起，给游客提供一个展示地方特色风俗的舞台和窗口。

娱乐硬件设施的配备为游客的娱乐需求提供了一个基础，游客娱乐需求的满足还需要导游员的引导。导游员作为旅游服务商品的主导生产者，应当积极主动地考虑和安排娱乐活动，让游客愉快地度过每一个夜晚。对于导游员来说，能让游客旅程开心和高兴是导游服务的最终目的。

（二）导游员娱乐服务的原则

《导游人员管理条例》第十三条规定：导游人员应当严格按照旅行社确定的接待计划安排旅游者的旅行、游览活动，不得擅自增加、减少旅游项目或者中止导游活动。中途加点，原则上不允许，如确实需要加点，必须在不影响游览计划，并如实向游客说明情况后，在征得游客和旅行社同意的基础上与游客签订加点的有关协议。

导游员在为游客进行娱乐服务的时候，只有依据《导游人员管理条例》的原则办事，才能维护游客的利益、保护游客的安全，得到游客的信任和认同。

目前旅游市场上，“加点”已成为旅游行业的一种普遍现象，主要是指旅行社和导游员在旅游行程计划外增加游览项目。以往旅行社和导游员在“加点”时大部分都不与游客签订书面协议，而且存在随意收费、不向游客说明费用构成等现象，成为近年来游客投诉的热点。

根据团队行程，“加点”分为白天加点与晚上加点。白天增加的多为旅游景点，晚上增加的多为娱乐节目。例如，在北京旅游，白天登八达岭长城之后，可以增加海底世界等景点，晚上可再增加老舍茶馆、德云社等娱乐活动；又如，游玩漓江后可增加银子岩、大榕树等景点，晚上可增加夜游漓江、野菌宴、浴足按摩等活动；再如，游武汉黄鹤楼之后，可再到归元寺去求一个罗汉签，晚上还可到吉庆街去体验一下武汉的草根文化。

文娱活动是旅游六要素的重要组成部分之一。我国历史悠久、文化底蕴深厚、少数民族众多、民俗文化浓郁、文娱活动丰富多彩。文娱活动大多是游客自费项目，导游员在安排时应注意如下几点：

(1)事先与领队(全陪)协商，征得领队(全陪)的支持，统筹安排。

(2)向游客推荐最具价值、最有代表性的文娱活动。

(3)严格遵守自愿消费原则，若游客不感兴趣，不得强求。

(4)根据行程计划合理安排文娱活动，避免游客过于疲劳，影响次日的游览活动。

(5)严禁欺诈游客，必须带游客到文明、合法的文化娱乐场所消费，严禁带领游客参加格调低下、不健康甚至色情的文娱活动。

(6)随时注意安全，在大型娱乐活动场所提醒游客不要走散，注意周围的环境和安全出口，以便发生意外事故时能及时带领游客安全撤离。

(7)参加娱乐活动之前,向游客作适当介绍,并告知活动的时间、地点、形式、价格等情况,活动结束后应帮助游客回顾并回答游客的咨询。

"加点",毕竟是规定行程之外的、自费的旅游行为,所以很容易触动游客的敏感神经,要想得到游客对导游员的信任,导游员必须要了解游客的兴趣爱好,提供最优质的服务。进行"加点"前,导游员首先要向游客明确讲清加点内容。为快捷有效,导游员最好用印有加点图片的宣传资料等物品进行辅助宣传。在游客自愿参加的情况下,由导游员向游客收取现金以支付各项加点开支,并增加一点额外的劳务报酬。但是,加点必须满足以下条件才能进行:

(1)已保质保量地完成了旅游接待计划。

(2)团队有足够的剩余时间去游览加点景点。

(3)征得地接社经理及团队领队、全陪的同意。

(4)客人必须是自愿参加,导游员对游客不应有欺骗和强制行为,也不能让游客过于疲劳。

(5)不要耽误送机、送车时间。

(6)说明加点理由及加点的内容、特色。

(7)告知加点活动的出发时间及游览所需的时间。

(8)说明加点景点的路线。

(9)告知加点消费所需的价格。

(10)交代注意事项。

二、娱乐服务内容面面观

时下,旅游者外出旅游,除领略旅游景点博大精深的文化及优美的自然风光外,得到全身心的放松和享受是其一大目的。

随着旅游者欣赏水平的不断提升,他们已经不仅仅满足于白天的旅游观光,希望利用晚上充足的时间更多地了解当地的文化。所以,导游员还应当为游客组织丰富多彩的夜间生活。

(一)观看文艺节目

旅游团观看文艺演出,包含两种情况:计划内和计划外。

在旅游团的计划内,若有观看文艺节目的安排,导游员的工作职责为:

(1)地陪应提前向游客简单介绍节目内容及特点,并准时陪同前往观看。

(2)地陪与司机商定好出发的时间和停车位置,并告知全陪和游客。

(3)出发时间,全陪协同地陪引导游客入座,并清点人数。

(4)观看文艺节目,地陪和全陪要全程陪同,和游客在一起。演出结束后,提醒游客带好随身物品。

计划外的文娱活动一般都是导游"加点"行为,其能否顺利进行,首先就是要征得游客的同意,并在各方面可以安排落实的前提下,向游客收取一定的费用(给游客提供票据)。

组织观赏文艺专场演出,不管是计划内还是计划外,都应注意以下几个方面:

(1)如果专场表演中有参与性节目,一要在演出之前向团队介绍说明,鼓励大家到时踊跃参加;二要向表演方"点水"(即将本团能够参与的重点游客暗指给表演方),以便使本团的重点参与对象在参与性节目中能优先受到邀请。

(2)若演出不对号入座,导游员要控制好时间,适当提前带领本团游客入座最佳位置。如果进场时已经满座,导游员要立即进行交涉,千方百计尽快为本团游客解决座位问题。

现在备受旅游市场青睐的文艺节目多为带有鲜明地方特色的文艺专场。丰富的文艺节目充实了游客的夜间生活。

例如，在北京，导游员可以推荐的晚间节目有传统京剧、京韵大鼓、老舍茶馆、德云社等。它们都代表着北京的特色文化；还有天津的评书、山东快板、东北地区的二人转等，都很好地体现了当地人民群众的精神面貌和地方特色。

国外游客的娱乐更是五花八门、异彩纷呈，并且出境旅游团的娱乐都是不包在行程内的，如法国的红磨坊，135 欧元/人，约合人民币 1300 元/人；巴黎艳舞，也是 135 欧元/人；荷兰花街，55 欧元/人，约合人民币 479 元/人；泰国的人妖表演，均价 500 铢/人（座位不同价格不同），约合人民币 110 元/人；日本的歌舞伎表演，晚间的要 3000 日元/人，约合人民币 200 元/人；澳大利亚的歌舞秀，要 60 澳币/人，约合人民币 400 元/人。所有这些节目，都是由当地的导游员安排，中国国家旅游局有明确规定，不允许国内旅行社在境外安排涉及黄、赌、毒的活动，旅行社也会向游客讲明，一般要求晚间不要外出活动，要活动一定要多人结伴同行，注意人身安全。

（二）少数民族风情表演

许多旅游景区为了丰富游览内容，都安排了具有当地风情的文娱活动。其中以少数民族歌舞或当地风情为主要表演内容。少数民族风情表演是一种纯娱乐的旅游项目，深受游客欢迎，并成为导游员“加点”的重点推荐项目。

少数民族风情园多是因地制宜而建，主要有两种：山区民族村寨和城市民族风情园。山区的少数民族村寨风情点，多是依托于某个少数民族村寨而建，一般是白天安排的计划内游览项目，以参观游览为主，歌舞表演为辅。比如，云南的傣族风情园。城市的少数民族风情寨园多为几种少数民族村寨的模拟，一般为晚场，属于计划外节目，以民族风情歌舞及模拟婚礼等民俗表演为主。这已成为导游员增添团队愉快氛围的首选夜间生活方式。

如,桂林的民族歌舞及嵩山少林寺的功夫表演等,还有一些参与性的活动,为游客的游览增添了不少乐趣。一些大型主题公园里专业水平很高的艺术表演,如,深圳民族民俗文化村的"东方霓裳"、"龙凤舞中华",世界之窗里"创世纪"及西安的唐宫歌舞等,更是极具欣赏价值。特别是深圳民族民俗文化村的"龙凤舞中华",内容包含了中国5000年的历史文明,内容精彩纷呈、场面雄伟壮观,演员就达500之众。许多长期生活在外国的华人华侨欣赏之后,无一不被祖国悠久的历史文化所感动,为自己是龙的传人而感到骄傲和自豪。

组织观赏少数民族风情表演可以开拓游客的视野,增长见识、愉悦身心,但一些注意事项是需要导游员谨记并时刻提醒的:

(1)少数民族风情村寨的游览多为自费项目。导游员在介绍推荐时,最好能使用图文声像的导游方式(如,村寨光碟、民族典故历史及印有村寨照片的月历等),用事实去吸引游客,用实物取信游客,让游客自愿地参加民族村寨的游览。

(2)俗话说,"入乡随俗,到什么山唱什么歌"。进园前,导游员一定要将应知的有关少数民族的特殊风俗与禁忌介绍给旅游团,使游客心中有数,不能作出有损民族团结的举动。如,苗族踩脚表示爱,壮族妹妹将绣球套在男游客颈上表示邀你做新郎等。若是地陪导游员能在赴园的车上教会游客说几句民族方言,唱一首民族歌曲,在与民族兄弟姐妹互动的游戏中派上用场,增加欢乐融洽的气氛,效果将会更好。

(3)少数民族的婚礼往往别具特色,吸引眼球,所以,在民族风情园寨中多有模拟婚礼表演,一般均要求扮演"新郎"的游客缴纳一定数额的"聘金",小费另计。导游员应在进入寨园后,首先,了解表演是否收取"聘金"并如实告知游客,以免出现因聘金争执、冲突而导致投诉的情况。交代那些不愿扮演新郎的男游客留在最后，待迎宾队伍全部进“洞房”后再入场，以避免出现“拉郎配”的不愉快。

（三）浴足按摩

传统医学认为：足乃运行气血、联系脏腑，沟通内外上下之经络的重要起止部位。“春天洗脚，升阳固脱；夏天洗脚，暑湿可祛；秋天洗脚，肺润肠濡；冬天洗脚，丹田温灼”，不同的季节浴足对人体保健起到不同的功效。足保健对人的健康有着积极作用，所以，浴足，是当前中国大地上最新、最受欢迎的营造愉悦氛围的项目。

俗话说：“足乃人之底，一夜一次洗”，又说“树老根先死，人老脚先衰”。人的脚底穴位有几十个，通常先以药汤泡之，再辅以足底、脚、腿穴位的按摩，按摩员用拇指对浴足者的腿动脉血管进行先阻后放，使浴足者毛孔顿开，可以快速有效地解除旅途疲劳。正规浴足不含色情，男女皆宜，既能解眼前之疲，又能长远健身，越来越成为导游员重点推荐的娱乐项目。

导游员在组织浴足时应注意：

（1）积极向游客宣传浴足的健身原理及作用。

（2）旅游市场中浴足堂种类繁多，鱼龙混杂，导游员要本着对游客负责的精神，首先深入了解浴足堂的价格、卫生条件、药汤配方、床位数量、服务软件等状况，再择优推荐给游客。

（3）由于导游员向游客所收的浴足费用弹性空间很大，这就要求导游员以诚待人，收费公平，绝不能和浴足堂一起宰客、欺客。

（四）水上夜游

水上夜游活动，是在水景资源丰富的地方推出的水上舟游特色娱乐活动。通过夜游，游客可以领略到不同于白天的沿江或沿海朦胧的景色。

例如：杭州“水上巴士”夜游运河，于2006年国庆开始，并成为继西湖后又一流动风景。“灯火城河夜夜春”的运河古韵，在现代都市的辉映下又有了新的诠释。再如，夜游武汉长江，在徐徐凉风的吹拂下，可以感受到武汉被长江和汉水分为武昌、汉口、汉阳三镇，也就是人们常说的“一勺舀起两江水，一杯清茶三镇香”的独特地理格局；还可以欣赏到代表“白云黄鹤故乡”的黄鹤楼的壮观景象及武汉独特的桥文化。从全国范围来看，夜游珠江、夜游黄浦江、夜游周庄、夜游西湖等，都是非常有代表性的夜游景点，体现当地独特的景色和文化魅力。

水上夜游活动与白天的景点旅游不同，导游员要注意以下几个方面：

（1）水上夜游，景色在夜幕笼罩下显得朦胧迷离，导游员要先踩点。游船起停站点、开船时间、整个行程时间等，导游员要做到胸有成竹，并做好夜游导游词的创新，使游客在导游员的讲解中体会景点的独特魅力。

（2）导游员还应具有一定水平的摄影技巧，掌握基础的夜间彩色摄影技巧。一般游客都误认为使用闪光灯就可照下夜景，其实不然，所以导游员要及时给游客以指导，使游客留下在景点的精彩瞬间。

（3）水上夜游，不仅是夜间游览，而且是水上行舟，安全防范工作就成为导游员的工作重心，一定要及时提醒、密切关注、积极引导。

（五）潜水

潜水，是近年来日渐流行的一项水下时尚休闲活动，依托较为丰富的海洋资源，于沿海一带极为盛行。它刺激而又充满挑战，不过一点都不危险（各种运动项目危险系数，潜水排在第43位，位于足球之后）。潜水运动可以增大肺活量、增强肌肉的力量、提高游泳技能、磨炼意志、锻炼体魄，甚至有减肥的功效。三亚海域是世界公认的潜水胜地，海底资源在国内保存最为完整。

潜水虽为时尚运动，但并非人人都能参加。这就需要导游员做好提醒工作，让游客了解如下一些潜水知识：

（1）健康状况良好，12 岁以上的人都可参加。

（2）会游泳、不会游泳的人均可参加。

（3）酒醉后不能从事潜水活动。

（4）患有心脏病、气喘、高血压、中耳炎的人不能从事潜水活动。

（5）潜水时千万勿使用耳塞。

（6）遵守与教练同行制。

（7）眼睛近视可选择与近视度相同的潜水镜。

（8）潜水时须掌握的几种手势语言：OK、上升、下潜、不舒服、有毒生物，请勿触摸。

（9）学会做反压。潜水时因为水的压力，在下潜到一定深度时会觉得耳朵疼痛，做了反压，可使疼痛感消失。

反压法：从面罩上用手捏住鼻子，使鼻孔阻塞，然后用力吸气，听到“嗡”的一声，空气灌入耳管，反压成功；或做咽口水的动作，也可使耳压平衡。

例如，旅游者选择去海南的三亚旅游，绝大多数是冲着休闲与度假而来的。海上运动自然成为娱乐项目的首选。这里的海域终年温暖、风平浪静，适合进行冲浪、游泳、滑水等；由于海底珊瑚地貌保护良好，潜水是再好不过的了。当然，最好的去处还属西岛，据说那里是“南中国海最纯净的乐土”。

海上运动有如下几种：

• 肺潜水：三亚海域是世界公认的潜海胜地，水下能见度为 8 米～16 米，有些地方达到 25 米。背上氧气瓶、穿上潜水服、戴上潜水镜、套上蛙蹼，经过简单的培训，在潜水教练的陪伴下，轻松愉快地成为一位海底使者，去打开海底世界的奥妙之窗。价格：260 元/人起。

• 海底漫步：不论男女老幼，不论是否熟悉水性，只要穿着潜水服装，经简单的手势培训，配有一个可供压缩空气的头罩就可下到海底漫步了。漫步的感受同陆地上一样，无任何呼吸障碍，头罩视觉清晰，水下的抚慰给人以太空般的感觉。价格：240 元/人左右。

• 潜艇观光：中国唯一的潜艇观光船，不仅可让人感受潜艇的神秘刺激，更能领略海底的大千世界。冲浪，与浪搏斗、与涛抗争，展示风采、体现自信。三亚海域宽广，有时浪大而急，是冲浪的好时机。身穿泳衣、脚踏滑板，向自然冲击，冲浪在这里成为一项耐人寻味的海上运动。价格：200 元/人左右。

• 拖曳伞：从开阔的海上平台自由起落，在浩瀚无垠的天空随意翱翔，把自己融入大自然，烦恼尽抛、心旷神怡。价格：320 元/人左右。

（六）滑雪

旅游滑雪，是近年来非常时尚的一种旅游娱乐项目，受人为因素制约程度很轻，男女老幼均可在雪场上轻松、愉快地滑行，饱享滑雪运动的无穷乐趣。其中，高山滑雪具有惊险、优美、自如、动感强、魅力大、可参与面广的特点，故高山滑雪被人们视为滑雪运动的精华和象征，更是旅游滑雪的首选和主体项目。

作为导游员，要了解并熟悉滑雪的基本常识，做好游客的引导者，时刻提醒游客在滑雪时的安全注意事项。

在滑雪时，要遵循下列规范正确滑行，不要超出自己的能力范围；不要滑行过快，除非这样做时也能确保安全；要注意周边滑雪者的状态，尤其是在拥挤的滑雪道上；在雪情不佳、能见度差，以及在雪道的难滑地段或狭窄地段滑行时，更要特别小心；若是滑累了，就停下来休息，而不是继续滑行并冒着严重的摔倒危险。记住，许多滑雪事故都发生在“今天的最后一次滑行”中 。

如果你在一个团队里滑雪，无论是滑雪学校组织的还是与许多朋友在一起，都要认真遵守下面的准则：不要从你前面滑雪者将要转弯的滑行线上横穿而过，如果滑行的团队正在停下来，你要停在前面滑雪者的下方；假如你打算停在他们的上方而又没有把握好，结果，可能是当你从侧面滑向他们时，队友们会像多米诺骨牌一样纷纷向下倒去；若在队中有两个有经验的滑雪者，一个应在前面领路，另一个则应照应后面的人；须确定自己在队列中的滑行顺序，然后依次进行。

（七）市容游览服务

市容游览，俗称“逛街”，是游客认识和了解一个城市的风貌、民情，进而融入当地生活的一种重要方式，也是游客修身养性的一种休闲方式。市容游览的方式有两种：一种是徒步；另一种是乘坐交通工具。

当地陪导游员带领游客徒步进行市容游览时，要注意：

（1）所去的游览地应是最能代表当地特色、最能吸引游客视线的景点。如，北京的王府井步行街、秀水商业街（紧邻使馆区，吸引外国朋友到此“淘金”，奥运会期间，这里独具特色的商品更是琳琅满目），武汉的江汉路步行街，以及素有“中华商业第一街”之誉的上海的南京路，是上海最繁华的街区。逛街，在充分享受购物的同时，还可以领略一个城市的文化内涵。

（2）提高警惕，注意游客周围的环境变化，当好游客的安全保卫员。如果是乘游览车进行市容游览，则要提醒司机车速适中，地陪导游员的讲解内容应与车速基本同步。

（3）游客逛街，在看到一个城市的现代面貌之余，更想了解她的历史、文化底蕴及城市特色。这就要求导游员博学多识,充当一个城市的形象大使,做好宣传工作。

☞小贴士　中国六大城市标签

上海——最小资(关键词:情调/派对)

国际大都会的称号刺激着上海人的肾上腺。这个城市的夜晚幽雅而令人沉醉。“十里洋场”旧梦依稀,上海的夜生活洋溢着浓郁的小资气息。每当夜幕降临,时尚的 Party Animal 们便倾巢出动,从四面八方聚集到一起折腾。面具(Party)、比基尼(Party)、随性(Party)……他们像赶场一样一个个玩下去。最旺的夜场是“新天地”,那里的酒总是洋味儿;而南京路上的人群,恐怕只有一场暴雨或“非典”才能驱赶。Party 就像上海的影子,不仅是娱己乐人、放松心情的所在,更是小资或“疑似小资”们品味情调、社交谈判、结识新友的窗口。很多年轻白领不仅在此消遣、约会,也在这里谈理想、谈人生,甚至有人在谈判桌上难以解开的难题,会在一场 Party 中化为无形。

北京——最文化(关键词:圈子/酒吧)

作为中国的政治文化中心,这个城市永远不缺侃爷、不缺民间思想家、不缺草根艺术大师、不缺文化、不缺夜生活。将这些聚积起来的就是酒吧。作为夜生活的主要根据地,北京人泡吧的意义,休闲尚在其次,社交才是目的。数量庞大的夜行“动物”们常年在三里屯或后海的酒吧里游荡,一个酒吧就是一个圈子。走进一个酒吧,里面的人就会告诉你,此处聚集的都是 70 年代的人;那个酒吧周末有崔健和一帮朋友演奏爵士乐;再一个酒吧是搞文学的,王朔也常去;另有一个酒吧是搞电影的,年轻导演们在这里谈论电影;还有一些特色圈子,如“汽车酒吧”、“足球酒吧”、“艺术家酒吧”……酒吧几乎成了北京夜生活的名片。文化渗透在方寸之间，使北京的夜生活充满独特的韵味。

广州——最物质(关键词:欲望/消费)

为物质奔忙虽是广州人的使命，但他们更喜欢在夜间璀璨的街道上游走，疯狂地消费和享受。对广州人而言，真正美妙的一天从入夜开始。打拼一天后，广州人的欲望在夜里暴露无遗。他们野心勃勃地硬把“夜宵”说成“消夜”，在夜里将激情的挥霍和赚钱的快感发挥得淋漓尽致。广州人夜生活的主要内容，是Shopping、泡吧和蹦迪。每当夜色降临，商场、酒吧、迪厅、洗脚房全是消费的人群。酒吧是广州人夜生活的路灯，广州人泡吧有自己的目的。北京人泡文化、上海人泡情调，广州人最直接泡的就是消费。烟、酒、妞，甚至一夜情都可以摆上台面。这是一座欲望的城市，它的白天安静，夜晚却骚动而充满诱惑——权利、金钱，还有荷尔蒙。

成都——最休闲(关键词:吃喝/享受)

成都，号称是“一座来了就不想离开的城市”。成都人的生活悠闲得令人眼红。对成都人来说，一切都是虚的，只有生活是最实在的。他们的夜生活就两个字:吃、喝！成都人是真正的生活家，搓麻将、泡茶馆、吃火锅，悠闲得好像晚上不用睡觉，白天不用上班一样。天色一暗，街头的串串香就卖得火热；稍晚一些，一溜儿大排档沿街摆开一眼望不到边。啃兔头、剥龙虾、嚼烧烤，光着膀子划拳摆龙门阵，食客们自得其乐，不分阶层打成一片。我骑单车喝啤酒，你开宝马吃串串；款爷坐在街边吃碗担担面不觉得丢人；街坊婆婆跑到五星级饭店乘凉也不觉得心虚。成都人说:日子是水、自己是鱼，游着走就是了。

长沙——最娱乐(关键词:火暴/歌厅)

长沙，号称内地第一娱乐城，不是因为它生产“超女”、生产“湖南卫视”，很大程度上源于长沙人与生俱来的娱乐精神。缺乏高昂的创业激情，却充满时尚的消费理念和快乐的生活追求，与收入相比，长沙人的夜生活堪称奢靡。长沙的歌厅数量之多、设施之佳堪称全国之冠。歌厅大多具有一定的规模，座位少则几百、多则近千，且上座率都在90%以上。长沙人K歌，是名副其实的全城总动员，一如“辣妹子”的性格：热辣、火暴。凌晨一两点是黄金时间，大小K歌场所爆满，白天不塞车的马路，晚上却堵得水泄不通。高潮时分，五六百人激情投入地跟着歌手一起唱，气氛绝不亚于看“超女”演唱会。有人说这是畸形消费，长沙人说无所谓，只要耍得开心。

武汉——最草根（关键词：热辣/市井）

作为中国最市民化的城市，武汉的夜生活是真正草根的狂欢。武汉人夜生活的主要阵地是大排档和歌厅，受长沙和成都的影响却自成特色。吃大排档最好是在街头。池莉小说《生活秀》里的吉庆街是绝佳的去处，市井的狂欢在这里演绎得淋漓尽致。食客们随意点上几个小菜，随口叫上几个街头艺人来个吹拉弹唱，比喝几瓶冰啤酒都还过瘾！吃完大排档就去歌厅看表演。热情妖艳的桑巴舞、激情动感的劲舞、端庄典雅的民族舞轮番上场。汉味儿的小品是表演的高潮。小品须加点儿“颜色”才够味儿。武汉人就好这口俗气。看到激动处可以一边狂喊着“嗨嗨”，一边用所能找到的一切最坚硬的东西狂砸桌子。不用担心砸坏，歌厅早就在桌子上包了厚厚的铁皮。其实大家都是凡夫俗子，谁又比谁雅几分！武汉人说：白天就已经够累了，休闲的时候还想着怎样去高雅就更累了。

（八）舞会

遇有重大节庆活动，有关单位组织社交性舞会，邀请游客参加，地陪应陪同前往；如果是游客自发组织参加娱乐性舞会，地陪可代为购票；如果游客邀请导游人员参加活动，是否参加，导游员可以自便，若不愿参加，可婉言谢绝；如愿参加，应注意适度，但无陪舞的义务。

（九）风味夜宵

旅游团队餐品尝风味夜宵别具特色，是源于对地方饮食文化的兴趣，而不是为了“饱腹”。

风味夜宵一般有以下三种类型：

1. 城市排档宴

大排档，在中国大、中、小城市皆可见，有中国人的地方，自然就有大排档。聚成堆的小吃摊，一溜排开去。每一个摊点在最显眼的地方竖着火光熊熊的锅灶，旁边的长条桌上，调料、菜肴、一次性碗筷依次摆放，餐桌在搭起的简易塑料棚里，朝向大街，点菜、吃饭一目了然。

大排档的夜宵种类，多为带有地方特色的风味小吃，如，新疆的烤羊肉串，北方的馄饨、刀削面，云南的过桥米线、炒田螺等。

导游员一般不组织旅游团去夜市排档吃夜宵，但夜间如果有自由活动时间，可以向客人推荐介绍，让客人自行结伴前往自费品尝。此时，导游员要讲清夜市地点及当地风俗禁忌事项，同时提醒客人注意安全、饮食卫生，记住下榻饭店名称，最好将自己的手机号码告知客人或递送名片，以便有事联系。如若客人邀请导游员一同前往，导游员要身体力行做好引领者和监督员。大排档消费过后，若游客请求导游员帮忙垫付费用，导游员一定要将所花费用及消费时间、地点、人数、客人所属单位等方面一一写明，并让客人签字确认。

2. 民俗风情餐

此类风味夜宵别具特色，多属在少数民族同胞的家庭或村寨为游客举行的家庭宴或晚会餐。席间，宾主共餐，谈笑风生，往往伴以民族歌舞表演或自娱自乐的吹拉弹唱，主人常常邀请游客一同表演，就餐气氛融洽、和谐、愉快。比如，呼伦贝尔大草原之旅，可以品尝到蒙古族风味餐——手把羊肉及奶食品，以及用呼伦湖鱼制作的全鱼宴。再如，在云南生活着25个少数民族，每个民族都有自己的风味美食。如，彝族的砣砣肉、独龙族的石板粑粑、傣族的香茅草烤鸡、布朗族的酸肉、白族的木瓜炖鸡、拉祜族的剁橄榄、水族的鱼酸，等等。

此类民俗风情餐或由主人出于友情，免费招待，或是包含在计划内的民族歌舞表演中，一般不再另行收费，或是计划外的加点餐，费用由游客自负。

有别于汉民族，少数民族有其各自独特的饮食文化和生活习惯，需要导游员做好引导提醒工作。这就要求导游员必备一些少数民族知识、常识。为了使风情宴和谐、愉快，导游员要起到牵线搭桥的作用，兼顾两方的生活习惯和饮食风俗。一方面，在赴风情宴之前，要事先将少数民族的饮食习惯告知旅游团的每一位游客；另一方面，如果本团内有不适应主人饮食习惯的，要及早告诉主人，建议主人不必勉强客人进食。

例如，南方山区少数民族招待贵宾用的油炸地蜂、生腌鱼肉等风味餐，恐怕会令多数游客视而色变的。

☞小贴士　中国十大城市美食素描

【北京】

北京是中国文化之都，美食汇集。如，簋街及以国贸为原点的北京国际商务中心区（CBD）的美食、中关村美食圈、航天桥一带的精品美食街、苏州街特色美食、亚运村慧忠路美食街等，吸引着国内外游客。

簋街，它的另一个名字“鬼街”。簋街的餐饮格局是一个哑铃形状，两头大中间小，在这条长不过1.5公里的大街上，聚集了近200家饭馆，密度之大，全北京恐怕再也找不出第二处了。鬼街囊括了川、鲁、粤、湘、火锅、烧烤等各种风味多个品种，尤以麻辣龙虾为招牌菜，香辣蟹、羊蝎子、红焖羊肉等，都是簋街率先创出的特色菜。几年来，簋街始终领导着京城大众餐饮业的新潮流。

以国贸为原点的北京CBD国际商务中心区，也是美食汇集之地。建外SOHO，白领聚集之地，从双井为起点，向北一直延伸至三元桥，与另一新兴美食街“女人街”相接壤。这一地段，荟萃了各种档次、各种风味的中外餐馆，密集且较具规模，成为京城美食风暴的策源地。高档、品位、风情，是这些餐厅的关键词。“金山城重庆菜”是此地最有名的餐厅、“皇城老妈”是四川火锅的代表。此外，这一地段的外国餐厅也很著名，如，新马印风味的“亚洲之星”、美国式的“星期五”和“硬石餐厅”、印度菜馆“坦道”、法国菜馆“福楼”等。

【上海】

去上海找美食，其实为的不是美食本身，而是另一种在别的地方吃不到的海派美食品位。

上海美食街很多，比较著名的有云南路、乍浦路和黄河路，近年来又兴起了不少新的时尚美食街，如“西方时尚弘基广场”、“新天地餐饮广场”等。云南路是老资格的美食街，如今这里以小吃为主；黄河路近十多年逐渐兴起，而乍浦路几乎可以说是已经凋谢了，美食不再是主角，服装、美容店充斥其间，越来越不像样子；黄河路依然餐馆林立，窄窄的一条小巷里，挤满了各色不同档次的小车，繁华景象非同一般；而西方时尚弘基广场、东方新天地则充斥着各路白领、小资。

【杭州】

杭州居住环境好，有一定消费基础，餐饮氛围比较浓。近一两年来，杭州增添了许多美食特色街，南有“高银街”、北有“信义坊”、中有“新湖滨美食天堂”，还有诸如城西的竞舟路、古墩路、新华路农家菜等自发形成的美食集聚地。富有特色的杭州餐饮让杭州愈加显示出独特的魅力。

【南京】

南京美食街素来三足鼎立：王府大街、汉府街、狮子桥，这三条美食街占去了南京市近一半的餐饮市场份额。

狮子桥中有中华民肴食街和亚洲美食之旅，汇集了内地、港澳台地区乃至东南亚等地的品牌餐饮。有江淮的小吃、云南的卤粉、福建的扁食、东北的涮烙炖、蒙古的奶茶、北京的葫芦王、四川的担担面；韩国的特色烧烤、泰国厨师主理的泰式餐厅、以牛肉为主料的“牛大哥”外卖店、新加坡特色肉骨茶及土耳其烤肉等。

【长沙】

“食在广州，味在长沙”，长沙的特色美食街，个性强、特色明、规模大、人气旺，极具个性地演绎着经典湘菜、新湘菜、精品湘菜。湘菜，已成为这个城市的金色名片。

长沙各条美食街中，最具特色和个性的美食街是曙光路美食街。从1998年开始，在这条街上，从南到北依次排列着川湘特色相融的“大蓉和”、家常湘菜风味的“小湘汇”、湘菜乡土味浓厚的“蓉泰”及以乌龟、甲鱼为主打菜，经营档次较高的“青莲酒家”，以瓦缸系列菜为特色的“潭州瓦缸饭庄”，以经营平价、湘味海鲜为特色的“徐记海鲜酒楼”，以力推衡阳流派湘菜为主的“湘水人家”，以经营常德钵子菜为风格的“大丰和”等。

最具大众特色、家常味的美食一条街，是位于火车站的蒸菜一条街；最具人气和规模且又富有生态化的美食街，要算位于长沙市二环线雅塘村口美食街；最方便、最时尚的美食街，是湘江风光带美食街。

【重庆】

重庆瓜果蔬菜四季不断、家畜家禽品种齐全，优越的自然环境、丰富的特产资源，都为重庆人的好吃和吃好提供了有利的条件。

从最早初具规模的解放碑八一路好吃街，到后来的南滨路江湖菜美食街、南山泉水鸡一条街、九龙坡区直港大道美食街、江北区欧式风情美食街及北滨路休闲美食街，等等，引得八方食客闻香而往，纷至沓来，一时间车水马龙、宾客盈门，醉了一座城、香了两条江。

【武汉】

自《生活秀》之后，武汉吉庆街和鸭脖子名声大噪，成为武汉市的两张名片。

武汉号称“九省通衢”，其中国市民气或许更为浓厚。很多城市都有小吃一条街，但像吉庆街这样如社戏、如码头、如剧场一样的小吃街，大概也只是武汉才有吧。

夜晚 10:00 以后，灯火通明愈发热闹。吉庆街的菜肴大抵以本地出产居多，最风行的就是风靡大江南北的鸭脖子，此外还有通红的大龙虾、墨绿的小田螺、焦黑的臭豆腐、乳白的莲花藕……当然，更少不了赫赫有名的武昌鱼。各种菜食一律摆在敞开排列的货架上，一目了然，由顾客随意选择、自由搭配。汉帮菜既不像广东菜的清淡，也不似苏扬菜的甜糯，更不似东北菜的重盐。

在大排档常年活跃着一支能弹会拉善唱的民间艺人队伍。他们不仅可以为你演唱各种戏曲、民谣，还可用最时尚的妙言谐语为你现编现演，一首首流行歌曲和民谣，演绎得让你忍俊不禁、捧腹开怀。这就是吉庆街的文化大排档，它将面对面、开放式的消费方式与随意性、平民化的表演方式浑然天成地糅合在一起。

【哈尔滨】

很少有城市像哈尔滨这样，最著名、最繁华、最新潮的美食街，居然位于其硅谷——高新技术开发区内，堪称物质文明与精神文明完美结合的典范之作。

物美价廉的川菜丝毫没有显现出它在其他地方的火暴优势，精细清淡的沪菜和杭州菜也没有多少市场，而是粤菜大行其道，如，著名的南美花园、台北1+1、如一坊、八府香鸭、富都等。此外，本地的东北大炖菜和鲁菜酒楼也大受欢迎，有人将哈尔滨人的餐饮消费特点总结为两个字：粗与细。粗，是指粗犷豪爽的东北菜；细，则是指制作精良、用料昂贵的粤菜。作为东三省最爱赶时髦的城市，哈尔滨人对于吃喝极是讲究，不在乎高消费，但必须要追赶流行，且对餐馆的装修很在意，那些装潢富丽、高档，服务精良的酒楼，不管风味如何，首先就能吸引到顾客的眼球，然后再从他们兜里赚到钞票，相对来说就比较容易了。

【广州】

食在广州，仅看近10年来广州不断出现的特色美食街便知，名不虚传。

广州南有沙面异域风情美食区、芳村休闲美食天地，东有东都美食大世界，西有增城美食、温泉美食区，北有粤垦美食街、白云大道美食，中有盘福—流花美食街区、禺山路—惠福东路风味环市东国际商务美食区，还有诸如番禺洛溪特色风情美食、番禺雁州河鲜食街等餐饮商家和食客自发形成的美食集聚地。富有特色的广州餐饮显示出食在广州的独特魅力。

【西安】

西安素来被誉为“美食之都”，羊肉泡馍、灌汤包、葫芦头等淳朴本土品牌争奇斗艳，蒸、煮、炒、炸、煎、烤的陕西风味小吃异彩缤纷。来自世界各地的游客在西安享受美景的同时，也满足了口腹之欲。但令外地人感到奇怪的是，要想品尝西安美食，非得练就一身神探的本领不可：西安没有特色美食街。

较有特色的有，城内的钟楼美食街区、城东的金花路美食街区、城北的未央路美食街。

三、娱乐服务技巧

（一）熟知心理来服务

随着旅游业的快速发展，旅游景点层出不穷，新鲜事物应接不暇地冲击着旅游者的眼球。一些旅游者已不仅仅满足于对传统景点的欣赏，而对新鲜事物有着强烈的好奇心。这些新鲜事物多数都出现在娱乐活动中。针对游客的需求，导游员就需要具备敏锐的神经及细致的观察力，对游客的心理和个性有清晰的认知，为游客提供个性化服务和优质服务。旅游者的心理一般有以下几种：

1. 消闲愉悦心理

调剂生活方式、提高生活质量是现代人的追求，旅游所固有的娱乐、消闲等特点，正迎合了人们的这一追求。利用双休日、节假日朋友结伴、家庭联手，完全脱离每天必须遵从某种规律的精神压力，到全新环境中去充分享受自由，在旅游中得到消闲愉悦、激发情趣，全方位地满足了物质和精神享受。旅游成为人们生活的新时尚。比如，娱乐活动中的观看地方文艺专场演出、少数民族风情表演、浴足按摩、品尝风味餐等方式，都可以满足游客的消闲愉悦心理。

2. 求新心理

一个人到异地他乡旅游，摆脱了日常紧张的生活、烦琐的事务、忙碌的工作，成为无拘无束的自由人，希望自由自在地享受新的旅游生活。空间的变化、环境的更新、文化的差异、饮食的独特,无不吸引着人们去探求,通过求新开阔视野、增长见识。这也是我们将旅游基本方式首先定位于"观光"的主要原因。比如,娱乐活动中的潜水、滑雪、蹦极等方式,可以满足那些追求冒险刺激的年轻人的需求。

3. 求知心理

中华文化博大精深,地域的、民族的、古今的、自然的、人文的,等等。旅游求知是没有精神压力的自觉学习,寓教育于娱乐之中,将人类不同历史时期创造的文化无私地展现在旅游者的面前,任凭你去探索、去学习,通过旅游,扩大了认知世界的视野,求知欲在旅游活动中得到充分的满足。比如,娱乐活动中的观看地方文艺专场、少数民族风情表演、逛街、品风味餐等方式,可以满足游客求知的心理,使旅游行程别具特色、记忆深刻。

(二)运用技巧赢信任

1. 成功推销自己

取得加点促销成功与否,很大程度取决于导游员在游客中的威信及信任度。欲达到这种效果,就要成功地推销自己。导游员在与游客接触中树立了良好的第一印象,并在行程的推进中用最甜的声音、最美的微笑、最优质的服务来加固这种印象,赢得游客的信任和喜爱。

成功推销的几种途径有:

(1)赢得并保持良好的第一印象。导游员在游客心目中是旅游目的地的代表和象征,应该是游客最信赖的人,是游客与异国他乡人们交往和交流情感的桥梁,是游客游览大好河山的向导。因此,当游客第一次见到导游时,各种感觉五味杂陈。对导游员的第一印象决定了游客对导游员的喜欢与否。

"第一印象"也叫首因效应或晕轮效应,是指先出现的线索或资料对一个人的总印象的形成有较大的影响作用。它是一种心理定势，一旦形成很难改变。

导游员给游客的第一印象对游客的心理影响极为重要。如果形成“先入为主”的好感，在以后的相处过程中就倾向于对导游员的各种行为作出好的评价和解释，甚至把工作中出现的一些差错也解释为出于无意。

(2)微笑服务。俄国哲学家、作家赫尔岑说，“笑”是心灵的解放。微笑，是导游员常使用的体态语言之一。微笑是自信的象征、友谊的表示，是和睦相处、合作愉快的反映。微笑能使人感到真诚、坦然，最能拨动人的心弦。微笑是一种重要的交际手段、“微笑是永恒的介绍信”、微笑是信赖之本。微笑的合理运用，能有效调节和构建导游员与旅游者之间的和谐关系。

(3)真诚相待。真诚待客，是导游员与游客建立良好人际关系的感情基础，心诚则灵，有诚意才能尽快地在游客中树立起威信。导游服务具有周期性短的特点。导游人员每接一个团与游客接触的时间都不长，多则 10 天左右、少则两三天。因此，导游人员要在短时间内与游客建立和谐的人际关系，真诚相待就显得格外重要。当导游员的真诚和热情被游客认可后，就能迅速赢得游客的好感和信赖。真诚和热情，某些时候还能弥补导游工作中的不足或过失，即使遇到了问题或故障，只要游客心理认可导游员是真心维护他们的利益，他们便会主动配合、协助导游员的工作。

2. 娱乐须“艺术搭配”巧安排

人们花费一定的时间和金钱来旅游，就是为了获得快乐，从而达到娱乐的目的，没有人会愿意为一次枯燥无味的经历而付费。所以在旅游业中，导游员的娱乐加点营销策略就显得尤为重要。导游员可以主动在游客的整个游历过程中适时加入娱乐体验，使整个旅游过程变得有趣而愉快，从而提升顾客的满意度。导游员应巧妙地将旅游产品与娱乐相结合，通过为旅游者创造独一无二的娱乐体验，来捕捉旅游者的注意力，达到刺激旅游者购买和消费的目的。

游客参加娱乐活动，有时为游客主动要求自费参加，有时为导游员推荐“加点”参加。无论哪种形式，目的，都是让游客在整个旅途中不仅欣赏到秀丽景色，还可享受到地方的特色文化，体验到不同凡响的旅游新时尚。

（1）推荐“加点”情况。目前，旅游市场，一些零团费的出现，致使导游员随意“加点”，引起游客与旅游企业之间的诸多纠纷，导致市场的混乱和不理性。

一名导游员曾说：“大打价格战，低于成本价揽客，旅行社怎么会做这种赔本的买卖？当然不会！俗话说‘羊毛出在羊身上’，旅行社接团时亏损的钱，都将在旅游行程中，通过导游员向游客增加景点和购物点赚取佣金来填补这个大空缺。”这种加点行为是旅游市场的不规范所致。

我们所说的推荐“加点”，是在游客知情、自愿的情况下，在不影响游客正常行程内容和质量的情况下实施的。这就要求在加点过程中，导游员一定要保证游客的知情权和选择权，一定要按照相关程序进行，不能强迫、哄骗消费者。事实上，只要是好的、有价值的景点，是不需要强迫和哄骗的。但个别导游员通过不正当的更换景点、降低标准等行为损害游客利益，是绝对不能允许的。

对于导游员来说，应该根据客源地、游客身份及游客个性特征等方面的不同，精心挑选自费景点，而不是把所有的项目都罗列出来，然后不停地、毫无目的地向游客灌输。导游员应发挥主观能动性，时刻站在游客的立场，并在游客同意的情况下，及时签订加点协议。

导游员推荐“加点”景点或“加点”娱乐活动一定要合理化，将各具特色的旅游项目有机、合理地组合起来。这就是所谓的

"加点套餐"。"加点套餐"是从游客角度出发,将体力旅游与精神旅游充分结合。比如,当游客乘长途车、飞机到达旅游目的地或白天进行了爬山等体力消耗较大的活动时,可建议安排游客进行"中药浴足+全身按摩",去除旅途的疲劳;又如,当白天的游览活动相对较轻松时,可建议游客观看当地的民族风情表演、地方戏表演或品尝当地的风味餐;再如,当旅程留有空余时间时,可以安排游客去逛街,了解城市风情或参加一些具有挑战性的潜水、滑雪等项目。

(2)游客主动参加自费项目。旅游行程中,晚上的空余时间是用来休息的,但对于一些喜欢新奇、爱好旅游的游客来说,则更希望利用晚上的时间来寻求旅游刺激。他们往往会主动提出参加一些自费项目。这时,导游员就成为很好的咨询者。在此种情况下,导游员一定不要辜负游客对自己的信任,要因地制宜,根据客源地、游客身份、游客个性特征等方面的不同,量身定做,为游客推荐娱乐活动项目。比如,对于喜欢冒险的年轻人来说,可以推荐其参加一些具有挑战性的项目,如滑雪、蹦极、潜水等;对于年纪大或性格偏保守的游客,则可推荐其参加一些愉悦性、休闲性强的项目,如,看文艺演出、民族风情表演、逛街等;对于喜欢饮食文化的游客,又可推荐其去品尝当地的风味餐。

总之,如果游客有娱乐需求,导游员就要当好建议者和引导者,使游客真正达到娱乐的目的。

【经典案例】

【案例1】加点复加点 加点何其多

【案情】

春节随旅行社前往海南的"休闲之旅",还来不及欣赏海岛美景,孙先生遇到的烦心事已一件接一件。经不住导游员的劝说,孙先生等人在著名的东山岭加游了一个寺庙——潮音寺。眼看里面香火鼎盛,孙先生等人也蠢蠢欲动,想添个香火。一问:上香钱130元/人。来到寺庙不上香好像有点说不过去,孙先生只好悻悻地掏钱购买。接下来在所谓的民俗村内观看歌舞,孙先生又在众人欢呼之下,很“荣幸”地被邀请去当黎族婚礼的“新郎”。拜过天地进入“洞房”之后,孙先生又被告之:需为刚才的“婚礼”支付100元劳务费。

旅行社声音:按照一般做法,旅行社会在旅游合同上注明“建议自费×百元”或者“建议自费增加×个景点”,游客认为没有异议便签名生效。在旅游途中,旅行社一定会严格按照合同要求,确保行程上的景点参观完毕。而导游员在建议游客自费增加景点时,会要求客人签名,保证“是自愿参加某自费项目”。

【点评】

游客进寺庙后,上香与否完全是个人自愿的,和旅行社无关。而“新郎”一例,则属于旅游景点“先斩后奏”的短期赢利行为,属违法性质。旅游景点在邀请客人参加“互动”项目时,应该事先知会客人或在当眼处公示收费标准。另外,旅游合同上都会约定加点的数量,如果旅行社拼命加点则是不合理的,游客可向有关部门投诉。

【案例2】“二人转”绝不能错过

【案情】

从广州远道而来参加沈阳市博会的董先生及公司6位同事,在结束了沈阳市博会的展出工作后,报名参加了沈阳青年旅行社组织的沈阳2日游活动。为了树立沈阳的城市形象,沈阳市政府及相关部门为组织和接待好游客做了很多方面的改善,使董先生一行非常满意。

地陪小李在车上教广州来的游客讲东北话,使旅游车上一直充满欢声笑语。第一天晚餐过后，董先生问导游员小李："听说东北民谚有'宁舍一顿饭，不舍二人转'的说法，以前也听说二人转'说、学、逗、唱、浪'的魅力，特别是看了赵本山的小品后，感觉东北地方戏还是非常有特色的。你们沈阳有二人转吗？"小李笑着回答道："这您可问对了，赵本山建立的'刘老根大舞台'就在沈阳，如果大家想去看的话，最方便不过了，相信您看了一定不会后悔。不过，今天是周末，大概现在买票来不及了。您也许不知道，在'刘老根大舞台'看演出，尤其是周末，根本买不到票，有时候还得提前预订呢。有的票贩子在市博会期间，将一张200元的门票都暴涨到500元了，可见二人转的受欢迎程度有多高了！"

听到导游员小李的介绍，大家决定让其帮忙买票，次日晚上去看二人转，后天返程。这时，小李提醒说："董先生，明天晚上我们行程安排是逛夜景，要取消吗？"董先生在征得大家意见后，告诉小李明天原定活动取消，只看"刘老根大舞台"。看来，东北的民间艺术是深受游客欢迎的。

第二天晚上，小李拿着提前订好的门票，带领游客欣赏了一场精彩的二人转演出。演出结束后，董先生说这次来东北，不虚此行，"吃得好、玩得好、转得好啊！"

【点评】

文娱活动是旅游六要素的重要组成部分之一。我国历史悠久、文化底蕴深厚、民族众多、民俗文化浓郁、文娱活动丰富多彩。文娱活动大多是游客自费项目，导游员在安排时应注意如下几点：

（1）事先与领队（全陪）协商，征得领队（全陪）的支持，统筹安排。

（2）向游客推荐最有价值，最具代表性的文化娱乐活动。

（3）严格遵守自愿消费原则，若游客不感兴趣，不得强求。

(4)根据行程计划合理安排文娱活动,避免游客过于疲劳,影响次日的游览活动。

(5)严禁欺诈游客,必须带游客到文明、合法的文化娱乐场所消费,严禁带领游客参加格调低下、不健康甚至色情的文娱活动。

(6)随时注意安全,在大型娱乐活动场所提醒游客不要走散,注意周围的环境和安全出口,以便发生意外事故时能及时带领游客安全撤离。

(7)观看文艺演出前,向游客作适当介绍,并告知演出时间、地点、形式、价格等情况,演出结束后应帮助游客回顾并回答游客的咨询。

【案例3】品尝风味餐

【案情】

喜欢出门旅游的人大多有这样一种习惯,即来到异地他乡,总想品尝一下当地的独特风味和不同地域文化所带来的特色美食。四川物产富饶、美食诱人,川菜及四川小吃享誉海内外,是我国重要的旅游目的地。将四川美食向游客推荐,让游客不仅能饱览四川的名山大川,还能品尝到具有浓郁地方特色的风味餐。李先生一行来到成都参观游览,除团队正常安排的团队餐外,他们更想到小吃街上尝尝那里的特色餐食,因此,特向导游员小王请教,当地最有代表性的小吃是什么,及其所处的地理位置等许多大家关心的"美食"问题。

看到大家对这里的小吃如此感兴趣,小王也非常高兴。这毕竟是对地方经济的一种拉动,更说明这里的饮食已在旅游者心目中占有了一席之地。小王告诉大家:"此次四川之旅,旅行社为大家安排团队餐中已经包含了一些地道的小吃,由于与正餐一起品用,大家感受不深。如果还需自费品尝的话,我可以帮大家推荐一些有代表性的美食。"小王如数家珍地把各种美味小吃介绍给大家，游客早就禁不住美食的诱惑了，紧接着便结伴而行去品尝美食啦。

【点评】

通常，品尝风味，是指品尝具有地方特色的风味食品。旅游团品尝风味餐有两种形式：一种是计划内的，一种是计划外的。后者，是旅游者自发的自费品尝形式。在游客同意的前提下，导游员在帮助安排风味餐时须注意以下几点：

(1)认真、细致地向游客介绍当地的饮食习俗，了解一些饮食禁忌。

(2)向游客推荐具有代表性的风味餐。

(3)遵循自愿原则，不得强求游客品尝风味餐。

(4)安排风味餐与旅行社团队餐发生冲突时，要在征得全体游客同意的前提下，再向旅行社计调部门请示，能否更改团队餐，如若未得到批准，导游员不得自作主张强行安排。

(5)实事求是地向游客预报要产生的餐费或其他可能产生的费用，严禁欺骗游客。

(6)导游员要把好卫生关，做好游客的卫生监督员，密切关注用餐地点的卫生状况。

【案例4】演出后的意外

【案情】

孙先生一行25人和领队王小姐已在旅游车上静坐了两个小时。泰国导游员和司机不开空调和车门，目的只有一个，必须参加自费项目。王小姐十分无奈地向大家解释，这个费用在行程里已经标明了，希望大家还是配合一下。眼看晚餐的时间就要到了，孙先生和大家低声商量："为了不吃眼前亏，还是先把钱交了吧！回去再投诉，合同是合同，不看也不该强迫，看看能不能解决问题。"就这样，25位游客在极不情愿的情况下，将每人800元的自费项目款交到了泰国导游员的手中。

随后，地陪导游员陪着大家观看了一场令人瞠目的“人妖”表演。对于中国游客来讲，大家都是在传统儒家思想教育的影响下成长起来的，总感觉这样的演出有伤风化。但是，当演出推向高潮时，人们的诧异声此起彼伏，许多游客都被泰国的这种独一无二的人文风情折服了，也明白了为什么泰国能成为极具地方特色的国度。

在演出结束时，孙先生十分好奇地发现，游客们都往舞台前跑，领队王小姐告诉大家：“游客们是要和‘人妖’合影留念。”旅游团里的一些游客也纷纷上前拍照。照片拍完后，大家刚要走的时候，却被拉住了衣服，此时4个彪形大汉走了过来，领队王小姐马上明白了，从自己包里拿出了100元人民币，大家才被放行。这突如其来的一幕，让许多游客惊魂未定、不知所措。出了剧场的大门，领队王小姐对大家说：“这是泰国的国情，像这种合影是要付小费的，你们可不要以为是免费的，如果刚才不是我反应快，这几个打手会动粗的。我刚刚付过的100元大家是要平摊的哦！”

大家无语，回头看了一眼这个让大家心惊肉跳的地方，百感交集。

【点评】

走出国门的游客，对异域风情了解不多，许多人往往会因为一个不小心而受到处罚。领队在旅游团中应当起到及时提醒的作用，将一些特情提前告知游客，以免出现本案中的情景。

在泰国观看人妖表演时，游客应注意以下几个细节：

(1)与人妖合影要付20泰铢~40泰铢，不能露出大额的钞票，有些“人妖”甚至会抢钱。

(2)“人妖”为了多拿小费，有的会故意拉游客的手去摸她，导游员一定要提醒游客注意。这种收费会很高，请游客不要上当。

(3)国情不同，对这种不熟悉和不了解的艺术形式不要进行评价，以免引起不必要的麻烦。

【案例5】培养“洋票友”

【案情】

某年9月的一天晚上，北京导游员张先生带一个法国旅游团到前门饭店的梨园剧场看京剧。刚开始演《三岔口》《闹天宫》等小折子戏，张先生便简单给大家介绍了一下剧情，客人们看得津津有味。一会儿又上演《白蛇传》中的片段，张先生就把故事情节向附近的游客介绍了一番。同时告诉他们，以前扮演剧中主要“旦”角儿的演员都是男子。游客们听后非常吃惊，互相转告。接着，张先生又根据剧中人物和人物的关系、主要故事情节和关键唱腔进行了讲解。借助字幕，游客们基本上了解了剧情。演出过程中，有些旅游团纷纷离去，但张先生的旅游团却一直看完了戏，游客们兴致一直很浓。终场时，他们像地道的“票友”那样，用热烈的掌声和欢呼声向演员们表示感谢，演员们也多次谢幕。

在回饭店的路上，那些法国游客非常兴奋，有的在讨论刚才的剧情，有的请张先生讲解故事的发展和结尾，并纷纷赞扬中国的京剧艺术。

【点评】

一般来讲，外国游客看京剧是看热闹。他们一开始看到各种人物披红挂彩登场，头上珠光宝气，听着锣鼓、京胡的伴奏，觉得挺有意思。但时间一长，由于不了解故事背景和听不懂唱腔与念白，加上一天旅游的劳累，在照过几张相后就兴趣消退了。因此，常常是客人看过30分钟后，领队或导游就带着客人回饭店休息了。

要想让外宾看懂京剧，首先，要求导游员自己要懂京剧。这样，导游员便可在看京剧前后及演出过程中向游客介绍京剧的历史和剧情梗概。因此，导游员一定要加强自身的艺术修养，提高对国粹的理解和热爱程度，进而才能激发外国游客欣赏京剧的兴致，让他们喜欢京剧。

【实战演练】

1. 游客晚间想出去购物，导游员该怎么办

游客要求晚间单独外出购物时，导游人员要予以协助，当好购物参谋。如，建议游客去哪家商场或门店购物，为其安排出租车并写便条（注明商店名称、地址和所住饭店名称、导游员手机号码等）让其带上，但如果是在旅游团结束在某地的旅游，即将返程时，导游人员必须要劝阻游客单独外出购物，以免发生意外延误火车或航班。

2. 部分游客不愿观看计划内的演出而要求改看其他节目，导游人员应如何处理

[参考提示]

发生上述情况在导游带团中极为常见。如果旅游团中部分游客不愿去观看计划内的文艺演出，而要求改看另一场文艺演出，导游人员首先应对游客进行说服工作，告知演出票已经订好，必要时请领队帮助调解。若游客坚持观看另一场演出，导游人员应予以协助。如果两处演出地点同路，导游人员在与司机商量后，可先后将两部分游客送到演出地点，但观看计划外演出的游客费用需自理；若两个演出地点相距较远，导游人员可为观看计划外演出的部分游客安排车辆，所有费用需由游客自理。

第八单元

应急处理篇

【导读摘要】

作为新导游员，独立带团的能力，尤其是单独处理突发事件的能力还是比较欠缺的。所以，在这一篇里将告诉新导游员如何处理突发事件；掌握处理游客特殊要求的基本原则，包括餐饮、住房、游览、购物、娱乐等方面的应急处理。

【专题讲座】

一、积累知识，锻炼能力，迎接应急挑战

在旅游过程中，导游员除要按照旅游协议书中所规定的项目和要求开展工作外，还常常要面对游客提出的各种特殊要求。这些要求有难有易，有合理的，亦有苛刻的，甚至还有无理的、违法的要求。如何处理这些特殊要求，是对新导游员处理问题能力的一个严峻考验。

新导游员应该学习和掌握处理各种特殊要求的基本原则和方法，努力做到既能使特殊要求得到满足的游客高高兴兴，又能使特殊要求未得到满足的游客亦无抱怨，甚至使爱挑剔的游客也提不出更多的指责。与此同时，使旅行社和导游员的权益也能受到尊重和保护。这就要求导游人员在处理游客特殊要求时，务必掌握一些基本原则。

游客的特殊要求，是指在旅游团到达目的地后的旅游过程中，个别游客或少数游客因生活上的特殊需要或个人的某些愿望，而临时提出的要求。旅游业发达的国家和地区都非常注重游客特殊要求的处理，对特殊要求处理得好坏，可在一定程度上反映出旅游服务质量的水平。根据国际惯例和导游服务的先进经

验，导游员在处理游客特殊要求时应遵循如下六条基本原则，即：符合法律原则、公平对待原则、尊重游客原则、超常服务原则（Extra Service）、合理而可能原则和维护尊严原则。

1. 符合法律原则

（1）关于导游员及旅游者的权利与义务。我国旅游法规中明确规定了导游人员作为聘用单位的代表，有权要求旅游者按照合同安排和规定进行活动，有权对旅游者提出合理规则并要求旅游者服从指挥。在团体旅游中，导游员的指挥作用显得更为重要。对于不服从指挥随心所欲，甚至在旅游团队中故意制造事端、制造矛盾和混乱者，导游员有权提出批评、警告，有权制止其违反旅游纪律的行为。对于不听劝阻、一意孤行者，导游员有权令其退出旅游团。导游员行使上述权利，主要是为了使旅游活动得以正常进行，为了保护旅游者的利益。

作为旅游者，他们有义务服从导游员的合理安排和指挥，遵守旅游纪律，但他们也有权维护自己的合法权益。例如，旅游者对导游员违反职责、违反导游法规的行为及这种行为对旅游者合法权益的侵害，有权提出异议，也有权向该导游所在的聘用单位或向旅游行政主管机构投诉。

（2）关于旅行社与旅游者之间的权利义务。旅行社的基本义务，首先，是关心旅游者的利益，认真组织好旅游，保证提供符合合同规定的活动项目和服务，保证旅游的顺利进行。其次，根据旅游合同为旅游者办理各种委托代办业务。这些业务的服务对象，可以是团队也可以是散客。最后，旅行社有义务对其本身过错造成的旅游者的损失承担赔偿责任。

旅行社也享有相应的权利：

其一，旅行社有权自由地同任何团体或个体旅游者签订旅游合同。

其二，旅行社有权向旅游者收取旅游费。

其三，旅行社有权要求旅游者按合同规定的时间、路线、方式进行旅游，有权对旅游者作出若干规定，要求其遵守。旅游者可能由于某种原因，要求改变原旅行社路线或在中途停留，这时旅行社或导游员应认真分析旅游者的要求，对于无正当理由的，旅行社有权加以拒绝。如果旅游者确因身体等方面的原因或出现某种意外情况，旅行社可酌情予以考虑。但在旅游团体中，更要考虑全团的利益，只能对提出变更要求的旅游者另作安排，不能影响团内其他客人的正常活动。此外，由于变更而引起的额外支出或造成旅行社的经济损失，应由提出变更要求的旅游者承担。

其四，旅行社有权对违反旅游合同的旅游者采取必要的制裁措施。例如，对于不遵守旅行社规定，不服从导游员的合理安排或制造事端的旅游者，旅行社有权令其退出旅游。对没有按照旅游合同规定的时间参加旅游的，旅行社有权不再等候。旅行社也有权对这样的旅游者所预交的定金不予退还。

2. 公平对待原则

公平对待原则，是指导游员对所有客人应一视同仁、平等对待。游客不管来自哪个国家、属于哪个民族、哪种宗教信仰、何种肤色，不管其社会经济地位高低、年老年幼、男性女性，都是我们的客人，都是导游员服务的对象。导游员要尊重他们的人格，一视同仁、热情周到地为他们提供导游服务，维护他们的合法权益，满足他们合理、可行的要求，切忌厚此薄彼。

3. 尊重游客原则

游客提出的要求，大多是合情合理的，但也会有个别客人提出一些苛刻的要求使导游员为难。对待这种情况，导游员一定要记住自己的职责，遵循尊重游客的原则，对客人要礼让三分。客人可以挑剔，但导游员要保持冷静，始终保持有礼、有理、有节，不卑不亢。

在游客提出特殊要求时，导游员一要认真倾听，不要没有听完就指责游客的要求不合理或胡乱解释；二要微笑对待，切忌面带不悦、恶言相向；三要实事求是、耐心解释，不要以“办不到”一口拒绝。须强调的是，一定不要和游客发生正面冲突，以免影响整个旅游活动的正常进行。

4. 超常服务原则

超常服务，是指超出旅游协议规定的额外服务。游客是导游员的主要工作对象，满足他们的要求，使他们愉快地度过旅游生活是导游员的主要任务。因此，游客提出要求，只要是合理而又可能办到的，即使很困难，导游员也要设法予以满足。导游员要细心观察他们的言行举止，设法了解他们的心理需求。另外，导游员应该向处于某些特殊情况的客人提供超常服务，如高龄游客、儿童、残疾人、病患者等，多向他们送去一份关怀和照顾。导游员提供得当的额外服务，往往会使游客得到更大的精神满足，为我国旅游业赢得声誉。

例如，优秀导游员与一般导游员的主要差别在哪里？后者满足于完成本职工作，而前者却往往并不满足于此。他们在照顾好一般服务对象基础上，愿意多走一程，去给予那些应该得到特殊照顾的人以适当的特殊照顾。

昆明的优秀导游员小郭，每天带团之后都前往医院探望一位年老的德国游客，向她介绍全团当天的活动，使卧病在床的外国老人分享一点快乐。

浙江的优秀导游员小吴，发现一位香港女青年因为长得不漂亮而表现得孤独、自怜，便经常主动利用带团间歇与其聊一聊，送去微笑，让女青年的脸上也露出了久违的笑容。

小郭、小吴所提供的服务就是超常服务；优秀导游员的优，就体现在这些小事上。

5. 合理而可能原则

合理而可能原则，是导游员处理问题、满足游客要求的依据和准绳。所谓合理的基本判断标准，是不影响大多数游客的权益、不损害国家利益和旅行社的合法权益、不损害导游员的人格尊严。

游客外出旅游一般都会产生求全心理，往往把旅游活动理想化，常常在生活和游览活动方面提出种种要求、意见和建议，有时甚至对旅游活动的安排横加指责，少数人还一味挑剔，关系重大，有时会影响整个旅游服务的成败，导游员必须予以重视。当游客提出特殊要求或意见时，导游员必须认真倾听，冷静、仔细地分析、判断是否合理，是否可能实现；就是对个别人的指责和挑剔也要认真对待，看其中是否有合理的成分，而不可置之不理。只要是合理的、可能的，导游员就应该努力去做。对不合理或不可能实现的要求和意见，导游员要耐心解释，解释时要实事求是、通情达理，用柔性语言使游客心悦诚服。

6. 维护尊严原则

导游员在对待游客的特殊要求时，要坚持维护祖国的尊严和导游员的人格尊严。《导游人员管理条例》对此有相关的规定，具有法律效力。

根据《导游人员管理条例》第十条规定，导游人员进行导游活动时，其人格尊严应当受到尊重，其人身安全不受侵犯。导游人员有权拒绝旅游者提出的侮辱其人格尊严或者违反其职业道德的不合理要求。

根据《导游人员管理条例》第十一条规定，导游人员进行导游活动时，应当自觉维护国家利益和民族尊严，不得有损害国家利益和民族尊严的言行。

根据《导游人员管理条例》第十二条规定，导游人员进行导游活动时，应当遵守职业道德，着装整洁、礼貌待人，尊重旅游者的宗教信仰、民族风俗和生活习惯。导游人员进行导游活动时，应当向旅游者讲解旅游地点的人文和自然情况，介绍风土人情和习俗，但是，不能迎合个别游客的低级趣味，在讲解、介绍中掺杂庸俗下流的内容。

二、实战应急处理 ABC

(一)餐饮问题应急

“民以食为天”，跨国界、跨地区的游客对餐饮的要求各不相同，因餐饮问题引起的游客投诉屡见不鲜。对于新进入的导游员须熟知以下可能发生的情况，灵活处理，沉着应对：

1. 对特殊饮食要求的处理

由于宗教信仰、生活习惯、身体状况等原因，有些游客会提出饮食方面的特殊要求，例如，信仰伊斯兰教的回民不吃猪肉、猪油，还不能说“猪”这个字，要以“大肉”、“大油”来代替；患有胰腺炎的游客不吃荤、不吃油腻的饭菜，笔者曾经接待一个旅游团，一个患有胰腺炎病的游客非常可怜和着急，她不能吃油腻的食物，否则，将要犯病，无奈，就请餐厅给她下了一碗清汤面，一点油都没有；得了肾炎的游客不能吃含盐太多的食物；患有糖尿病的游客不能吃糖分太多的食物，类似的事情很多。对游客提出的特殊要求，要区别对待。

(1)事先有约定。若所提要求在旅游协议书中有明文规定的，接待方旅行社须早做安排，地陪导游在接团前应检查落实情况，不折不扣地兑现。如，某北方旅游团在到达南方某目的地之前提出，需要在正餐时提供面食，地接社就要通知地陪，与餐厅协商好，提供面食服务。

(2)抵达后提出。若旅游团抵达后或到定点餐厅后临时提出要求,则需视情况而定。一般情况下,地陪应立即与餐厅联系,在可能的情况下尽量满足其要求;如情况复杂,确实有困难满足不了其特殊要求,地陪则应说明情况,协助游客自行解决。

如,全陪小张和一支来自美国的 20 人旅游团要相处半个月。从北京到西安,一路上,大家玩得很开心,也喜欢和小张聊天、开玩笑。汤姆是团里少数的年轻人之一,爱说爱笑。在西安吃最后一顿晚餐时,他突然有意无意地对小张说:"回想起来我们来中国已经将近一个星期了,中国的美味佳肴确实吃了不少,在北京吃了烤鸭、御膳,来西安品又尝了风味饺子,就是没吃上一顿西餐。转天就要去上海了,计划中安排的第一餐还是中国风味餐,能不能换换品味,让我们吃一顿中国的西餐呢?"吃过晚饭后,小张马上给上海接待社打了一个电话,提出安排一顿西餐的要求,并说明了客人的情况。

转天,客人乘机抵达上海。当地陪向大家宣布当晚要去著名的和平饭店吃西餐时,客人们高兴极了,不停地说"太好了"。小张在一旁也会心地笑了。

后来,小张接到了一封客人的来信,上面有这样一句话:"中国的饭菜好吃,中国的西餐也是妙极了。我喜欢中国。"

从这则案例可以看出,导游员在带团安排用餐时,应灵活处理,方能得到客人的拥护和爱戴。

2. 要求换餐的应急处理

部分外国游客不习惯中餐的口味,在几顿中餐后要求改换成西餐;有的外地游客想尝尝当地小吃,要求换成风味餐。诸如此类的要求,处理时应考虑如下几个方面。

(1)首先要看是否有充足的时间换餐。如果旅游团在用餐前 3 个小时提出换餐要求,地陪应尽量与餐厅联系,但需事先向游客讲清楚：如能换妥，差价由游客自付。

（2）询问餐厅能否提供相应服务。若计划中的供餐单位不具备供应西餐或风味餐的能力，应考虑换餐厅。

（3）如果是在接近用餐时间或到餐厅后提出换餐要求，应视情况而定。若餐厅有该项服务，地陪应协助解决；如果情况复杂，餐厅又没有此项服务，一般不应接受此类要求，但应向游客做好解释工作。

若游客仍坚持换餐，地陪可建议其到餐厅自己点菜或单独用餐，费用自理。

3. 要求单独用餐

由于旅游团的内部矛盾或其他原因，个别游客要求单独用餐。此时，导游员要耐心解释，并告知领队请其调解；如游客坚持，导游员可协助与餐厅联系，但餐费自理，并告知综合服务费不退。由于游客外出自由活动，访友、疲劳等原因不随团用餐，导游员应同意其要求，但要说明餐费不退。

4. 要求在客房内用餐

若游客生病，导游员或饭店服务员应主动将饭菜或稀饭、面条端进客人房间以示关怀；若是健康的游客希望在客房用餐，应视情况办理，如果餐厅能提供此项服务，可满足游客的要求，但须告知收费标准。

5. 要求自费品尝风味

旅游团要求外出自费品尝风味，导游员应予以协助，可由旅行社出面联系，或由导游员与有关餐厅联系，切记“先收费，后品尝”。

6. 要求推迟就餐时间

由于游客的生活习惯不同，或由于在某旅游地游兴未尽等原因要求推迟用餐时间。导游员可与餐厅联系，视餐厅具体情况处理。一般情况下，导游员要向旅游团说明餐厅有固定的用餐时间，劝其入乡随俗，过时用餐需另付服务费；若餐厅不提供过时服务，最好按时就餐。

（二）住房问题的应急处理

旅游过程中，饭店是游客临时的家。对于游客在住房方面的要求，导游员一定要尽力协助解决。

1. 要求调换饭店

游客到一地旅游时，享受什么星级的饭店和住房在旅游协议书中有明确规定，有的在什么城市下榻于哪家饭店都写得清清楚楚。所以，地接社向旅游团提供的客房低于其标准或不是协议书标明的饭店，即使用同星级的饭店替代协议书中标明的饭店，游客都会提出异议。

如果地接社未按协议安排饭店或协议中的饭店确实存在卫生、安全等问题而致使游客提出更换饭店，地陪应及时与地接社联系，地接社应负责予以调换；如确有困难，按照地接社提出的具体办法妥善解决，并向游客提出有说服力的理由，并给出补偿条件。

如，某一旅游团在协议书中要求标明在海口住某家三星级饭店，可是，当客人下了飞机去饭店时，发现不是他们协议书中标明的那家三星级饭店，因此拒绝下车。旅行社解释说："原定的那家三星级饭店因有会议，已经住满，用另一家三星级饭店替代。"可客人认为："那家住满，而这一家没有住满，说明协议书中的那家三星级饭店要好一些，所以拒绝下车。"在这种情况下，地接社不得不安排一家四星级饭店进行弥补。

2. 要求调换房间

根据客人提出调换房间要求的不同原因，应采取不同的处理方法：

（1）由于客房设施，尤其是房间卫生达不到清洁标准，如，有蟑螂、臭虫、老鼠等，应立即打扫、消毒，如果游客仍不满意，坚持调房,应与饭店有关部门联系予以满足。

(2)若游客对房间的朝向、层数不满意,要求调换另一朝向或另一楼层的同一标准客房时,若不涉及房间价格且饭店有空房,可与饭店客房部联系,适当予以满足,或请领队在团队内部进行调整。无法满足时,应做耐心解释,并向游客致歉。

(3)若游客要住高于合同规定标准的房间,如有,可予以满足,但游客要交付原定饭店退房损失费和房费差价。对于这一点,很多客人不理解,导游员要做一定的解释工作。

3. 要求住单间

旅游团一般安排住标准间或3人间。由于游客的生活习惯不同或因同室游客之间闹矛盾而要求住单间的,导游员应先请领队调解或内部调整,若调解不成,饭店也有空房,可满足其要求,但导游员必须事先说明,房费由游客自理(一般由提出方付房费,即谁要求住单间谁付费)。

4. 要求延长住店时间

由于某种原因(生病、访友、改变旅游日程等)而中途退团的游客提出延长在本地的住店时间,导游员可先与饭店联系,若饭店有空房,可满足其要求,但延长期内的房费由游客自付。如果原住饭店没有空房,导游员可协助联系其他饭店,房费由游客自理,且应说明,支付的是散客房费,比团队房费要高一些。

5. 要求购买房中物品

如果游客看中客房内的某种摆设或物品,要求购买,导游员应积极协助,与饭店有关部门联系,尽量满足游客的要求。

(三)购物问题应急处理

购物,是旅游活动六大要素之一,是参观游览活动的重要补充。销售商品是一个国家或地区旅游收入的重要组成部分。具有民族特色、地方特色的商品不仅是游客向往的纪念品,而且通过它，游客还可进一步认识一个国家或地区的民俗风情和民族文化。在购物方面，游客往往会提出各种各样的特殊要求，导游员要不怕麻烦、不图私利，设法予以满足。

1. 要求单独外出购物

游客要求单独外出购物，导游员要予以协助，当好购物参谋。例如，建议他去哪家商场购物，为他安排出租车并写中文便条（注明商店名称、地址和饭店名称等）让他带上，但在旅游团快要离开本地前，不宜安排游客到热闹的区域购物，也要劝阻游客单独外出购物，以免走失，耽误行程。

2. 要求退换商品

游客购物后，发现是残次品、计价有误或对物品不满意，要求导游员帮其退换，导游员应积极协助，必要时陪同前往，以维护我国的商业信誉。

如，笔者曾经有一次带团去澳门，游客头一天购买的金项链有掉色现象出现，找到澳门导游员，澳门导游员当场退钱给游客，游客非常感谢。这件事给我留下了深刻印象。

3. 要求再去商店购买相中的商品

游客欲购买某一商品，出于“货比三家”的考虑或对商品价格、款式、颜色等犹豫不决，当时没有购买，后来经过考虑又决定购买，要求地陪帮助。对于这种情况，地陪应热情帮助，如有时间可陪同前往，车费由游客自理，若因故不能陪同前往，可为游客写张中文便条，注明商店地址及欲购商品的名称，请其乘出租车前往。

4. 要求购买古玩或仿古艺术品

游客若想购买古玩或仿古艺术品，导游员应建议他去文物商店购买，买妥物品后要提醒他保存发票，不要将物品上的火漆印（如有的话）去掉，以便海关查验；游客要在地摊选择古玩，导游员应劝阻，并告知我国海关规定：携带我国的文物出口（包括古旧图书、字画等），应向海关递交中国文物管理部门的鉴定证明，否则不准带出，地摊无法为其提供这种证明。若发现个别游客有走私文物的可疑行为，导游员应向游客讲清我国的有关法律规定。若游客不听劝阻，导游员须及时报告有关部门。

5. 要求购买中药材

游客若想购买中药材、中成药，导游员应告知中国海关的有关规定：旅客携带中药材、中成药出境，前往国外的，总值限人民币300元，前往港澳地区的，总值限人民币150元；寄往国外的，总值限人民币200元，寄往港澳地区的，总值限人民币100元。中药材、中成药的价格，均以境内法定商业发票所列价格为准。进境旅客出境时携带用外汇购买的、数量合理的自用中药材、中成药，海关查验盖有国家外汇管理局统一制发"外汇购买专用章"的发货票放行。超出自用合理数量范围的，不准带出。

麝香不准出境。严禁携带犀牛角和虎骨出境。

6. 要求代为托运

游客购买大件物品后，要求导游员帮他托运时，导游员可告知外汇商品一般经营托运业务，购物后可当场办理好托运手续；若有的商店无托运业务，导游员要协助游客办理托运手续。

7. 委托代办

游客欲购买某一物品，但当时无货，请导游员代为购买并托运的，导游员对游客的这类要求，一般应婉言拒绝；实在推托不掉，须请示领导，不得自作主张，贸然接受委托。一旦接受了游客的委托，导游员必须在领导指示下认真办理委托事宜：收取足够的钱款（余额在事后由旅行社退还委托者），发票、托运单及托运费收据寄给委托人，旅行社保存复印件以备查验。

（四）游览期间的应急

在游览期间给予游客适量的自由活动时间，可以缓解集体活动带来的紧张,使游客感到有张有弛,更好地达到自己旅游的目的,这是符合游客心理要求的。他们往往需要一定的自由活动时间,选择自己感兴趣的项目参观游览,或处理其他事务。导游员应充分理解这种情况,不要怕麻烦,尽量予以安排。根据不同的情况,妥善处理,并认真回答客人的咨询,提出建议,满足客人的要求。

1. 要求独自安排活动

个别游客因个人爱好、职业兴趣或已多次来此地、或游览过某一景点等原因,不愿意随团参加集体活动,而希望自己独自去计划外的景点参观,或探亲访友,或忙于商务,或希望暂时离团到另外的城市活动,在出境前与其他游客会合。若满足游客此类要求不影响全团活动计划,导游员应予同意,但须安排周密、妥当。若个别要求影响旅游活动计划的顺利进行,导游员应劝说游客随团活动。

2. 在游览点个别游客要求独自行动

在游览点,个别游客不愿跟着导游员按规定的线路游览而希望自由游览或到某处拍照,如果游人不多、秩序不乱,导游员可允许其自由活动,但要提醒游客注意安全,注意集合的时间、地点和规定的行程线路,必要时留一张纸条,上面写清集合时间、地点和车号,以及饭店名称和电话号码,以备不时之需。如果有安全隐患,要劝阻游客独自行动。

导游员不能答应游客划小船或在非游泳区游泳的要求,更不可置旅游团于不顾而陪少数人去划船、游泳。

3. 要求晚上自由活动时间外出

晚上没有活动安排的时候,游客要求去饭店外逛街,导游员一般应让其外出,并可让游客带上饭店的便签,以防迷路。建议游客不要走得太远,或回来太晚,或去秩序不好的地方。有些地方确有安全问题或治安隐患,导游员可向游客说明,劝阻他们外出活动,以免游客产生误会。

4. 少数人要求一起活动

少数人自由活动时，导游员应与大多数游客一起，不可置大多数人于不顾，陪少数人单独活动，而且要确保旅游计划的全面贯彻实施。

5. 外国游客要求去不对外开放的地方

游客要求去不对外开放的地区、机构和单位参观游览，导游员应婉言拒绝，不得自作主张答应游客的这种要求，必要时，须提醒对方尊重中国方面的有关规定。

6. 离开某城市或地区前要求自由活动

在即将离开某城市或地区之前，为了避免误机（车、船），一般应提醒游客不要自由活动，特别是需要较长时间的活动，如，到热闹的地方购物等，以免影响整个团队准时抵达机场（车站、码头）。

（五）娱乐活动方面的应急处理

娱乐活动是晚间活动的重要内容，有协议书规定的，也有旅游者要求自费观赏的文艺演出。在我国，为外国旅游者提供的娱乐活动有京剧、古代音乐舞蹈、杂技、民族歌舞等，也有饭店服务人员和周围群众自己组织的文艺晚会。这些活动不仅充实了旅游者的夜生活，也会给他们留下深刻的印象，帮助他们进一步了解中国的传统文化。对于文娱活动，旅游者各有爱好，不应强求一致。旅游者提出种种要求，导游员应本着“合理而可能”的原则，视具体情况妥善处理。

1. 计划内的文娱活动

计划内的文娱活动，一般在协议书中有明确规定。若无明文规定，导游员最好事先与领队和游客商量，然后安排。

旅行社已安排观赏文艺演出后，游客要求观看另一演出，若时间许可，又有可能调换，可请旅行社调换；若无法安排，导游员要做耐心解释并明确告知票已订好，不宜退换，请他们谅解；若游客坚持要求看别的演出，导游员可协助，但费用自理。

部分游客要求观看别的演出，处理方法同上。若决定分路观看文艺演出，在交通方面导游员可做如下处理：如两个演出地点在同一线路，导游员要与司机商量，尽量为少数游客提供方便；若不同路，则应为他们安排车辆，但车费由他们自理。

2. 计划外的娱乐活动

游客要求自费观看文艺节目，在时间允许的情况下，导游员应积极协助。处理方法有如下两种可酌情选择：

(1)与地接社有关部门联系，请其报价，将地接社的对外报价(其中包括节目票费、车费、服务费)报给游客，并逐一解释清楚。若游客认可，请地接社预订，地陪同时要陪同前往，将游客交付的费用上交地接社并将收据交给游客。

(2)协助解决，提醒客人注意安全。地陪可帮助游客联系购买节目票，请游客自己乘出租车前往，一切费用由游客自理，但应提醒游客注意安全，带好饭店地址，必要时地陪可将自己的联系电话告诉游客。

如果游客执意要去大型娱乐场所或情况复杂的场所，导游员须提醒游客注意安全，必要时陪同前往。

3. 要求前往不健康的娱乐场所

游客要求去不健康的娱乐场所和过不正常的夜生活，导游员应断然拒绝并介绍中国的传统观念和道德约束，严肃指出不健康的娱乐活动和不正常的夜生活在中国是禁止的，是违法行为。

【经典案例】

【案例1】只好把他架了起来，抬回舱房

【案情】

北京某旅行社的杜导游员告诉我们：“从重庆乘船顺江而下

游三峡，这是中国第一流的旅游线路。我做全陪带团沿着这条线路走过好几次，依然对它情有独钟。然而，乘船旅游有其特点，游客要在游船上生活好几天，会遇上一些有别于陆地旅游的事情。有时候，他们的感觉和经验往往不够用。就说喝酒吧，有些游客平日喜欢喝一点，有的人很有些酒量，可是人到了行驶的船上，最好别按平日的酒量来喝酒，因为船是摇晃的，许多情况和平日在陆地上不同。我经常对游客说，乘船要少喝酒。平日喝酒，您能喝二两喝二两，能喝半斤喝半斤，那是量力而行，有自知之明；可是在船上喝酒就要适度减量。您上了船，还是能喝半斤喝半斤，那可是真容易晕。游客要是在晚餐的时候喝酒晕了，可以回舱房睡觉；要是午餐喝晕了，许多好风景就只能是'无缘对面不相识'了。说实话，就是游客晚餐喝酒，我也得嘱咐他们一定要少喝。可是，任你怎样劝，游客喝酒还是经常有过量的。以我的经历，亲眼见到游客在船上喝酒而喝出麻烦的事情就不是一起两起。2002 年夏天，我带着来自台湾地区的一个旅游团，从重庆乘船顺江而下游三峡。船行过巫峡后就渐渐驶入了暮色，晚餐以后，江上已是漆黑了。当时，我和几个游客正在舱房里聊天，忽然有一位游客心急火燎地来找我，让我去酒吧劝他的朋友。他说，他那位朋友现在已经喝得不能自持，正在和另一位酒友攀比，看谁付给酒吧小姐的小费多，请我务必尽快劝他住手。我赶紧跟着这位游客去了酒吧。只见他的朋友正和其他旅游团的一位游客较劲儿呢。这两人说着酒话。那桌上一边放着欧元，一边放着人民币。旁边围观的人议论说，都上千啦，这还闹呢！我赶紧上前去劝我的游客，可他把着桌子角，就是不动地方。这时对方游客又往桌上拍出钱来，结结巴巴地说：'我给这小姐 200 欧元！'我们这位也就跟着拍钱说：'我给这小姐 2000(元)人民币！'对方加到 300，这位就跟到 3000。要说这游客的酒量，真是不低，都喝到这个份儿上了，换算汇率却不打磕巴。可是，酒量再大、钱再多，也不能这么折腾啊。于是我请几位游客帮忙，强行把他架了起来，抬回舱房，并嘱咐他的那位朋友好好照顾他。游客给出去的钱无法再要回来，那酒吧的小姐可是捡了便宜。第二天上午，那位醉酒的游客醒过来后，听人描述了昨天发生的事情，还埋怨自己那位朋友为什么不早一点儿动手拦住他。因为喝酒，无端扔出去3000多块钱，对方那位游客心里是什么感受，我不知道，我们这边的游客告诉我：'当时很冲动，现在心疼了。'"

【点评】

醉时斗狠、醒来难忍。这是常见于少数旅游者身上的事情，导游员需要注意。在这个案例中，如果杜导游员不及时出来阻拦，任由醉酒的游客继续冲动下去，后面的事情虽然不好预测，但总是不发生为好。杜导游员对台湾游客的及时相助，消除了游客醉酒后发生更为严重后果的可能性，这是义举，值得称道。说它值得称道，并非只是说杜导游员心地善良，助人为乐，还有他处理问题的习惯程序和严谨手法。关于后者，杜导游员有三点值得同行认真思考的地方。第一，主动向游客做宣传。杜导游员所说的关于乘船喝酒的种种坏处，虽不是什么至理名言，却都是朴实有效的经验之谈，拿来奉劝那些好酒贪杯且自控能力较差的游客，乘船少喝酒，实在是与人方便、与己方便的事情。那位酒后做傻事的台湾游客，要是早听进杜导游员的话，有所节制，何至于事后悔恨。第二，游客求助在先，导游员相助于后。这是关键的一条。游客不听劝告，导游员不能勉强。孔夫子所说"勿自辱"指的就是此类事情。但是，游客喝醉了酒，遇到了麻烦，求助于导游员，导游员便要全力相助。杜导游员对那位台湾游客，就没有一点"不听良言，自作自受"的抱怨。第三，帮助醉汉，要有第三者在场。杜导游员办事谨慎，他"请几位游客帮忙"，嘱咐醉汉的"那位朋友”,既为方便,也为见证。醉汉随身带着不少钱,与人斗富正在兴头上;导游员要避开“瓜田李下”之嫌,必要的防范还须预做在先前。

【案例2】加拿大游客在天安门广场被武警“扣”住了

【案情】

“新导游员多碰上几件新鲜事儿、离奇事儿,学着应对,对于自己丰富处事经验有好处。可有些事太过离奇,谁也不愿意遇上第二次。因此,丰富处理这种事件的经验并不是什么好事,还是想办法避免遇上为好。”某市的导游员刘先生说起一年前的往事,依然是兴奋不已,他说:“那次我遇到一件离奇的事儿,真应了那句俗话,叫做‘意料之外,情理之中’——我带的加拿大游客在天安门广场被武警‘扣’住了。”

“2004年9月,我做导游员有半年多时间了。那一次,我带的是一个加拿大旅游团,总计15个人,其中有6对夫妇。游客们是来中国认养孤儿的。说起来,那一次的行程还算顺利,游客们认养孤儿的事情办得挺顺畅。在后半截的行程中,有5对夫妇已经如愿以偿地抱着自己的中国孩子继续游览。游客心情好,对我的服务也很满意,诸事顺利,眼看游程结束,已经接近功德圆满了。在北京秋高气爽艳阳天的辉映下,看着怡然自得的游客和兴奋新奇的孩子,我不觉有了几分飘飘然的感觉。谁知一件意想不到的事情突然发生了。

那天上午,游客们游览天安门广场,大家玩得正尽兴,谁知那5对夫妇却连大人带孩子一齐让执勤武警给扣住了。原来,武警们看到十几个外国人分别带着中国的儿童,感到可疑,出于责任心,进行了干预。当时,其中的一个中国小孩子不知道为什么突然又哭又闹,抱着他的养父养母可能是由于缺乏经验,也可能是由于彼此间沟通尚有些障碍,任是怎样也哄不好他。武警们看着，越发起了疑心，便叫住了他们，要问个究竟。当时，我正在不远处给其他游客作讲解，听到动静，连忙赶过去，一面向武警解释，一面向游客解释。起初，游客们有些诧异，听了我的解释，都会心地笑了。但是，由于我的疏忽，那天出发前竟然忘记了带上相关的证明文件，这样，我对武警的解释就颇费了一番周折。由于没有相关的法律文件，仅凭我的解释和说明，难免苍白一些，令人将信将疑，结果拖延了很长的时间。最后，还是通过给旅行社打电话进行了核实，这才了事。游客们对此事自然会不愉快，也因此对我有了意见。那次带团，我一直是势如破竹，没想到却输在了‘收关’的环节上，真是一个难忘的教训。”

【点评】

武警执勤，见到可疑的事情，上前询问，这是他们的职责所系，是应该予以肯定的职业行为。游客到中国认养孤儿，原本是积功德的事情；孩子哭闹，一时哄不好，搞得动静大了一点，即使在大庭广众之下，也算不上什么大事。一方出于责任，一方亦是无辜，双方生出一点小误会，本来应该是一解释就通的，关键是导游员身上缺了一份至关重要的法律文件。从武警一方来看，有没有这样一份文件，体现着合法与违规的差别；依法办事，理所应当。由于导游员的工作疏忽，将武警们履行职责的严谨行为，错误地导向了歧途，结果闹出了一场原本轻而易举就能避免的误会。一出一入，两样结果。须知，这是一场发生在中国官方执勤人员和外国旅游者之间的误会呀，就在这一出一入之间，蕴涵着当事人的千钧责任，决定着事情的成败。就是这一出一入，令多少导游员深感庆幸，又令多少人追悔莫及。

对待突发事件，有些重在处理过程之中，有些则重在事发之前的准备。新导游员要时常想着这样一种关系，有许多其大如天的坏事情，其起因往往就是一点儿芝麻大的小事。事后看来，假使当事人当初走对了关键的一步，万事皆顺；而一旦错入了“辙”，阴差阳错，鬼使神差，结果便会因小事而铸成大错。这样的事情，新导游员不可不认真对待。诚如刘导游员所说，“有些事太过离奇，谁也不愿意遇上第二次。因此，丰富处理这种事件的经验并不是什么好事，还是想办法避免遇上为好。”

【案例3】游客执意要来我的房间

【案情】

周小姐两年前考取了导游资格证书，她很喜欢自己所从事的导游工作，然而却很不喜欢少数游客的不良言行。她讲了这样一件事：

我的确接触过一些不知道自重，也不知道尊重导游员的游客。这类游客虽然是极少数，但对导游员工作产生的不良影响却是很大的。有时候，他们还可能直接危及导游员的人身安全。做导游工作，得学会保护自己，特别是女导游员，更要注意保护自己。现在，有少数客人自恃有钱，不尊重导游员的工作，对导游员呼来唤去颐指气使，把导游员看成是伺候人的下等人。有的游客还驱使导游员为自己提供中国法律和社会公德所不允许的服务，不能如意，便要嘲讽漫骂、借题发挥、施以报复。有极少数心怀叵测的游客甚至直接对导游员造成人身侵害。我接待过一个来自南方某新城市的旅游团，游客中有几个中年男子，说话口无遮拦，举止大大咧咧，对导游员的要求倒是比较配合，可是一遇到他们认为适宜的场合，这几个游客就要求我给他们讲“黄段子”，实在令人讨厌。出于客气，他们的无理要求被我以“不会讲”婉言拒绝后，便轮流高声地说一些不堪入耳的话。其他人相互做着鬼脸，脸上流露出让人害怕的坏笑。我不理他们，他们中竟有人以要煽动其他游客拒绝购物相威胁，真是无耻至极。一天晚上，这群游客中的一位姓刘的先生打电话到我的房间，他说有一个白天观光时遇到的问题，百思不得其解，要求到我的房间来向我“请教”。我回答他天色已晚，请他明天再说。可是这位游客刘先生执意要来我的房间，他说：“周小姐是不是对自己的业务能力缺乏自信呀？”经他这么一将，我倒不好硬性拒绝了；出于礼貌，我还是得让他来一趟。于是，我请楼层服务员过10分钟给我的房间拨一个电话。安排停当之后，我请刘先生来到了我的房间。刘先生满嘴酒气，进了我的房间没说上几句话，就开始胡说八道。我见他其实并没有什么问题要问，便请他回去休息。可是，刘先生就是赖着不走，后来还企图不轨。我严肃地对他说：“你是我的客人，我是你的导游员，我们要彼此尊重。这里是我的房间，现在请你立即出去，否则我要报警了！”刘先生一愣，和我对视了几秒钟，低着头默默地离开了。过了一会儿，楼层服务员打来电话，我告诉她情况正常。第二天，刘先生悄悄向我道了歉。他说他昨天喝了点酒，很不检点、很不自重，请求我的原谅，并请我不要声张这件事情。在后面的两天时间里，刘先生和那几位游客收敛了许多，不再像先前那样以丑为美、不知羞耻了。

【点评】

周导游员说得很对，做得也很好。导游员需要保护好自己，女导游员更需要保护好自己。导游员的自我保护要善于运用法律，也要依靠自觉和自重。孔夫子说：“非礼勿视，非礼勿听，非礼勿言，非礼勿动。”这四个“勿”，应当成为导游员在工作中自觉、自重的基础。导游员不讲黄段子，低级趣味的东西在旅游团里就没有公开的市场；导游员面对少数游客的下流言论和举止，敢于批评抵制，那些心怀叵测的不耻之徒面对你的堂堂正气就先矮了三分。周导游员正是这样做的，她的成功再次证明了终归是邪不压正。这个经验值得新导游员重视和借鉴。周导游员教育游客刘先生，做事既讲究原则，也讲究手段，坚定中渗透着灵活，灵活中包含着坚定，许多做法可圈可点。第一，周导游员做事看对象、讲分寸。导游员交往的对象是游客，游客中的少数人动机不纯，性质恶劣，危害很大，但还没有严重到违法犯罪的程度，所以还是要讲对事不对人，或是七分对事，三分对人。批评错误，教育游客，既要认真，又要留有余地。周导游员就给刘先生留了面子，要是真闹到惊动了保安或是公安，性质就变了。第二，周导游员做事严谨、缜密，想得深、看得远，做到了未雨绸缪，防患于未然。虽说周小姐是堂堂正正、有理有节，但也要提防刘先生善者不来、来者不善。周导游员请楼层服务员按约定打电话这一手，就是保护自己的杀手锏。这个杀手锏，虽然后来并没有真正派上用场，但却使周导游员感到自己像是端坐于暗伏刀斧手的中军大帐一般，不仅堂堂正正，而且底气十足。

【实战演练】

1. 旅游途中大巴车出现故障，导游员该怎么办

旅游途中大巴车发生故障，实在是让人很恼火。作为导游员，尤其是新导游员遇到这种情况可能会束手无策，抱怨司机也没有用。

处理类似突发事件，通常可以分为两个步骤：

首先，要安抚客人，并尽可能安排好与客人相关事务，如果是夏天，可给客人买几个西瓜来解渴；然后给客人买几副扑克，以度过修车的无聊时间。其次，在安排好客人后，再去看望司机，看看车子到底出了什么问题，是否可以帮忙修理。

笔者曾遇到过几次这样的事情，简直是伤心透顶。最惊险的一次，是笔者带团去丝绸之路，车子坏在从敦煌去火车站的戈壁滩高速路上，手机没有信号，真是叫天不应、叫地不灵啊！地陪吓得直哭，我们要赶当天晚上 8:00 左右的火车，时值暑假，火车卧

铺相当难弄,如果这趟火车赶不上,我们一行30多人去新疆的行程都要耽误。在这紧急时刻,作为全陪的我,在高速路上拦截所有可能停下的车(我们的司机不会修车,又没有修车的工具,需要一个千斤顶,把爆掉的轮胎换下来)。终于有一辆小车停下,我吩咐地陪尽快赶往火车站,找一辆空车过来接我们。这边,我还要看看车子修得怎么样。恰巧拦下一辆大巴车,上面有千斤顶,我们的运气还算不错。我的客人中有一个会修车的,曾经开过修理厂。他用臀部轻轻一顶,就把备用胎安上去了。我从来没见过这么优美的姿势,客人欢呼着上了车。上车后,我却情不自禁地哭了,即使现在想起来仍会哭,原来进新疆的路这么难。在车上,我退掉了客人的晚餐,客人发现我哭了,安慰我说:"我们没有怪你!"我越发哭得厉害了。当手机有信号时,我给我们旅行社老总报告了消息。当我们赶到火车站时,还差20分钟火车就要启动了。上了火车,我仍然没有停止哭泣,客人太好了。后来领队喊我过去喝酒,很让我感动。

2. 误机(车、船)情况发生后,导游员应怎么办

所谓误机(车、船),是指旅游团(包括散客)没有按照原定航班(车次、船次)离站而导致游客暂时滞留的情况。

出现误机(车、船)的原因是多方面的,主要有:

(1)旅游车在送站途中发生抛锚、严重堵车及发生重大交通事故等。

(2)出发前导游员工作没做好,游客过于拖延时间。

(3)导游员游程安排欠妥、不合理。

(4)导游员将送站时间和地点搞错。

(5)旅行社未将变更情况及时有效地通知导游员等。

误机(车、船)情况的发生,属于重大责任事故。它不仅给旅行社、游客造成重大经济损失,而且还严重损害了旅行社的声誉,且会带来许多麻烦。一旦预计误机(车、船)事件将要发生,导游员要立即向旅行社或有关部门报告,请求大力协助。

如果误机已成事实,导游员只能设法采取补救措施,其方法是:

(1)应立即向旅行社领导及相关部门报告并请求帮助。

(2)地陪和旅行社尽快与机场(车站、码头)联系,争取让游客乘坐最近班次的交通工具离开本站,或采取包机(车、船)或改乘其他交通工具前往下一站。

(3)稳定旅游团(者)的情绪,安排好在当地滞留期间的食宿、游览等事项,力争缓解他们的不满情绪,使不利影响降低到最小限度。

(4)及时通知下一站,对日程作相应调整。

(5)向旅游团(者)赔礼道歉。

(6)写出事故报告、查清事故原因和责任,责任者应承担经济损失并受相应的处罚。

3. 游客打听旅行社的经营利润情况,导游员该怎么办

在旅途中,导游员和游客之间可以说是"无话不说,无题不谈"。旅游团中的个别游客有时也十分关心旅行社的各种情况。比如,该旅行社的总体实力和规模大小、导游队伍的状况、经营的好坏等。游客打听旅行社经营状况的情况时有发生,作为导游员要在不伤害游客自尊心的前提下,把握好与游客之间的尺度。

在导游员的职业道德中有这么一条,未经旅行社同意不得披露、使用或允许他人使用其所掌握的商业秘密(如,利润情况)等。导游员在与游客之间交谈聊天,一般不要主动去涉及旅行社内部的具体情况和其他事宜,如果游客有意无意地向导游员打听旅行社的商业秘密,导游员首先,可以装作不知道,或双手一摊,无可奉告。其次,可以使用常见的导游技巧,如转移话题、借口走开或者婉言拒绝等。若是游客变着花样向导游员打听这方面的情况，那么，导游员就要保持应有的警惕了。你也可以适当举些例子，比如，相同的一瓶饮料，在不同地区、不同商店、不同地点存在着不同价格的道理，等等。

对于旅行社的商业秘密，导游员要守口如瓶，不披露一丝一毫。这也是导游员具有良好职业道德和遵纪守法的具体表现。

4. 游客向你提出投诉，导游员该怎么办

导游员带团出游，游客向你投诉某件事或某个问题是难免的。其原因也较为复杂，但归纳起来大致可分为两大类：一类，是人为因素造成的投诉；另一类，是非人为因素造成的投诉。妥善合理地处理好游客的各种投诉是十分重要的，因为投诉，是旅游过程中的一大隐患，不排除隐患，旅游活动就难以顺利开展。

一旦发生游客投诉，导游员要立即采取个别接触的方式，最好把游客请到远离旅游团队的地方，然后，头脑冷静并不带任何情绪地倾听游客的投诉内容，并认真做好记录，分析游客投诉的性质，找出其核心问题，最后，再向游客作出耐心解释。若是游客投诉旅游接待单位，导游员就要做好协调工作，并由双方妥善解决。若是游客投诉的是导游员，导游员便应冷静、理智地考虑问题出在哪里？怎样才能消除游客对自己的投诉？从实际情况看，唯一的方法就是加倍努力，把服务重点放在游客投诉的问题上来。若是游客投诉无理，导游员也应本着“有则改之，无则加勉”的态度，一如既往地为游客提供热情服务。

如果有些投诉确实难以解决，导游员也应实事求是地将当时的情况记录下来，并请游客及相关人员留名签字，做好留证工作，以便返回后向旅行社汇报，为解决投诉提供资料依据。

第九单元

导游心理素质和职业道德篇

【导读摘要】

导游员的工作不仅是一项考验体力的工作,同时也是一份考验导游员心理素质的工作。导游员所面对的游客,往往来自祖国甚至世界的各个角落,性格脾气、习俗喜好、文化水平等各不相同,在和形形色色游客们打交道的过程中,导游员必须要具备良好的心理素质,才能处理好种种人际关系问题。与此同时,在坚持满足游客需要,服务好游客这个基本工作原则的同时,导游员尤其是新导游员,还必须遵循服务行业的职业道德,明白哪些事可为,哪些事不可为。通过本章的学习,我们可以了解到导游员需要具备哪些心理素质及哪些良好的职业道德。

【专题讲座】

一、过硬的心理素质,你具备吗

(一)如何看待游客的喜爱

旅游活动往往是一项放松身心、寻求快乐的活动。在旅游过程中,导游员也是千方百计地在旅游团队中营造一种轻松和谐的氛围。这种情况下,人与人的交往容易产生好感和情感,游客喜欢上导游员实属正常现象,作为导游员也不必多疑。问题是作为导游人员,我们应如何来看待游客的喜爱呢?

首先,我们要看清游客喜爱的程度和性质。分析游客“喜爱”的思想动机是什么?通常有以下几种情况:一是导游员提供的服务非常细致周到,而旅游的异地性使得游客对导游员产生了一种依赖心理。这种心理通过某些语言和行为方式表现出来,会让人们觉得游客“喜欢”上了导游员;二是导游员在带团过程中所表现出来的领导组织能力及优秀的讲解技巧，再加上导游员自身素质和气质方面的因素，让游客心生佩服，进而产生爱慕之心，这也是一种对导游员的“喜爱”；三是导游员在与游客几天的长时间相处过程中，其形象、性格、爱好等方面让某些游客比较欣赏，以致游客想和导游员保持联系、展开交往，这就是我们通常意义上的“喜爱”。

如果导游员能够分析清楚游客对自己的喜爱是属于哪种情况，就能够冷静地、有的放矢地去处理游客对自己的这种情感。无论在何种情况下，游客对导游员产生一定情感或喜爱上导游员，作为导游员首先要保持清醒的头脑，谨慎地把握好与游客之间的距离，切忌卷入感情的旋涡之中。首先，如果游客的喜爱是属于前两种情况，那么与其说是“喜爱”，还不如说是“欣赏”或“肯定”。此时最好的处理方法，就是依然把游客当成自己的客人、自己的朋友，以提供服务者和被服务者、朋友与朋友的关系来对待。心理上要泰然自若，不需要觉得尴尬，更无须自作多情。久而久之，游客之前的那种“喜爱”自然而然地就会淡化了。

如果游客的喜爱是属于最后一种情况，导游员则需要特别注意处理问题的方式。在态度上既不要太冷，以免伤害游客的自尊心；又不要过热，以免让游客感觉导游员对他也有所“喜爱”，进而将问题复杂化。处理问题的原则，是要自始至终以一名为游客服务的导游员的身份认真做好本职工作，态度上不卑不亢、落落大方，行动上不要单独和该游客接触相处，更不要独自一人去游客的房间。游客若邀请你到卡拉 OK 厅去唱歌、跳舞、吃夜宵等，导游员应婉言予以谢绝、借口避开。游客若有非分之想或有挑逗言行，导游员要以鲜明态度予以拒绝，必要时应果断地采取措施，以免陷入尴尬难堪的困境之中。

总之，导游员要时刻明确自己的身份和本职工作，把握好与游客相处的尺度，以免因处理不当而使游客对导游员的“喜爱”，转变成为“怨恨”。

（二）如何应对客人的投诉

导游人员面对的游客来自四面八方，不同的地域、不同的文化背景使得游客的生活方式和习俗各不相同；又因游客各自的年龄、性格、脾气、喜好、要求等方面存在诸多差异，因此，无论导游员的服务再细致周到，也难免众口难调而出现游客的抱怨和投诉。另一方面，由于导游服务涉及面广、复杂性强，在提供服务过程中，尤其是对于要求比较高的游客来说，很难做到十全十美。因而，游客不满的现象时有发生，进而导致游客投诉。游客投诉往往事出有因，是否服务中存在不当或缺陷之处，导游员应该引起重视，面对游客的投诉，要具体情况具体分析，向游客做好疏导和解释工作。

那么，导游员应该如何应对客人的投诉呢？在面对游客的投诉时，首先应遵循以下四大处理原则：

（1）早。这一原则，主要针对游客的潜在投诉，即游客在诉诸投诉之前所产生的抱怨心理。导游人员要有高度警觉而敏锐的观察力，时刻关注游客对于此次行程的感受，要善于及时尽早地发现某些游客可能产生的不满和抱怨情绪，从而在最早的时间里进行弥补、改正，防患于未然，将主动权掌握在自己手中。

（2）快。这一原则，主要是指导游人员处理客人的投诉要高效，面对投诉，能够在最短的时间内给予游客能令其满意的答复。事实上，有些游客投诉只不过是为了所谓的“一口气”，如果及时处理，有些事情就可以大事化小、小事化了；反之，你若不把他的投诉当回事，对其视而不见，他的火气就会更大，就可能到处打电话、写信、向媒体发稿发泄心中的不满，其目的不过是旨在引起社会和相关领导的关注，寻求一个说法而已。

(3)诚。诚,是指导游员处理游客投诉的态度要诚恳和坦诚,实事求是。能解决的,想方设法帮游客解决;不能解决的,也不要为了口头上满足游客而作出不能实现的承诺。游客的投诉本身表明,虽然游客对行程中的服务有不满因素,但对导游员还是信任的,是相信导游员可以帮助他解决问题的。游客并没有因为导游员提供的服务不够完善而对其丧失信心。因此,既然游客是坦诚的,将自己不满意的原因诚实地讲出来,导游人员也应该坦诚相待,尽自己的所能去解决问题,以消除由于游客投诉而可能带来的不利影响。

根据某公司的调查,“不满意的顾客只有4%会提出投诉;凡有一名投诉者,必有26名顾客会心怀不满,无声地离你而去。在这些心怀不满却默然离去的顾客中,65%将再也不会回来光顾你的服务……令人稍感欣慰的是,投诉若处理得当,67%的游客将成为你的回头客。”

无论客人的投诉合理与否,导游人员都应该坚持一个“诚”字,从“诚”出发来树立导游员自身的形象,进而也为自己所服务的企业树立良好的社会形象。

(4)恒。恒,是指导游人员在处理投诉时,需要有持之以恒的坚持力和耐心,直到游客投诉问题得以解决。旅游服务是一项高难度和高复杂性的工作,其涉及面之广、环节之多对导游服务提出了很高的要求。正因为如此,游客投诉涉及的工作也是多方面的,问题不同其复杂性也不同。导游人员在面对游客投诉的时候,不能因为问题复杂或难以解决而失去信心和耐心,尤其是当解决游客所投诉问题需要较长时间的时候,更加应该保持一颗恒心,坚持不懈地尽自己的最大所能去处理工作中出现的问题。每个纠纷、矛盾的化解,不仅体现的是你个人掌握政策、法律、法规和业务知识水平的高低,还体现了你所在旅游企业的管理和控制能力。

以上是导游人员处理游客投诉时需要遵循的几大原则。实际工作中,在导游员具体处理游客投诉的时候,一般应该按照以下几个步骤进行:

• 微笑。即使是接电话倾听,也要保持微笑,因为游客可以从你的声音来判断你对他投诉的态度。

• 倾听。保持认真倾听的姿态,让游客把话说完,而不是马上否认和"反击"。游客的投诉有可能是客观的、合乎情理的;但在某些时候,游客的投诉也可能是不客观的,有点没道理的,甚至还是带有侮辱性质的。在这个时候,作为受理投诉的导游员,尤其要做到镇定、冷静,给予客人充分的时间和空间表达他们的不满。若是游客态度强硬,导游员更要以柔克刚,努力缓解游客的不满情绪,消除彼此之间的紧张气氛。即使客人态度再恶劣,你都要时刻提醒自己,你所代表的不仅仅是个人,更是整个公司的形象。

倾听,不是简单的沉默,任凭旅游者申诉,导游人员需要意识到,倾听的目的,是为了控制住谈话的局面、引导客人的思路。要善于引导客人来和自己一起寻求解决问题的方法,不要任由客人无休止地抱怨,既浪费时间又不能解决问题。

• 识别和分析问题。导游人员在耐心听完游客的投诉并让游客情绪稍微缓解下来之后,第二步的工作就是要学会识别和分析问题,分辩到底是哪一个或哪几个环节出错而引起客人投诉?只有在清楚地认识到导游服务工作中出现错误的环节,才有可能在此基础上有针对性地去寻找解决问题的方法。因此,识别问题是关键,否则,导游人员即使态度再好、努力再大,也无法抑制客人的投诉,甚至还有可能激化矛盾。

3. 比较不同的解决办法,寻找最终解决途径

导游人员在识别清楚了游客投诉的问题之后,就要努力寻求解决问题的办法,并且是多渠道地去寻找多种解决问题的办法,以最快的速度、最完善的要求去处理游客投诉。当导游员确定好最佳的解决方案后，要将解决的途径告诉游客，正确的方式方法能使游客确信导游员作出的决定是一个正确的决定。如果导游员暂时不能找到最有效的解决方式，也要通知游客，是什么原因使得问题暂时无法解决。如果有些投诉确实难以解决，导游员也应把当时的情况实事求是地记录下来，并请游客及相关人员留名签字，做好留证工作，以便返回后向旅行社汇报，为解决投诉提供资料依据。

4. 事后检查

导游人员处理完游客投诉问题之后，并不意味着此项工作的完结，此时，更重要的一项工作，是导游员需要及时向客人征求意见，内容包括：问题处理的结果；游客是否满意；不满意的原因是什么；满意的经验总结又是什么；如果游客对处理结果满意，他是否还会成为我们下一次的顾客等。事后检查的主要目的，是为了检验解决方法实施的效果，并争取最大限度地逆转游客的不满心理，不至于让这一部分顾客永远流失。

5. 建立投诉档案

建立投诉档案，主要是指在前 5 步的工作任务都完成之后，导游员要对处理此次投诉的全过程进行书面记录并整理成档，包括投诉产生的原因、投诉人、投诉的处理方法、结果、投诉人态度等多方面。无论投诉处理的最后结果是什么，清楚的记录都有利于导游员从每次的投诉事件中总结经验、吸取教训，从而在工作经验的积累中逐渐减少被投诉的次数，使游客对自己的服务工作日趋满意。

我们可从下列案例中领悟处理投诉的一些技巧：

××国际旅行社导游员小李带一个境外团赴 B 城海滨旅游度假，下榻 B 城的某饭店。这天中午，当游客们兴致勃勃地从海滨浴场回来用餐时，一位游客发现餐厅所上菜肴中有一条虫子。顿时该桌游客食欲全无，有的还感到恶心。游客们当即找到导游员小李，气愤地向他投诉，要求换家餐馆用餐。面对愤怒的游客，导游员小李首先代表旅行社和饭店向全体游客表示歉意，然后，很快找来该饭店餐饮部经理，向他反映了情况，并提出解决问题的建议。餐饮部经理代表饭店向游客做了诚恳道歉。同时，让服务员迅速撤走了这盘菜，为了表示歉意，还给游客加了一道当地风味特色菜。面对导游员小李和餐饮部经理真诚、积极的态度，游客们谅解了饭店餐厅的失误，也不再提出换餐馆的要求。

本案例中，导游员小李及时、得体地处理了游客投诉，使一场本来可能会给旅行社带来麻烦、给自己的合作伙伴——饭店带来经济损失的意外事故得到及时的化解，可见，导游员进行投诉处理的方法正确与否，意义非同小可。

二、职业道德和上方宝剑

（一）良好的职业道德

导游人员的职业道德，是一般社会道德在导游职业中的具体化，是每个导游人员在工作中必须遵循的行为准则，同时它也是人们衡量导游人员职业道德行为和服务质量的标准。良好的职业道德，就好比导游人员的上方宝剑，只有理解了这些职业道德并能恰到好处地把它们运用到实际旅游服务工作之中，关键时刻就总能亮出我们的上方宝剑，去利用其中蕴涵的“力量”，帮助我们解决导游服务工作中所面临的种种问题。

旅游职业道德的基本要求包括：热爱旅游事业；全心全意为旅游者服务；发扬爱国主义精神。

1. 热爱旅游事业

热爱旅游事业，要求从业人员要明确工作的目的和意义，并在自己所从事的每项实际工作中，踏实地履行自己的职业职责。热爱旅游事业作为旅游职业道德的基本要求，包括以下三方面的内容：

（1）正确认识旅游事业的性质和任务。我国的旅游事业，既是经济事业，又是外事工作的一部分。作为一项经济事业，它能够为国家积累资金、赚取外汇，为社会主义现代化建设提供强有力的资金支持；同时，它又能扩大人民群众的就业渠道，提高人民群众的收入和生活水平，促进整个社会的进步和发展。作为一项政治事业，旅游事业通过吸引入境游客和输送出境游客来扩大我国的政治影响，增进同各国人民的相互了解和友谊，开展民间文化、科技交流，维护和提升我国在国际政治舞台上的地位和声誉。随着我国社会主义现代化建设事业的飞速发展，旅游已经成为我国人民物质生活和精神文化生活的重要组成部分，成为爱国教育和精神文明建设的重要途径。

（2）培养敬业、乐业的道德情感。敬业，是指敬重自己所从事的职业，有职业荣誉感。首先，认识到劳动是每位社会成员的职责和义务，并将劳动看成一种美德；其次，要把任何一种对社会有益的劳动看成是光荣的，任何一种形式的劳动都是社会的需要，劳动是光荣的、是不分贵贱的；再次，劳动是衡量每个人社会价值的尺度，正如“三百六十行，行行出状元”，只要我们立足于本职工作、刻苦钻研业务、不断积累工作经验，无论在什么工作岗位上，都能创造出自己的社会价值。

乐业，是指以主人翁的姿态，热爱自己所从事的职业，乐于为广大人民群众服务并以做好本职工作作为自己最大的快乐，产生职业幸福感，正可谓“干一行，爱一行”。只要我们以自己的本职工作为乐趣，把本职工作作为快乐生活的一部分，那么，我们对工作的态度就是享受工作，而不是为了生活而去工作。这样，我们一定能够在享受工作带来的乐趣中，创造出富有价值的工作业绩。

(3)树立勤业、创业的精神

勤业，就是为发展中国的旅游事业而刻苦学习、勤奋工作；在平凡的旅游服务过程中，兢兢业业、尽职尽责；在职业活动中，养成忠于职守、克勤克俭的良好习惯。创业，就是要以高度的主人翁精神，进行创造性的劳动，参与各方面的工作，推动旅游事业的发展。

2. 全心全意为旅游者服务

这既是旅游职业的需要，也是对中国共产党全心全意为人民服务宗旨的弘扬，是旅游从业人员精神境界的集中体现。

(1)热心为旅游者提供服务。热心，是人的道德情感和道德行为的表现，是指人们对某件事情有很深的情感，从而爱好、关心和积极主动地做某件事情的心理倾向，是一种具有积极意义的道德情感和行为。热心为旅游者服务，关心和爱护每一位旅游者，尽可能满足他们的合理要求是员工热爱旅游业和本职工作的具体表现。不过，热心一定要真心、要发自内心，如果单纯地是为了行使导游工作职责而“热心”去为游客提供服务，游客不但不能够感受到导游的“热心”，反而还会给人造成一种虚伪、不真诚的感觉。

(2)加强职业责任心和道德义务感

• 职业责任心，是个人对现实职业责任所持的态度。道德态度源于人们对道德责任的认识。如果对道德责任的认识流于表面，在实际旅游服务工作中并不能去贯彻实施，那么其所表现出来的职业责任心也必定不会是坚定的。

• 道德义务感，是个人对履行某种道德要求的高尚情感。道德义务感主要取决于人们对人生价值的理解。旅游服务工作是由许多平凡小事构成的，但是，正是由于默默无闻的旅游从业人员以自己无私的服务精神和自觉行为，使旅游者顺利完成旅游活动，得到精神上的满足，为集体和国家赢得声誉。

(3)改善服务态度，提高服务质量

• 服务态度，一般体现为为集体或为他人工作时的思想认识及其言行表现。旅游从业人员的服务态度，是指在接待服务过程中，接待服务人员对其所从事工作的认识、理解及行为表现。在“面对面”的服务过程中，服务态度非常重要，是能使旅游者直接感受到的情感，且是他们评价服务质量优劣的直接因素。

• 服务质量，是反映产品或服务，在满足旅游者需要方面体现出来的特征和特性的总和。旅游者对质量的需要一般包括以下几个方面：舒适与及时、物美与环优、安全与卫生、礼貌与诚信。服务质量是通过服务过程的许多程序、过程、细节来实现的，包括服务产品的设计、服务的准备工作、服务设备设施和状态、服务产品的性能、服务技巧及工作效率，等等。

一般来说，游客对于服务质量的评价主要来自于两个标准：标准化服务和个性化服务。标准化服务的结果，是游客没有意见和投诉，而标准化和个性化相结合的服务，才能造就游客的满意。所以，我们要努力提高服务质量，在执行标准化服务的基础上，尽可能多地去关注游客的各种需要，并为他们提供个性化的服务。

3. 发扬爱国主义精神

(1)导游员应该是坚定的爱国主义者。国家旅游局文件指出：“导游员必须是热爱祖国的，他不仅自己是坚定的爱国主义者，而且要通过自己的讲解和服务，使来华访问的旅游者深深体会到中华民族的自尊心和自信心”，导游员应该忠于人民、热爱祖国。丁关根同志指出：“旅游工作十分重要。旅游景点不仅对促进经济发展具有重要作用，也是宣传思想工作和精神文明建设的重要阵地,是对国内外游客展示祖国大好河山、介绍悠久历史文化、宣传我国良好形象的重要窗口。”“开发旅游资源、介绍旅游景点,要增强思想性和健康的文化内涵,体现爱祖国、爱民族、爱人民、爱家乡的美好感情。”“导游员、讲解员工作很辛苦,岗位很重要,不仅要具备有关方面的丰富知识,还要有较高的思想水平,努力成为合格的宣传思想工作人员。”

我们来看以下这位机智、幽默而又充满爱国主义情感的导游员:

一位美国游客,突然打断导游员的讲解,提问道:“你认为毛泽东好,还是邓小平好?”这时,导游员只能采用曲语的方式回避应付:“您能否先告诉我,是华盛顿好,还是林肯好呢?”再如有一次,一位法国游客对导游员说:“我认为西藏应该是一个独立的国家,你怎么看?”导游员绕着弯子回答道:“你知道西藏领袖班禅、达赖的名字是怎么来的吗?是清代皇帝册封的。由此可见,西藏早就是中国的一部分了。就像布列塔尼是法国的一部分一样,尽管它有许多独特的风俗,但您认为它也应该是一个独立的国家吗?”游客听后边摇头边笑,陷入了自我否定之中。

(2)旅游从业人员发扬爱国主义精神的基本要求。在旅游业中,导游员要发扬爱国主义,就应做到牢固树立主人翁的责任感,把个人的前途、命运与国家利益联系起来,正确处理国家、集体、个人三者之间的利益关系;爱祖国、爱家乡、爱集体、爱岗位,立足本职,为国家多作贡献。

(3)导游员社会主义爱国主义的六项要求。社会主义爱国主义,要求导游员在旅游活动中做到以下六个方面:

- 要坚持祖国和人民的利益高于一切。
- 要自觉维护祖国的独立、完整、统一和尊严。
- 要自觉维护祖国各族人民的安定团结。

- 要自觉维护祖国的繁荣昌盛,奋发进取。
- 要有民族自尊心和自信心。
- 要尊重、关心和支持其他民族和国家人民的正义斗争。

以上旅游职业道德的三项基本要求,是我们从大方面来认识和理解旅游职业道德的内容。如果从细处着眼,旅游职业道德又有哪些具体的规范要求?作为导游人员,又应如何贯彻和履行这些旅游职业道德的具体规范要求呢?

导游人员职业道德规范的内容包括:爱国爱市,忠诚旅游事业;敬业爱岗,规范导游行为;诚信尽责,保障游客利益;耐心细致,提供优质服务;倡导环保,维护生态环境。良好的职业道德是导游人员提供优质服务、提高业务水平、提升自身素养的基础,是导游人员之所以为导游的根本所在。那么,如何具体来理解上述导游人员职业道德的基本内容呢?

① 爱国爱市,忠诚旅游事业。作为一名导游人员,首先,要热爱自己的祖国、热爱祖国的每一个城市、热爱祖国的每一处旅游资源,忠诚于自己所从事的旅游事业。这是导游人员最基本,也是最重要的职业道德规范。爱国爱市,首先,要求导游人员对国家充满感情,热爱祖国的大好河山,把自己对国家、对民族的感情融入自己的本职工作之中,尤其是在讲解旅游景点的时候,只有内心充满对它们的热爱,讲解才能感染游客,进而引发大家对祖国共同的热爱之情。"江山之美,全靠导游之嘴"。日本人称导游是"无名的大使",美国人称导游为"祖国的一面镜子""民间大使""旅客之友""游人之师""旅行社代表"等。从某种意义上说,导游员代表着一个国家的形象,是一个开放的窗口。

其次,爱国爱市,忠诚旅游事业,从深层次的角度来说,要求导游人员具有强烈的民族自豪感和民族自尊心,忠诚于国家,忠诚于旅游事业,在国家的主权和利益受到置疑和侵犯的情况下,要勇于以自己的机智和智慧来维护祖国的尊严和利益。

有这样一个案例：一位女导游员带着一群台湾人在故宫参观，在看到慈禧太后喝的普洱茶时，导游讲到：清朝皇宫里很钟爱普洱茶，把它封为清朝第一茶，就像你们台湾人很爱喝乌龙茶。那些台湾人都点了点头，表示听懂了。导游接着说："那么，现在我们的国茶是……"这时候，一个台湾人打断了她的话，硬硬地说"乌龙茶"。导游员马上收起了笑容，很严肃、很高声，甚至可用"吼"来形容地说"错！国茶是普洱茶。台湾也是中国的一部分！现在不管是在台湾、在香港，还是在内地的什么地方，国茶只有一种！就是普洱！"台湾人显然被震住了，愣了数秒，才说："是是是，普洱茶。"

② 敬业爱岗，规范导游行为。对导游人员来说，敬业，就是要敬重所从事的旅游服务业；爱岗，就是要热爱自己的本职工作。这是从事导游职业的人都应遵守的基本职业道德规范。一方面，导游人员要在这个道德规范的约束下，自觉地去规范自身行为，为游客提供优质的导游服务。另一方面，敬业爱岗同样也要求导游人员要正确对待自己和自己的职业。导游人员的工作虽然是服务性工作，但是工作是不分贵贱的。我们的人格、地位与旅游者是平等的，切不可带有自卑感，以致对游客低三下四，甚至盲目崇洋。

我们来看一下以下这位导游的所作所为：导游员李×带领一个美国旅游团在中国参观游览，他的英语水平不高，所以很少与游客聊天、讨论问题，但却与其中几位经常大量购物的游客打得火热。有些地方的地陪过多地安排购物次数，旅游者很有意见，他却说地陪带去的商店里出售的都是本地特产，帮助旅游者购买各地的特产是地陪的责任。在某一个城市，饭菜量少质差，旅游者向他诉苦，可他一面回答说：这里的物价贵，不能怪地接旅行社。而另一面，他却每顿饭都喝得满脸通红，旅游者颇有微词。游客请求多参观几处景点或品尝当地风味，他都以不在计划之内为由予以拒绝。旅游团对这次活动很不满意，回国后寄了几封投诉信，其中不少是针对李×的。当领导找他谈话时，他很气愤，大叫冤枉，说该旅游团中刁民太多，弄得他筋疲力尽，并说他完全是按照规范化服务原则为旅游团提供全程导游服务的。

导游员李×自己口口声声称自己提供的导游服务完完全全是规范化的导游服务，殊不知，其在带团过程中每一个环节的行为，都违背了导游服务工作规范。

③ 诚信尽责，保障游客利益。诚信，是导游人员处理与游客相关的一项行为准则。在导游职业活动中，真诚就是真实诚恳，讲究信用，信守诺言和合同，不弄虚作假，不欺骗或为难旅游者；公道，就是买卖公平、价格合理，赚取合理合法的利润，既不能“宰”旅游者，也不能让旅游企业吃亏。诚信尽责要求导游人员站在游客的角度，切身为游客的利益着想，本着坦诚负责的态度，在旅游过程中每一个环节都要维护和保障好游客的利益。旅游活动中，游客身处异地，对周围环境和状况都比较陌生，导游人员不能抱有利用游客这种心理弱点，去损害游客利益牟取私利。而应从游客的立场出发，为保障游客利益，特殊情况下甚至可以舍弃自己的个人利益。

湖南导游员文花枝就是这样一位不惜牺牲自己，而去保全游客利益的导游人员。

23岁的文花枝是湖南湘潭新天地旅行社的导游员。2005年8月28日下午2:35时许，文花枝所带团队乘坐旅游大巴在陕西延安洛川境内与一辆拉煤的货车相撞。这是一次夺走6条生命、造成14人重伤、8人轻伤的重大交通事故。当可怕的瞬间过去，坐在前排的文花枝清醒过来时，发现和自己同坐前排的司机和西安本地导游员已经罹难。她自己左腿胫骨断裂，骨头外露，腰部以下部位被卡在座位里不能动弹。

营救人员迅速赶来，他们想将坐在前排的文花枝抢救出来，但她却平静地说："我是导游员，后面都是我的游客，请你们先救游客。"

车祸中的幸存者、湘潭电化集团的万众一先生回忆说："由于汽车碰撞得十分严重，每次救援一个游客都需要很长的时间。在等待救援的时候，文花枝自己忍着痛苦不断给我们鼓气，要我们不要睡过去、要挺住。小文还说：'我们一定要坚持，我们一定要活着回去。'很奇怪，一个弱女子怎么还有那么大的力气对大家喊话。如果不是小文的不断鼓劲，自己一口气接不上来可能也就完了。"事实上，文花枝此时被卡在前排，也已是数次昏迷。

长达两个多小时的艰难营救，对于伤者无疑是过于漫长。数次昏迷的文花枝只要一醒过来，就又给自己的游客打气。文花枝是最后一个被营救的伤员，当时已是下午4:00多了。亲手将文花枝救出旅游车的洛川县交警大队的王刘安先生对前来陕西处理事故的湘潭市旅游局领导感叹道："作为交警，我不得不由衷地敬佩小文的这种勇气和举动。"

由于腿上的伤势严重，左腿9处骨折，右腿大腿骨折，髋骨3处骨折，右胸第4、5、6、7根肋骨骨折，伤口已经严重感染。文花枝被送到洛川县医院后随时都有生命危险，院方决定29日凌晨让其转到医疗条件更好的解放军第四军医大学附属西京医院。29日下午，为了避免伤势进一步恶化，西京医院专家小组决定立即为她做左大腿截肢手术。一位年轻的姑娘就这样失去了自己的一条腿。主治医生李军教授惋惜地说："太可惜了，若早点做清创处理，不耽误宝贵的抢救时间，她这条腿是能够保住的。"

左腿只剩下一截，准确地说，是在已经消失了的膝盖以上10

厘米处……

“看着像个土豆吧”，话音刚落，文花枝就笑起来。她似乎总是笑，笑的时候……

④ 耐心细致，提供优质服务。耐心细致，是衡量服务人员工作态度和工作责任心的一项重要标准。导游人员待客要虚心、耐心、关心，要细致入微，“细微之处见真情”。导游员心中要有旅游者，把旅游者看成客人、朋友、亲人，而不仅仅是服务的对象，要想旅游者所想，急旅游者所急。有了这种境界，在实际工作中就能不知不觉地站到游客的立场上，想方设法去为他们提供更加周到细致的服务。这样的导游员就会受到游客的欢迎；反之，即使导游员有渊博的知识、高超的技能，也不会做好导游工作，更不会受到游客的欢迎。

优质服务，是规范化服务和个性化服务的结合，是高效率、高附加值的服务。这对导游服务工作提出了更高的要求，要求导游人员在完成基本工作职责之外，针对不同游客的需求提供更加有针对性的服务。

⑤ 倡导环保，维护生态环境。旅游资源需要人们去欣赏，更需要人们去保护。虽然很多游客懂得这个道理，但在实际旅游过程中，其行为却往往忽略对旅游资源和旅游环境的环保。因此，作为导游员，作为带领游客去旅游风景区观景赏美的引导者，首先，需要具备高度的环保意识，同时，更要把这种意识贯穿到带团的全过程中去。要在游客中倡导环保，倡导大家去维护身边的旅游资源和生态环境。

然而通过对实际情况的观察，我们发现很大一部分导游人员在这一职业道德素质的培养方面存在两个问题：生态意识不强、生态知识简单。针对这两大问题，我们可以从以下渠道来改善：

- 改变观念，担负环境保护和教育的新角色。在今天的旅游中，导游员不应该仅仅停留在自己担负的传统角色上，在做好讲解及相关服务的基础上，更要担负起环境保护和教育的新角色，倡导绿色消费，通过自身的示范作用，引导游客做负责任的旅游者。目前，有许多人热衷于生态旅游，但仅仅作为一种时尚，对生态旅游的真正内涵却并不了解，更不用说当一个合格的生态旅游者了。当然，生态旅游者的培养是一个长期的过程，但导游员的引导、教育和示范作用对旅游者具有很大影响。因此，今天的导游员应该认清自己的角色，为旅游业的可持续发展作出自己的贡献。

• 树立生态危机意识，自主学习生态知识。导游员几乎天天奔波于各类景区，景区就像是导游员的亲人，当看到景色遭到破坏、环境受到污染时，能不心疼吗？当看到几年前的美景如今已不复存在，导游员又作何感想呢？因此，导游员要树立生态危机意识，为了拯救美景，为了将对环境的影响降到最低，应该主动地学习生态知识。生态知识，包括生态学、林学、环境保护学、自然地理学、动植物学等相关知识，导游员应该经常读书看报、上网浏览最新的生态信息，有机会的话，可以听听生态学专家的报告，不断补充完善自己的知识。一个人所具有的生态知识越多，就越能从内心去关注生态环境，也越能去影响他人。

（二）新导游员与职业道德

新手导游员，尚未开始正式从事导游职业，那么，面对导游行业的职业道德，该如何去理解，以及如何在自己即将开始的工作岗位上去执行，才能成为一名合格的、具备良好导游职业道德的导游人员呢？

首先，作为一名新导游员，要熟记上述旅游职业道德的基本要求和导游人员职业道德规范的具体内容。存在的一个问题，是新导游员们熟记了这些基本要求和具体内容后，由于并未开始从事导游职业，对其深刻内涵还只能知其皮毛而不能得其精髓。这就要求我们在熟记的基础上，去和资深导游前辈交流、沟通，学习他们在导游带团实践中灵活运用导游人员职业道德处理实际工作的案例，以加深对导游人员职业道德的理解。当自己第一次上团机会到来的时候，在带团工作中要尽可能地将导游人员职业道德展现出来。虽然第一次运用也许不会很顺利，甚至还可能会碰到很多障碍，但是新导游员们还是一定要坚持用我们的基本职业道德去处理问题。这样，问题肯定会最终得到解决。有了第一次、第二次、第三次……相信我们的导游新手们对于导游人员职业道德就会有了自己独到的理解和领悟，并且还会形成带有自己风格的处理和解决问题的方式方法。

其次，作为一名新导游员，这个“新”字意味着陌生、不熟悉、不了解导游行业的工作程序和工作方法。因此，除要求学习、理解旅游职业道德的基本要求和导游人员职业道德规范的具体内容之外，还必须具备谦虚的学习态度和较强的学习能力，敬业爱岗，汲取工作实践中一切对自己有利的知识和技能，不断提高自己的业务素质和业务能力。这一点对于新导游员来说，是今后走向资深导游员的必备的基本职业道德。

导游行业是一个与各种人等打交道的行业，游客文化水平、素质修养参差不齐，所谓“众口难调”，如何能够与各种人处理好关系，使得带团工作顺利进行，不仅是老导游员面临的难题，对于新导游员而言，更是带团过程中的一个很大的障碍。这就要求新导游员牢记导游人员职业道德规范中诚信尽责、保护游客利益的原则，一切工作要想游客之所想，急游客之所需，当我们真正能够站在游客角度来提供导游服务时，游客通常情况下都能感受到导游员的爱心和关心，很多矛盾也会自然而然地化解。

除此之外，新导游员一定要学会规范自身的导游行为，坚持导游行业职业原则，不能因为游客的怂恿和挑拨而作出违反行业职业道德的行为，只有将自身行为规范好、控制好，才能在带团过程中从正面的、规范的方向去引领游客。这是新导游员在入行之前，一定要提醒和管理自己的导游职业道德的重中之重。

针对新导游员第一次上团，结合旅游职业道德中的耐心细致、提供优质服务等旅游职业道德规范，我们为新导游员提出以下建议，以便于新导游员带好第一个团：

(1)接团前，要了解一些有关客源地的资料(如：城市概况、风土人情、土特产品等)，以便与客人产生共同语言，获得首次见面的亲和力。

(2)要提前与全陪沟通，多发几个表示友好的信息，为以后的合作做好铺垫。

(3)游客到站后，要以绝对热情的态度迎接游客(即使当天心情不好，也不可把不良情绪带到工作中去，这是作为一个导游人员的基本职业道德)。游客看到地接导游员后，心里首先会产生安全感，紧接着是好奇和猜想。所以，我们要趁热打铁，给客人留下良好的印象，对于导游员来说第一印象非常重要，因为良好的开端是成功的一半。

(4)团队到来的第一餐一定要用好。用餐前导游员要给客人介绍清楚团队餐所含的内容。另外，用餐过程中新导游员不要自顾自吃，要过去问候游客用餐情况 1 ~ 2 次，有问题及时调整。

(5)客人入住宾馆后导游员要去每个房间走一走，或打电话问一下有没有什么问题，以便及时解决，如果等到客人来找导游员反映问题，那时，导游员就会处于被动状态，小问题也会变成大问题。

(6)导游员的讲解内容要根据客人的层次、兴趣来安排，详略适度。另外，参观游览过程中导游员要时刻注意计划好时间。比如，走什么路、多长时间、讲解内容突出哪些方面、适合进行怎样的娱乐活动等。

（7）开场白非常重要。好的开场白可以让游客对导游员产生浓厚的兴趣，在游客心中留下良好的第一印象，为以后的带团工作打下良好的基础。

（8）迅速、准确地记住客人的名字或称呼，在细节中拉近和游客的距离。在不经意时叫他一声，他会觉得导游员总是在注意他，就会有一种优越感，就会配合导游员的工作，最起码也不会是第一个对导游员的服务工作提出意见的人。

（9）送团总结不可忽视，行程即将结束时，导游员一定要总结一下整个旅游行程，其中所有的景点都要说到，帮客人回忆一下，以加深记忆；同时，要虚心地征求游客对自己第一次带团工作的意见和建议，态度一定要诚恳，这样，游客才会对导游员提出中肯的意见。有些游客的建议对于新导游员不断改进带团服务技能是非常有帮助的。

【经典案例】

【案例1】游客一听说还要收钱，顿时就翻儿了

【案情】

“导游员在游览途中遇到突发事件，不得已向游客收费，是很难办的事情。哪怕你有合理的缘由、正当的手续，结果多半也会捅了马蜂窝，所以最好是别撞上。要是谁碰巧撞上这样的事情，只好硬着头皮去做，自认倒霉，谁叫咱干的是这一行呢？谁叫你‘尴尬人偏逢尴尬事’呢？”北京的导游员陈先生说起这路事情来，体会颇深。他对其中的某些关节、蹊跷，也是犹有余怨、颇多微词的。

“那时候我干导游这一行的时间不长、心气儿挺高，咱是把与人为善当境界来高攀的。那年夏天，我接待一个来自河南某市的旅游团，20 多名游客来自当地的同一个系统。北京导游员的行里素有贬损河南游客的说法。其中许多也是有事实做依据的，但是我却另有看法。我认为，不能撇开导游员来评价游客。河南人怎么了？不就是外地人嘛，交往不挑籍贯。我的同行有以‘荷兰’来调侃河南的，其意在讽刺那里的贫穷；可是我认为，穷家富路，游客的态度胜于他的条件。总之，我对那些游客做到了以诚相待。游客观光一路顺利，行程很快就走过了大半。没想到我带着游客去参观碧云寺的时候出事儿了。那天，我们来到碧云寺的时候已是下午，天气虽然燥热，而知了的叫声却已使人感到寺院的静谧和幽深。游客们急着要进去体验一番。我哪里想得到出事儿就在眼前，否则我会把全陪拉在身边。那个全陪来过碧云寺，一路上又没什么事情，刚才他提出不上山了，要在山下停车场休息一会儿，我就同意了。这不，队伍到了香山公园门口，问题就出来了，弄了我一个措手不及。原来，这碧云寺是香山公园的园中之园，进碧云寺要凭香山公园的门票。我以前带游客游碧云寺，都是连同香山一起游览，而这一回的客人，却是只游览碧云寺不进香山公园。但不买进香山的门票就进不了碧云寺的山门。这下我可是为难了。这一套门票的钱由谁出呢？偏偏全陪没上来，又联系不上。我请示社里，社里告诉我，按照合同这笔钱应由游客自己负担。这下可坏了，游客一听说还要收钱，顿时就翻儿了。这个说：‘钱早交了，为什么还要再收钱，这不是坑人吗？’还有人对我破口大骂：‘你知道吗？你们都是大骗子！’我当时的内心感受真是五味俱全，却说不出究竟，但是我克制住了自己的情绪。这种局面，对我的思想认识和心理准备可是一次挑战，难道这世上事现时报，是自我讽刺吗？这样一想，我反倒踏实了。我没有和客人做分辩，而是自己先垫钱买了门票，带着游客进去游览，不仅游览了碧云寺，而且顺便看了看香山。后来，事情经过全陪核实，分清了责任，问题得到了妥善解决。那几名游客，也分别悄悄地向我道了歉。”

【点评】

陈导游员的性格里透着一种“侠”气。按照中国传统价值观念，无论从事哪一行的工作，“侠”气总是美好道德与高超技术的结合。陈导游员也有抱怨，但那主要是针对工作中的不科学、不规范现象，他对这种现象的态度，一是无奈；二是正视。抱怨过后照样认真履行职责。遇上了园中园、买套票这类事情，游客们不理解，甚至有人骂娘。导游员明智的对策是不予计较，另辟蹊径解决问题。此时此地，可不能选择针锋相对的办法。游客不明就里，导游员代人受过，这两边要真的冲突起来，岂不真的成了“哭坟的不知道谁死了”吗？陈导游员说得好：“咱是把与人为善当境界来高攀的。”要是有一天，陈导游员感觉到与人为善已经是习惯成自然了，那就更好了。在这个案例中，陈导游员已经表现出这种习惯成自然的端倪。他已经做到了“卒然临之而不惊，无故加之而不怒”，按照自己的职责要求，自然而然地做事情。导游员最需要这种越遭逢变故越显稳定的心理素质。这就是人们通常所说的大将风度。孔子说自己是“六十而耳顺”，现代社会人们的职业生涯到 60 岁就退休，到退休以后再“耳顺”，不就为时太晚了吗？做导游员的就不用说了，30 多岁就应该争取达到“耳顺”的境界。听到赞扬后不飘飘然，固然可贵；听到辱骂时能克制住情绪，尤难做到。仔细一想，做到“耳顺”，其实也是在培养一种“以德报怨，以德报德”的好心理、好习惯。

【案例 2】他那边每说完一句话，我这边就想补充三句话

【案情】

朱先生是一名英语硕士。他说这番话，是有感于周先生有一次替他救了场。周先生和朱先生一样,也是导游员,不一样的是,周先生是大学专科毕业。

“俗话说:‘尺有所短,寸有所长。’导游员同行之间,就得互相帮衬,你行你先上,我行我先上,平时要这样,关键时刻更要这样。当时我们干导游员的时间都不长,周先生才一年,我还不到半年。我们俩接的那个团,是来自加拿大的大学校长团,规格高不说,人数也比较多。原本是周先生负责,可是他担心自己的英语不过硬,怕招架不住,于是社里特意派我过来和他一起接待那个团。接待计划和准备工作是我们俩一起做的,周先生很诚恳地说他的英语水平不高,接待这样高规格的游客的确有困难,到时候要我多讲。我呢,说英语倒是流利,可是做讲解却没什么经验,所以,不敢有一丝麻痹大意。我和周先生都想把那个团带好,我们一起合作,把每一个景点要讲的东西都准备到了。单是欢迎词,我们就准备了两个版本。周先生告诉我,要是临场忘了词,就谈天气,从北京的天气往旅游线路上绕,一来二去总能把话茬接上。我也在想,难度是有一点儿,但总不至于卡壳、冷场吧。没想到,上场没多久我就‘演砸了’。游客上了车,周先生做开场白,接着隆重介绍我来为游客做讲解。我一上场就感觉非常不好。那些加拿大的大学校长不苟言笑,一双双眼睛矜持地与我对视。我说了没几句话,忽然感觉有一种无形的压力朝我袭来,脑子里突然出现一片空白,凭着惯性又坚持着嘟囔了点儿什么,接着竟一句话也说不出来了。周先生起初以为我是在卖关子、变换节奏,并没有在意,待他感觉出味道不对时,便一个劲儿地朝我使眼色,大概是在提醒我赶紧谈天气。可是,这办法根本不管用,当时我已经犯晕了。开始,我只是呆呆地看着周先生,希望他站出来救场,然而他和游客说了什么,我并没有听清楚,因为我简直不知道最初那几分钟是怎么过来的。后来,我慢慢恢复了平静。只听周先生正在慢慢地向游客做讲解，他讲着北京的地理、气候、历史、城市变迁、老百姓的衣食住行、风俗文化，讲着游客后面的游览行程，游客们都在饶有兴趣地听着。周先生的英语说得虽然不很好，没有什么文采，语速又慢，但还清楚。我的信心和感觉瞬间突然又回来了，脑子里先前装着的那些好东西，一股儿一股儿地朝外涌。我听着周先生的讲解，心里别提有多么充实了。要是此时换我上去讲，我一定能够讲得非常精彩，因为他那边每说完一句话，我这边就想补充三句话，那些给劲儿的句子源源不断地冒出来，感觉真是太好了。我非常感谢周先生，那一次，他不仅救了场，也帮助我在业务上、心理上跨出了至关重要的一步。”

【点评】

紧张是一种常见的心理“障碍”。导游员由于紧张而导致发挥失常，这是带团过程中面临的另一类突发事件，应予认真对待。朱导游员在游客面前失态，临场出现了远低于自己实际水平的低级失误，是由于一时紧张所致。朱导游员的心理变化，事前没有征兆，紧张突然降临，令人猝不及防，且冲击力巨大，使人“脑子里突然出现一片空白”，不能正常工作，很是令人尴尬，虽然片刻就恢复了正常，却已经产生了不良结果。然而，发生这种紧张，原因并不只在于一时；克服这种紧张，却必须速见成效。新导游员要做好事前的积极预防，并为自己准备几招可以迅速克服紧张心理的好办法。新导游员在最初带团的过程中，出现几次“犯晕”、“一句话也说不出来”，这是规律性的现象，并不奇怪。有时候，这种紧张偏偏会在事先做过精心准备的地方突然出现。由于游客规格高，朱导游员“不敢有一丝麻痹大意”，精心拟了两套欢迎词，可谓准备充分了，谁知紧张偏偏出在致欢迎词的时候。朱导游员并没有为预防和克服紧张心理做好准备，他对此所做的估计是“总不至于卡壳、冷场吧”，结果是“卡壳”、“冷场”，事与愿违。当内心紧张在一瞬间打破了信心与经验、事前准备与现场气氛之间的平衡时，最紧要的是迅速抑制紧张。朱导游员由于始料不及，继而一筹莫展，教训深刻。其实，新导游员只要放平心态，把紧张来临当成一种突发事件来处理，办法总是有的。例如，当自己和游客都已感觉到这种紧张的时候，新导游员不妨坦率地为游客讲解自己的紧张。导游员在游客面前的紧张，对游客来说也是一种突发的意外事件，因此，有必要作出说明和解决。朱导游员一旦紧张，便只顾自己紧张、自己尴尬，这种自我封闭的表现会使游客也感到尴尬。据周导游员说，他站出来安抚游客，最先解说的正是新导游员面对游客如何紧张的问题，游客对此都很理解。倘若周导游员不在身边，朱导游员自己来说这番话，也会有同样的效果。朱导游员面对自己的紧张，应多一点知己知彼和自我解嘲的习惯。但是，讲起此次失误，朱导游员的虚心和坦率令人钦佩，他所缺的是经验，却具有发展的潜力。

【案例 3】虚心使人进步 骄傲使人落后

【案情】

陈导游员是一位走出学校大门不久的姑娘，从事导游工作自然还不能说是有经验。她做导游员的座右铭是“一丝不苟、全力以赴”。我们从下面几个方面可以看出她的敬业和真诚。

陈小姐是日语导游员，刚开始带团的时候，语言不过关，于是上团努力实践，下团刻苦学习，在客人面前不羞不怯，勇于交流，不仅进步很快，而且多次受到客人的好评。日本客人有自己民族的礼仪习惯，做日语导游员要有意识地与之贴近，防止产生隔阂。陈小姐便自觉在着装、仪态和表情上狠下工夫。陈导游员听说，有些欧美团的导游员穿着短裤和休闲背心就能上团，然而日语导游员的穿着必须得体，既不能过于随意、自主，也不能过于前卫、新潮。陈小姐有个习惯，一旦认真专注起来，就容易皱眉头。她在学校里曾为此落下一个“用功颦儿”的外号。导游员爱皱眉头是有碍观瞻、影响微笑服务的，弄不好还会引起客人的误会。为了改掉这个习惯，达到微笑服务的标准，陈小姐可是吃了不少苦头的。解说内容和解说技巧是新导游员的基本功，陈导游员没有本钱，做讲解就是靠着“一丝不苟、全力以赴”，有一次，陈小姐接待本社的一个回头客。那位客人对她的服务大加赞赏，而对上一次接待自己的陈小姐的一位前辈却是颇有微词。陈小姐向客人请教，客人说，那位导游员语言能力和工作能力都很强，但是有些傲慢，让人看着不舒服，自然，像什么为客人开车门、拿行李之类的小事，他是很难垂青光顾的。

【点评】

导游员可以追求精神境界、可以讲究道德风骨，却万万不可以骄傲，更不能在客人面前使性子、摆架子。骄傲自满是一种狭隘和不明智。导游员为客人服务，首先，要摆正自己同客人的位置和关系，检验自己对接待服务工作应有的态度和精神。毛泽东在《纪念白求恩》一文的结尾处说：“一个人能力有大小，但只要有这点精神，就是一个高尚的人，一个纯粹的人，一个有道德的人，一个脱离了低级趣味的人，一个有益于人民的人。”他的这句话，中国人能够读懂，外国人也能够读懂，是具有普遍意义的。

有些导游员语言不精、业务不熟，但是只要全力以赴，一丝不苟，客人并不会特别计较。为什么呢？因为客人尊重他对工作的真诚和倾心。而有些不乏经验和实力的导游员，可能由于一时的不上心，对工作漫不经心，敷衍塞责，降低了自己的精神境界和服务水平，被客人觉察出来，招致了客人的反感，影响了客人对自己的全面评价，对工作也造成了不良的影响。虚心使人进步，骄傲使人落后，我们要切切记住这个道理。

【案例4】“不学礼，无以立”

【案情】

孙先生做导游员的经历不到一年，却已经透过接待工作的细节，深入观察和思考了不同文化背景下不同礼貌礼仪的差异。孙先生的工作是接一种系列旅游团。这条旅游线专门面向英国拿退休金的老年人，据说卖得相当火暴。孙先生接待的客人，最年轻的也是拿退休金的年纪了，按照中国人的礼仪习惯，对这种结伴出游的老人，理应予以格外的关照，而最常见的关照就是搀扶。但是，英国老人和中国老人对于别人的搀扶却有着完全不同的理解。这些倔强的英国老人，无论他们看上去怎样的羸弱，你都不能去搀扶他们，任何援助之手都是不受欢迎的。孙先生说：“有一个老太太给我的印象极为深刻。她的样子使我想起了罗丹的欧米哀尔，已经有些弱不禁风了。老人手里总是不离一把极为精巧的折叠椅，看来她已经老弱到了需要随身带椅子的程度。她们这个团的团费高，接待规格也高，地接社按1:1.5的标准安排了‘大金龙’轿车。这种车底盘低、车身高，乘坐起来舒适、气派，就是上下车要费一点事。说实话，老人或是腿脚不好的人上下这种车辆是比较麻烦的。但是，我的客人们从不给我搀扶的机会。他们会摆摆手，或是巧妙地避开我的好意，至于那位老太太，则是把她的椅子从另只手移到靠近我的这只手。”孙先生从自己接待服务工作的这个细节中意识到，搀扶并不等于礼貌，更不等于对游客的尊重，礼貌服务要切合客人的需要，要切实使客人满意。不同的客人对于礼貌服务的理解和需要是不同的，导游员要自觉认识和把握这种差异，从而有针对性地为游客提供礼貌服务。

【点评】

导游员的礼仪问题涉及许多方面，可以写一部书来深入讨论。如果长话短说，这个问题实质上还是职业道德问题。它体现着导游员对内对外两个方面的追求。对内,追求自己人格的独立和完善;对外,追求自己工作的质量和价值,其他如礼仪知识、工作作风、仪表谈吐之类,皆是这内外追求转换之中的具体问题。新导游员是这样,老导游员也是这样,为了解决好这些问题,导游员一定要重视对礼仪的学习。

"不学礼,无以立"是孔夫子的话。现代生活中的礼,主要是指道德规范和礼貌礼仪。我国《公民道德建设实施纲要》中有"明礼"的要求,这个"礼",就是在这种意义上使用的。导游员学习掌握各种礼仪,是为了礼貌待客,更好地从事接待服务工作。礼貌待客,是对导游员文化知识和技术能力的要求,更是对导游员思想品质和职业道德的要求。

【案例5】我要是再招游客不满意,社里的牌子可真要砸了

【案情】

那是2004年7月的一个中午,孙导游员刚刚送走一个旅游团,正在家中休息,突然接到社里的紧急通知,要她立刻赶去接替她的同事,接待一对从北京飞来的美国夫妇。她说:

我刚下了团,人累得几乎要散架了;外面热得像扣上了蒸笼,真想待在家里好好避避暑气。接到那样的通知,我自然是很不情愿的。但是,经过多年的实践锻炼,我已经习惯了"招之即来"的工作方式。社里告诉我,这对美国夫妇从北京过来,刚刚到西安,才游览了半天,就强烈要求更换车辆、更换导游员。客人在午餐后回饭店休息,我需要在30分钟内装束整齐并跑完半个西安城赶到他们下榻的饭店。我想询问一下游客究竟为什么一定要更换导游员,可是时间紧急,社里的同事也没有说出个究竟。我按时赶到饭店,见到了那对美国夫妇。两位游客都是一脸冰霜,看样子不是脾气随和的美国人,又是正在气头上,我必须找到一种合适的交往方式,早一点打开僵局。已经换了一个导游,我要是再招游客不满意，社里的牌子可就真要砸了。说实话，当时我的心里也是很窝火的。天气这么闷热，我被取消了休假，心急火燎地赶到这里来代人受过，还要想方设法地让客人转怒为喜，我的委屈又上哪儿去诉说呢？可我是一个导游员，咱无论如何也不能让游客受委屈。于是，我微笑着向两位美国游客作了自我介绍，在征得客人同意后，我调整了游览计划，让客人先行休息，避开闷热的时段，同时也好调整一下他们的坏情绪。这一招很奏效，下午4:00，当我按照调整后的计划时间来到饭店时，决心顺势扩大战果。这天下午，我带着他们在市内的景点游览，没有安排其他活动，晚上，又主动陪着他们观看了西安的夜景，品尝了风味小吃。分手的时候，我们双方都明显地感到了对对方的初步好感和信任。但是我已经做好了准备，接这趟活就当做义务劳动，什么委屈呀、疲劳呀、收入呀，统统不予过多考虑。在以后的两天时间里，我尽量拿出自己的最佳状态为游客服务，从西大街走到东大街，我的工作让他们一路满意。果然是工夫不负有心人，到后来，我和这两位美国人之间简直有点儿相见恨晚、无话不谈的感觉了。最后一天送游客上飞机之前，我应游客的请求带他们去购物。我们始终兴致盎然，买了很多东西，甚至需要我和司机来帮他们拿。我终于圆满完成了社里交给的任务。最后分别的时候，游客感激我和司机的服务，给了我们一笔可观的小费。一个月后，我收到了美国游客寄来的信和照片，信中详细介绍了他们要求更换导游员的原因。原来，他们二人在北京遇上了车祸，旧疾复发。到了西安后，我的前任导游员不问情由，先去商店。可是到了商店，游客又找不到他，弄得人家手足无措，一时情急，结果当场就闹翻了。

【点评】

导游员的工作有时候是春风得意，有时候却是尴尬莫名，外行人往往容易看见且感慨于前者，而不容易看清和看懂后者。这是新导游员在从外行转变为内行的过程中应该注意的一件事。表面看，在这个案例中，孙导游员的前任导游员好像并没有什么了不得的大错。他（她）不过是在不知情的情况下带领游客去购物，无意中触到了游客的霉头。但细论起来，问题就不能这样看了。引发游客对导游员发难的事由，若论其细节或程度，不一定都经得起仔细推敲；然而引发游客愤怒的事情，若论其性质和倾向，往往是导游员犯错在先。孙导游员的前任导游员，其过错至少是对游客不负责任。他（她）被游客炒了，并不冤枉。孙导游员临危受命，克服困难，同样是在并不知情的情况下，却使游客转疑为信、转怒为喜，结果是助人利己，得其所哉。这一败一胜，根本原因究竟是什么呢？首先，前任导游员把自己挣钱的目标定得过于脱离实际，甚至于定得有些霸道，你不看看游客的具体情况，下车伊始就让人家购物，结果惹翻了游客，自寻尴尬。孙导游员不一样，她的目标定得实在，“接这趟活就当做义务劳动，什么委屈呀、疲劳呀、收入呀，统统不予过多考虑”。孙导游员不怕吃亏，反倒不吃亏，这叫做“以其无私，故能成其私”。其次，前任导游员把为游客服务和自己挣钱的顺序颠倒了。孙导游员不一样，她是先人后己，改变计划先让游客休息，避开闷热，缓解关系，先为游客提供义务服务。“九层之台，起于垒土”，基础夯实了，上层建筑才立得扎实稳当。没有这一段无私奉献和感情铺垫，游客能给她那样丰厚的回报吗？这就叫做“后其身而身先”。新导游员对孙导游员的这段经历，要仔细玩味，万万不可轻易放过。

【实战演练】

1. 自己错了，导游员该怎么办

“人非圣贤，孰能无过”，导游员也不是万能的，不是无所不知的，在带团过程中复杂而多项的环节中，出现这样或那样的错误，有时是在所难免的。万一出现错误，我们应该怎么样来应对才能不引起游客的不满呢？

首先，对游客应该坦诚，承认自己的疏忽和错误，正所谓俗话说“错能改之，善莫大焉”，这时，游客会觉得这个导游是真诚的。游客都是明白人，如果对自己的错误避而不谈，像什么都没发生过一样，这样导游员的形象会大打折扣。即使你后面提供的服务如何地好，也弥补不了已经出现的错误。其次，努力而灵活地寻找改正错误的方法。比如，接待北方来的客人，订餐的时候忘了向餐厅部门说明，导致饭菜的口味太辣，游客抱怨不已。这个时候就应积极与餐厅部门沟通，能不能把菜重新加工一下或者换菜等。出现错误一定要积极尽力地寻找补救方法。最后，要向游客做好解释工作，安抚游客的不满情绪，必要时要给予一定的物质补偿。总之，要将客人的不满情绪降至最低。

2.游客若有越轨言行，导游员该怎么办

所谓越轨言行，是指该游客的所作所为已经侵犯了一个主权国家的法律或违反了现行政策。从目前的情况来看，一方面的原因，是一部分海外游客因缺乏对我国法律和现行政策的了解、缺乏对我国国情的了解而出现某些越轨言行；另一方面，越轨言行出现的原因是有极少数明知故犯者和故意而为者。

一旦发现旅游团队中有越轨言行的游客，作为导游员必须立场坚定、旗帜鲜明，对其言行予以制止，并及时宣传我国有关政策和规定。同时，处理此类事情要非常慎重，事先要作调查研究、认真核实，分清两种不同性质的界线，分清有意和无意的界线。对那些因不了解我国国情而作出违法行为者，导游员要讲明道理，指出其言行的危害性和严重性，并要报告有关部门，由他们来处理。对于那些严重违反我国现行法律的越轨行为，如走私贩毒、倒卖金银、嫖娼卖淫、贩卖黄色录像带、录音带、激光视盘及非法集会、示威游行等，导游员一经发现，应立即向有关部门报告，并积极而认真地配合有关部门予以严肃处理。这是每一名导游员的神圣职责。

3. 与游客之间产生误会和分歧，导游员该怎么办

导游员在带团过程中，有时会因与游客沟通不畅而产生误会或分歧。误会和分歧一旦出现，轻则影响团队正常行程活动，重则会发展到严重隔阂、对立，使得整个团队笼罩于不愉快的气氛中。在人与人之间的交往中，误会往往是对别人的言行进行主观想象，并毫无根据地作出定论而造成的。有些人说话不注意场合，“祸从口出”；有的人则在别人面前流露出不应该有的情绪，这样误会就产生了，以后又不能及时沟通交流，误会就越来越深。

“解铃还需系铃人”，既然是导游员与游客之间的误会，那么导游员就要以真诚的态度，去和游客进行积极的沟通，来消除误会。如何进行有效的沟通非常重要。首先，要注意谈话的语气和态度，力争创造一种轻松和谐的交谈氛围，注意不要把解决问题的环境放到环境噪声比较大的地方，这会对沟通过程产生很不利的影响。交谈过程中如果是游客出了问题，也要充分留有余地，给游客一点面子。比如，导游员可以这么说：“你的观点是正确的，我们彼此间是否可以深入地探讨一下。”“我完全同意你的看法，如果在××方面修改一下，那就更完美了。”“你说得很有道理，我们可否在××方面再考虑一下。”这种交谈的方式首先是对游客的观点、意见及做法等加以肯定，然后再对不成熟的方面加以补充。这样有利于消除误会和分歧，是一种较为明智的交谈方式，游客也比较容易接受。

消除误会和分歧需要足够的聪明、才智、信心和勇气；相反，不消除误会和分歧，只会给导游员服务工作带来方方面面的阻碍。经过努力，误会和分歧一旦得以成功消除，旅游活动将会更加顺利地开展，或许还能结交更多的知己和朋友。

4. 如何处理带团过程中男游客、男司机的骚扰

导游员带团过程中必然要和形形色色的人打交道，有些素质较低的男游客、男司机有时候会伺机骚扰女导游员。面对男游客、男司机的骚扰，女导游员该怎么做才能既不损害对方自尊，又能维护自身的利益呢？

通常情况下，男游客、男司机的骚扰一般是言语上的骚扰。有些游客喜欢说一些双关语，本来平时环境中听来可能是挺正常的语言，在他们丑陋的举止和庸俗的腔调中却变成了猥词，存心看女导游员的笑话、占女导游员的便宜。如果女导游较真的话，他们还会反咬一口，说导游员自己往歪处想。

女导游员应该采取“难得糊涂”的办法来应对他们的骚扰。其实，这类男人说出一些双关语，无非是想通过这种假幽默的方式给他们空虚的心理注射一剂强心针，寻求点刺激而已。如果女导游员表现出很在意的话，他们就会得寸进尺，没完没了地唠叨下去。因此，当女导游员遇到这样的言语骚扰时，只要故意当做没听见，或者继续讲解景点，或者假装看行走路线而表现出毫不在乎的样子，他们觉得自讨没趣，自然就会偃旗息鼓了。

当然，如果男游客的骚扰已经超过了一般的言语骚扰，女导游员就要勇于面对，去维护自己的尊严和权益。从法律的角度上看，这些男游客的行为是一种侵权行为，因为他们的行为已经指向特定的对象，完全超出了一般意义上开玩笑和幽默，而属于性骚扰的范畴了。如果情节严重，女导游员可以对其提起民事诉讼。

第十单元

欢送篇

【导读摘要】

欢送篇，是导游服务工作的尾声，就像一本好书、一部好电视剧都需要有一个圆满而美好的结局一样，导游员一次带团工作的尾声，同样需要以认真而负责的态度做好对游客的欢送工作，为旅游行程画上一个圆满的句号，也给游客留下深刻而美好的印象。通过本篇的学习，我们可以了解到导游员在欢送游客前，需要做好哪些方面的准备工作，以及如何去做好这些准备工作，同时由于欢送意味着旅游行程的结束，导游员还需要做好与各相关单位和部门的结账工作，以保证欢送工作的顺利进行。还有一个不能忽视的方面，是在欢送游客时，导游员需要做好欢送致词工作，如何致欢送词、欢送词包含哪些要素也将成为本篇阐述的内容之一。

【专题讲座】

一、欢送前的准备

欢送工作是导游服务工作的最后一个环节，如果说前面众多的服务工作决定了导游服务水平的高低，那么欢送工作则会决定导游服务工作在游客心中的最终感受和评价。欢送工作既是把全程接待工作推向高潮的机会，也是对前段服务工作不足的一种补救。导游人员不能有丝毫的放松与懈怠，应像重视第一印象一样重视送团工作，做到善始善终，并妥善、及时地处理一些遗留问题和善后事宜。

类似于导游接站工作之前一样，欢送工作的重要性使得导游员在欢送之前同样要做好全面的准备工作，以确保游客离站顺利进行。欢送前的准备工作涉及方方面面，如，酒店结账、行李交接、交通票据等。因而，首先，需要我们对送团前的准备工作有一个较为全面的了解，然后，再选取准备工作中的两个最为重要的环节，交通工具准备和行李准备来进行分类详细阐述。

送团前的准备工作大致包括以下几个方面：

1. 核实交通票据

旅游团离开的前一天，导游员应再次核实团队离开的交通票据，即航班号（车次、船次）、起飞（开车、起航）时间。

2. 商定时间

地陪应与司机商定出发时间（因为司机熟悉路况），然后，根据出发时间同领队、全陪商议确定叫早、出行李及早餐时间，但必须留出充裕的时间到机场（车站、码头）。

3. 通知客人

选择恰当的时机和场所，如，在餐厅的包间或回饭店途中的旅行车上等客人集中的场所，通知客人第二天叫早、出行李、早餐及出发时间，并提醒客人尽早与饭店结清有关个人消费账目（如，洗衣费、长途电话费、饮料费等）。

4. 通知饭店

地陪应把叫早、用餐及出行李的时间通知饭店有关部门，并尽量提前结清账目或签单，以免第二天由于自己结账影响团队出发，同时，要检查自己是否保留有客人的物品、证件，或有些承诺委托没有办到的，要及时向客人讲明。

（一）交通工具准备

导游员在欢送游客离站前的交通工具准备，主要是指游客离站交通票据的准备及送站的交通工具准备。

首先，游客离站交通票据的准备，导游员要核实和确认游客离站时交通票据的数量、时间、去向、班次（车次）、地点是否与计划相符。对于离境的旅游团，要提醒和协助领队提前72小时做好确认机票。

其次，送站交通工具的准备，导游员应根据前面核实和确认好的游客离站交通票据的时间，与司机商定好送站时间和送站交通工具。这里尤其要注意的是送站的出发时间。一般来说，导游员和司机要确保游客到达车站、机场、码头后，有足够的时间顺利乘坐交通工具离开。

1. 送乘坐国内航班(火车、轮船)离站的旅行团

• 飞机团：导游员要带团进入候机大厅，移交交通票据；协助全陪(领队)办理登机牌及托运行李手续，再将客人带至安检处，与客人告别。

• 火车团：导游员要迅速交接行李及交通票据，将交通票据、行李托运单当面清点核实后交给全陪(无全陪的交给领队)。地陪应在适当的位置招手示意与客人告别，待旅游团所乘交通工具驶离本地后方可离开。

2. 送乘坐国际航班(火车、轮船)出境的旅游团

地陪、全陪和领队一起与旅行社行李员交接行李，清点核实后协助游客拿走自己的行李；地陪应向领队或游客介绍办理出境手续，待游客进入隔离区后方可离开。

在交通工具准备环节，关键的原则是要避免出现误机(车、船)事故。在此，有以下几点预防措施可供参考：

(1)导游员要随时关心机(车、船)票，特别是离境机票，要看清并核实，应提前及时与旅行社内勤和交通部门联系，核实离站时间。

(2)安排充裕的时间去机场(车站、码头)。送团前，应了解前往机场(车站、码头)的路况，以确保准时到达机场

(3)按导游工作程序规定的时间要求到达机场(车站、码

头)。注意具体时间要求,出境航班提前 2 小时、国内航班提前 1.5 小时、火车提前 1 小时。

如果旅游团正在去机场(车站、码头)的途中遇到交通堵塞,或导游员预知旅游团不能按规定时间抵达机场(车站、码头),误机(车、船)事故将要发生之时,导游员应与机场(车站、码头)取得联系,请求等候,讲明旅游团的名称、人数,大约何时能到达机场(车站、码头)。如取得同意,导游员要立即组织旅游团尽快赶赴机场(车站、码头)。同时向旅行社汇报,请求协调。还需向各有关部门、人员讲清旅游团误机(车、船)情况和补救方法,并讲明请求协助的事项。

如若误机(车、船)事故已经发生,导游员最重要的是应该尽快冷静下来,果断采取解决措施。首先,及时与民航联系,协商补救方法,弄清当天是否还有去同一目的地的飞机(火车、轮船)。其次,可联系包机,或在节约时间的前提下改乘其他交通工具。如果当天走不了,考虑重订第二天的票或包机。同时,按误机(车、船)情况和更改计划通知各有关方面和人员做好各项送(接)团准备。总之,旅行社和导游员要采取必要措施,安排好旅游团在本地滞留期间的生活和活动,力求缓解游客的不满情绪,使不利影响降到最低限度。

(二)行李准备

行李,是游客旅途中的重要物质财产,在行李准备这一环节,我们需要注意的两项工作重点,是确保行李的安全和行李的顺利离站,这两点非常重要。

在离站的前一天晚上,导游员就应该提醒游客务必回房间收拾好自己的行李物品,再三核实是否有行李遗漏,尤其是贵重物品,以免第二天早上清点行李的时候发现有行李遗漏,耽误出行李时间,进而延迟出发时间。万一造成整个旅游团误机(车、船),

后果就不堪设想了。其次，导游员要根据游客的确切离站时间，提前商定好交接行李的时间(须注意，是要商定好地陪、全陪、领队与饭店行李员四方交接行李的时间)，然后，由领队去告知全体游客第二天早上出行李的时间。

第二天出行李之前，地陪要提前10分钟左右到达饭店等候游客和其行李。地陪，全陪和领队共同清点行李、检查行李；然后，交给饭店行李员，填写行李运送卡；检查行李是否上锁、有无破损等，以便及时补救。

与此同时，导游员要向游客讲清托运行李的具体规定和注意事项，提醒游客一定要将贵重物品和易碎物品等随身携带，以免丢失或者破损，影响送站工作的顺利进行。

总而言之，行李的准备工作需要有游客、领队、全陪等的配合才能顺利完成。因此，导游员要注意处理好各种角色之间的关系，始终站在游客利益的角度，为游客的财产安全考虑，以确保游客行李万无一失。

二、结账

结账，是导游带团工作中非常重要的一个环节。首先，旅行社是一个为游客提供旅游服务的中介机构；其次，它也是一个自负盈亏的独立性的法人机构。因而，导游带团工作除了要保证为游客提供周到的导游服务之外，还要保障带团过程中各个环节上费用结算工作的顺利和准确无误。一旦结账环节出现错误，给旅行社带来的损失是很难弥补的。那么，导游员的带团工作可以说也是失败的。

(一)与全陪结账

与全陪结账，我们可以从两个方面来理解：其一，是旅游团行程结束之后，组团社和全陪结清旅游团及司陪人员在各旅游目的地的费用，进而核算该旅游团的实际成本和利润，保证旅行社财务工作的顺利进行。其二，是当旅游团每到达一个旅游目的地，并完成在该地的行程之后，地接社和全陪结清旅游团及司陪人员在当地发生的费用。所以，如何与全陪结账，我们需要分成两种情况来分别说明。

首先，我们来说一下，根据第一种理解如何与全陪结账。全陪作为旅游团的全程陪同，每带领游客到达行程中的一个目的地，游客在当地所发生的全部地接费用或者部分地接费用，如果是由全陪现付的话，那么全陪需要保留好旅游团在各地所发生费用的各项单据，以作为回组团社报销账目的证明。作为组团社，由于在旅游团出发前已经将一定数额的现金交给全陪，以支付旅游团在各地的费用，所以在全陪完成旅游行程回来之后，组团社通常会要求其在最短的时间内，将自己在外带团的各项费用分门别类地填好各项报销细目，如，门票费、交通费、餐饮费、住宿费等，再进行汇总并冲销出发前所借现金，以便旅行社财务人员核算旅游团的实际成本和利润，顺利进行财务结算工作。

其次，我们来说一下根据第二种理解，如何与全陪结账？从某种意义上说，与其说是地接社和全陪结账，倒不如说是与组团社结账。因为，全陪直接代表的是组团社，地接导游员与全陪结账，从根本上来说就是地接社与组团社结算。全陪是旅游团的全程陪同，在带领游客到达行程中的某个旅游目的地时，该团必然会在当地产生吃、住、行、游、娱方面的费用。这笔费用由谁来向地接社支付呢？由于旅游者通常是在旅游行程开始之前，就与组团社订立了旅游合同，并向组团社支付了此次旅游行程的费用（自费旅游项目除外），因此，其在每个旅游目的地所产生的旅游费用，就自然应该由组团社或者组团社的代表——全陪，来向地接社支付。这样就产生了地接社与组团社的结账问题。

但在实际操作中，对于做地接的旅行社来说，往往有如下感受：在多年的工作中或多或少都曾碰到过很多欠款收不回来、质量上引起纠纷、款项上引起争执等问题。当这些问题发生以后，地接社往往都要付出很大的精力、时间，甚至于财力去解决。如果解决得好，付出时间和精力还值得；如果解决不好，那就真是“哑巴吃黄连，有苦说不出”了。

目前，在组团社和地接社之间，业务往来及相关款项的主要对接方式也就是传真确认。有时同行们相互做团，双方只有对方的签字确认而无公章确认，就算有些是公章确认的，那“公章”也不过是自己私刻的章。另一个，双方往来资金有时是通过私人银行卡交易，在日后发生纠纷的时候毫无法律依据可言。

因此，地接社与组团社之间结账需要注意以下几点：

(1)与组团社确认业务的时候，务必要求对方以公章回执。

(2)提前与组团社协商好付款方式，是由组团社预付，还是由全陪现付。如果是预付，须确定预付的比例是多少。对于地接社来说，如果能够与组团社将预付比例谈到80%，这将是一件非常好的事情。

(3)团队行程结束之后，须做单团结算单并请对方签字认可确认，记住一定要把行程中有所增减的费用做进去，并须有凭有据。

(4)双方在每个团发生团款交易之后的单据一定要保存好。

(5)团队结束后，须将给对方开的发票、单据复印件留底。

(6)在双方核对账目时，千万不可为图方便而以整数作为某次对账的金额总计，而应以该团团款小数点后两位数为止的金额作为总计，并让对方签字认可、公章确认。

(7)在双方的业务来往中，尽量使用公对公汇款。就算不常使用，也应尽量让对方使用几次公对公汇款方式给你汇款。

（二）与地接社结账

组团社一般情况下不会在旅游团队出发前就付清所有的团款，大多数会采取预付、现付、团队结束后再付款三种方式。因此，在团队旅游结束后，各地的接待社均会很快传来团队收款账单，组团社作业人员应根据计划认真审核，实事求是，纠正差错，并请财务按协议准时、准确地付清款项。

组团社与地接社结账需要注意以下几个问题：

（1）结账之前，要和地接社沟通和确定好旅游行程每个项目的费用，以免由于结账时双方费用标准的不一致而产生矛盾。在双方都认同每一项费用之后，旅游结束后的结账工作才能顺利进行。

（2）一般来说，最好不要向地接社预付所有团款，以防地接社收到全部团款后，放松对旅游团游览质量的监控。至于预付部分团款的比例，要视地接社和组团社平时的合作关系程度和二者之间的协议而定。

（3）在团队旅游行程结束之后，要求地接社明列旅游团在当地所产生的费用项目，须逐条计算清楚旅游团在当地的吃、住、行、游、娱所产生的费用，并在这 5 项条目下，把每个条目做细，让组团社能够一目了然、心中有数，避免由于费用不明晰而带来纠纷。比如，在“游”这一个条目下，旅游者在当地游览的往往不止一个景点，那么要求地接社把各个景点的门票费用（含一些景点内的小门票，如果是由地陪支付的）在清单上一一列出，然后再把“游”这个条目的总计费用写明。

（4）在与地接社核对费用无误后，要求地接社把相关单据整理好发到组团社，以作为付款依据。在单据收到并确认无误后，组团社便可向地接社付清余款了。组团社要谨防一种情况，即组团社现付团款或银行汇款后，有些地接社故意拖延或告知“不能提供发票,因为报价太低,再开发票上税就赔了”,或干脆就提供假发票。这样,组团社的财务工作就会受到很大的阻碍。

(三)与饭店结账

旅游者离站的前一天,地陪应确认交通票据及离站时间,为了在出发时让游客顺利离开饭店前往机场(车站、码头),地陪应及时与饭店结清旅游者在饭店的花费项目。

首先,地陪要收齐所有游客的房卡,交给饭店前厅部结账人员,在饭店核对好所有游客房间均无物品丢失和损坏、游客在酒店无其他自费消费之后,立即与饭店结账,确保游客在最短的时间内离开饭店前往机场(车站、码头)。付账方式一般是由导游员在与饭店核对账目无误后,现场以现金方式支付,然后于带团结束后,将饭店账单带回旅行社,并如实填写“餐饮结算单”和“住宿结算单”报账。如果旅行社与该饭店签有合同,导游员可收取游客在饭店所发生费用的单据,由旅行社财务人员以公对公的方式与饭店结账。总之,具体的结账方式,可视旅行社与饭店所签协议及合作关系如何而定。

其次,导游员需要注意的是,在游客离开饭店之前,一定要与饭店确定游客是否有在住宿费之外的花费,如果有,要提醒本团游客尽早与饭店结清相关账目。如,洗衣费、长途电话费等;如有游客损坏了客房设备,地陪应协助游客妥善处理赔偿事宜。另一方面,导游也要及时通知饭店有关部门该团的离站时间,提醒其提前与游客结清相关账目。

(四)与司机结账

与司机结账程序相对较为简单。送走旅游团后,导游员应与旅游车司机结账(如,过路、过桥、停车费等),如实填写“车费结算单”,在用车单据上签字并保留好单据,再回旅行社报账。

与司机的结账一般分为以下两种情况:在出发之前付给司机

一部分费用,用以司机旅途中的加油费和路桥费,然后在行程全部结束,将旅游团送走后,导游员与司机结清余下费用;另一种情况,是先由司机垫付旅途中的部分费用,在旅游行程结束之后,再由导游员与司机按事先商定好的价格付清全部旅游车费用。具体付款方式可视旅行社与旅游车公司的协议而定。

三、致欢送词

如果说欢迎词是导游服务工作开始的序幕,那么欢送词则是导游服务工作的尾声。欢送词和欢迎词首尾相接、遥相呼应,是旅游活动的"句号",也是接待工作的一个重要环节。若第一次亮相是成功的、精彩的,那么,在送别客人时留给游客的印象则是深刻而长久的。欢送词往往是把情感推向高潮的重要一步,导游员应该精心设计,使之神气十足、情真意切,切不可虎头蛇尾、前功尽弃。

与致欢迎词的情形不同,此时的导游员与游客已比较熟悉,相互之间有了一定程度的了解,还有的成了朋友。如果说欢迎词给游客留下美好的第一印象是重要的,那么在送别时致好欢送词,给游客留下的最后印象将是深刻而持久的、终生难忘的。那么,导游员应该如何对游客致欢送词呢?所致的欢送词应该包括哪些内容呢?一般来说,一篇完整而符合规范的欢送词,应当包括5个基本要素:表示惜别、感谢合作、小结旅游、征求意见、期盼重逢。

• 所谓"表示惜别",是指导游员用真诚的语言表示出对游客的依依不舍之情。连日来的相处彼此之间都有了一些感情,甚至成了朋友。朋友的离别肯定是让人不舍的。要注意表示惜别的时候情感一定要真诚,还要借助面部表情让游客也受到感染。要给客人留下"人走茶更热"之感。

• “感谢合作”，是指感谢游客在旅游中对导游服务工作所给予的支持、合作和谅解，没有游客的配合，导游服务工作就不可能顺利完成。有位导游员这样表达自己对游客的感激之情：“感谢大家一路上对我工作的支持和配合。也许我不是最好的导游员，但你们却是最好的游客！谢谢大家！”简短的几句话，肯定了游客的价值，也从心底里表达出了导游员对游客的感激之情。

• “小结旅游”，是指在旅游活动结束的最后，导游员要与游客一起重温此次行程：我们此行去了哪些地方？哪些景区（点）给大家留下的印象最为深刻？大家从此次行程中的收获有哪些？这样可以加深游客对此次行程的印象，同时也让他们觉得这次旅游是完整的、成功的。

• “征求意见”，是在导游服务工作的最后，导游通过征求游客的意见，知道自己在哪些方面还有做得不够周到的地方，从而在以后的工作中有的放矢地进行改正。如果游客提出的意见比较中肯，会对导游员的快速成长产生重要影响。当然，导游员在征求意见的时候一定要心诚，否则游客就不会告诉你真正的意见和建议。

• “期盼重逢”，在欢送词中导游员除了要表达对游客的不舍之情外，末了还要表达期盼能与游客再度重逢的愿望。我国一位从事英文导游近40年的老导游员，在同游客告别时他说：“中国有句古语，叫做‘两山不能相遇，两人总能相逢’，我期盼着不久的将来，我们还会在中国，也可能在贵国相会。我期盼着！再见，各位！”

如上所述，欢送词的内容，基本包括表示惜别、感谢合作、征求意见、期待重逢、表达美好的愿望等。而欢送词形式，则可分为惜别式、道歉式、感慨式、引用式、故事式等多种。

1. 惜别式

惜别式的欢送词，是常用的方式之一，但切记不可过分渲染，给人以虚假之嫌。点到为止，才是自然真情的流露。

请看以下惜别式的欢送词：

各位团友，大家在中国内地16天的行程即将结束，在这期间，我陪同各位由南到北进行了游览，对中国有了一个大概的印象。16天的时间说长不长，说短也不短，和睦融洽的相处使我忘记了自己是一个工作人员，在不知不觉中既完成了工作，又获得了轻松愉快的体验。直到要送走大家的这一刻，我才发现，心中真的有许多的眷念。我会记着各位，记着我们这个团16天的快乐和艰辛，天下没有不散的宴席，也没有永远在一起的朋友，匆匆相聚又匆匆离别。但我相信，在不久的将来，我们会重逢在这片神奇的土地上，重温友谊的温馨和惬意。最后，在此感谢大家这么多天以来对我工作的支持和配合，祝大家永远健康、快乐！

2. 道歉式

这种欢送词往往用于有失误的情形下，通常是不得已而为之。旅游旺季或在接待过程中，有时难免会出现失误或意外，导游员应息事宁人，以消除客人的怨气。送团时再次重申，既可说明自己的诚意，又可使客人明白导游员已足够重视，有益于化解客人的不满情绪。

请看以下道歉式的欢送词：

各位游客，我们的“彩云之南——云南之旅”即将结束，回顾我们10天的行程，有快乐与欢笑，也有曲折与劳累。然而，最让我感动的，就是大家对我工作的包容和理解，因为我们这次旅行中美中不足的便是原计划乘坐的软卧，因客观原因被迫改成硬卧，这一点让我觉得很愧疚。在我们即将分别之际，我再次向各位真诚地道歉，同时也请大家相信，我不是最好的，但我一直都是最努力的。在这里，恳请各位一如既往地支持我，最后，祝大家万事如意，希望我们能够再次重逢！

3. 感谢式

感谢式的欢送词，是最常见的一种，如果团队旅行顺利完美，此时的感谢将会是锦上添花，会收到非常好的效果。

请看以下感谢式的欢送词：

各位游客，我们的黄土高坡之旅到这里就圆满结束了。黄土地是夯实的、黄土文化是厚重的，而我和大家的这段缘分，也要感恩于这黄土地的牵引。在大家即将踏上归途之前，我要感谢大家，正是由于大家的宽容和随和，才使我们的旅途充满了欢乐，也使我的工作变得轻松。我要感谢我们的领队和全陪，正是由于你们的支持和配合，我们的行程才能如此顺畅；我要感谢司机师傅，正是由于您的准时，我们的游览时间才得以保障。让我们大家都记住这段快乐的时光，黄土地的故事有很多很多，我真诚地邀请各位如果有机会能够再来，让我们再去找寻那些待续的故事，再去分享中华文化的精华！谢谢大家！

4. 引用式

引用一些名人名言对景区景点加以描绘和总结，会使导游员的欢送词极具文采，并可增强说服力，使客人有一种不虚此行的感觉，是一种效果极好的方式。

请看以下两段引用式的欢送词：

- "江南忆，最忆是杭州。山寺月中寻桂子，郡亭枕上看潮头。何日更重游？"这是白居易颂扬西湖时给世人留下的回味无穷的千古绝唱。各位朋友，当我们即将结束西湖之行时，您是否也有同感呢？但愿我们后会有期，能够有机会再次相聚，山寺月中赏桂子，钱塘江上看潮头，让西湖的山山水水永远给您留下最美好的回忆。

- 各位游客，女士们、先生们、小朋友们：大家（早上、中午、下午、晚上）好！短短几天的内蒙古之旅就要结束了。经过这几天的亲密相处，我们彼此间结下了比较深厚的情谊。然而，中国有句俗话："十里搭长棚，没有不散的宴席"，我们还有各自的工作和生活，只得道声"拜拜"了。唐诗中有"相见时难别亦难，东风无力百花残"的名句，我们的分手虽然没有生死恋人那么严重的程度，但确实是有点难舍难分的滋味啊。

5. 故事式

故事式的欢送词，比较通俗易懂，既能引起客人的兴趣，又能蕴涵一定的人生哲理。但是切记故事不可流于俗套，使人感到乏味。

6. 诗歌式

诗歌式的欢送词，听起来很美，但若表达不好，则容易让人产生做作之感；若想用得很到位，导游员的日常积累和较高的文化素养是必须的。同时，如果使用这一类型的欢送词，导游员的服务对象——游客必须是具有一定文化层次和良好文学素养的人，只有当游客能够理解导游员所使用诗句的内容和意义，才会引起游客感情上的共鸣，达到预期的效果。

有位导游员在带领教师团致欢送词时，曾使用过李清照的词："一别之后，两地相思，只说是三四月，又谁知五六年，七弦琴无心弹，八行书无可传，九连环从中折断，十里长亭望眼欲穿。百思想，千系念，万般无奈把郎怨。万语千言道不尽，百无聊赖十凭栏。九重登高看孤雁，八月中秋月圆人不圆。七月半，烧香秉烛问苍天。六月天，人人摇扇我心寒。五月里，榴花如火偏遇阵阵冷雨浇。四月间，枇杷未黄我欲对镜心意乱。三月桃花随水流，二月风筝线儿断。噫！郎呀郎，巴不得下一世你为女来我为男。"如果是一般的游客，听到这种类型的欢送词，不仅不能够理解其意思是什么，可能还会觉得导游员太做作、太矫情，但是这位导游针对具体对象灵活地变化欢送词，针对教师团，使用带有深厚文化意蕴的欢送词，收到了良好的效果。

7. 唱歌式

音乐无国界，以唱歌结束，将会把结尾推向一个高潮，也让人回味无穷。很多导游员在送团的时候为了表达对游客的惜别之情和祝福之声，经常会唱《祝你平安》这首歌曲，煽情且真诚，往往能够收到良好的效果。还有一些导游员为了出新意，将一些人们耳熟能详的歌词加以改编，变成了属于自己的特色欢送词。

比如以下的这首歌曲《四川的风光你别忘怀》，改自邓丽君《路边的野花你不要采》：送你送到飞机场，有句话儿要交代，虽然已经是百花儿开，四川的风光你别忘怀。记着我的情，记得我的爱，记着有我天天在等待。我在等着你回来，我在等着你再来四川，千万记得再次来四川。

又如，歌曲《其实不想走》，经过一位导游员的改编，变成了一首很有特色的导游欢送歌曲：

你们会怪我，在机场高速路上才说将与你分手，这几天讲的话，说得还不够，你说来就来，说走就走，怎么会不懂我，怎么会不知道，导游的心是脆弱，寂寞不是我，不能够忍受，只是这几天，我想你太多，其实不想走，其实我想留，留下来陪你每个春夏秋冬，你要相信我，再不用多久，我要你和我今生一起度过，其实不想走，其实我想留，留下来陪你每个春夏秋冬，你要相信我，再不用多久，我要你和我今生一起度过。

总之，一篇好的欢送词，不仅要内容全面，而且要富有文采、情真意切。这样才能给自己的带团工作画上一个圆满的句号。另外，还有一点要特别注意，有经验的导游员在话别游客之后，都会等“飞机上天，轮船离岸，火车出站，挥手告别”后，才离开现场，“仓促挥手，扭头就走”，会给游客留下“是职业导游，而不是有感情的导游”；是“人走茶就凉”的导游，而不是“人走茶更热”的导游。所以,我们千万不要做这样的导游。

(一)地陪如何致欢送词

地陪,顾名思义,就是当地的陪同导游员。地陪导游员在完成游客在当地的游览行程之后,应该以地陪的身份向游客致欢送词。首先,地陪导游员的欢送词应该包含上述一般欢送词必备的五要素,这是任何欢送词都需要具备的。其次,与全陪相对应,地陪所致的欢送词因其工作内容的不同而有一些不同的特点。地陪所致的欢送词应主要着眼于游客在当地的参观游览活动,无论是五要素中的感谢合作还是征求意见,地陪的出发点应都放在游客在当地的旅游行程上,尤其是小结旅游这个部分,更应带领游客把当地典型的、重要的景点回顾一遍,把当地的特色再向游客突出一遍,以加深游客对当地的印象。同时,地陪致欢送词时要注意当地是不是游客旅游行程的最后一站,如果不是,要记得祝福游客在接下来的旅游中一路平安、旅途愉快等;如果当地就是最后一站,则只需祝福游客在回家的途中一切顺利即可。下面,我们来看一篇来自浙江杭州地陪的欢送词:

各位朋友:

佛经曾有云:前世五百次的回眸,才换来今生的一次擦肩而过。所以,我敢肯定地说,上辈子咱们啥事儿都没干,老顾着回头了。

咱们在上辈子的努力回头下,今世才有缘相识,在这共同度过的7天里,咱们祭奠了民族英雄岳飞的忠魂,瞻仰了钱塘名妓苏小小的风姿。我们游览了水光潋滟的西湖,观看了可与红磨房相媲美的宋城千古情表演。俗话说:“读万卷书,行万里路。”这次杭州之旅,让我们增长了见识,丰富了知识,从前人的影像中,也让我们有不一样的感悟:心灵得以洗礼、精神得以升华……我希望这能成为我们永远回味的美好记忆。

离别之际小陈送大家一句话：我们常说因为生活我们不能失去工作，我们努力地工作是为了生活，那反过来我们也不能因为工作失去生活，在您忙碌的工作之余，别忘了给自己留一份空间，出来旅行一下。

在这次的旅途中，我还是有很多做得不到位之处，谢谢大家的理解与支持，也希望大家能够对我提出宝贵的意见，我会在以后的导游工作生涯中用您的宝贵意见来不断地提升自己。也许我不是最好的导游员，但大家却是我遇到的最好的客人，能和最好的客人一起度过这难忘的7天，是我导游生涯中最大的收获！同时，我发自内心地期盼大家还能够再次来到杭州，来到美丽的西子湖，让我能有幸再次当大家的地接导游！

最后祝大家在接下来的旅途中玩得开心！谢谢！

(二)全陪如何致欢送词

全陪，顾名思义，则是旅游团的全程陪同。与地陪相比，全陪与游客相处的时间更长，彼此之间的了解和感情也会更加深入。在每一个旅游目的地游览结束需要离别的时候，当地地陪导游员会向游客致欢送词，而全陪的欢送词则是在所有旅游目的地游览结束之后，旅游者起程回家的时候，针对全陪工作内容所致的欢送词，内容应比地陪欢送词更丰富，感情也更加真挚。在欢送词五要素中，全陪同样应尤为注意小结旅游这个部分。小结旅游包含的范围应从旅游者开始旅游行程到最后所有的参观游览活动结束，全陪要带领游客逐步回忆，但切忌记流水账，而应重点突出，突出每一地的特色，这样游客对整个的游览行程就更加清楚。以下面一篇全陪的欢送词为例：

各位朋友：

一路颠簸，大家辛苦了。马上就要回到自己温馨的家、见到自己的亲人了，呵呵，我看到大家的精神都回来了。

出门几天,各位朋友可能都有这个体会,离家越远,回家的愿望就越强烈,哪怕走到天涯海角,总有一个地方让我们魂牵梦绕,那就是我们的家!终于要到家了,看得出大家是多么高兴啊。回家的感觉真好!

几天以来,我们朝夕相处、风雨兼程,吃在一起、住在一处,说心里话,现在一别,还真有点儿舍不得。但有人说过,今日的离别是为了明天更好地相聚。小刘相信,我们一定还会再见面的!今天,小刘以一个导游员的身份为大家提供服务,明天再见,小刘就是你们的朋友了。

在此次的游览行程中,我们首先来到了美丽的“江城”和“白云黄鹤的故乡”——武汉,登上了“天下江山第一楼”的黄鹤楼,游览了四季风景绝佳、中国最大的城中湖——东湖,走进了藏有“世界第八大奇迹——曾侯乙墓编钟”和举世闻名的“越王勾践剑”的湖北省博物馆,去感受了楚文化的博大和精深。然后,我们又来到了湖南省美丽的张家界风景区,奇山异水让我们惊叹于大自然的鬼斧神工。带着旅游给我们带来的愉悦心情,最后一站,我们来到了美丽的湘西凤凰古城,泛舟于沱江,看着两岸精致的吊脚楼,我们仿佛来到了世外桃源,梦里之乡。相信此次的旅游行程已经在大家的记忆里留下了不可磨灭的印象。

我很庆幸,我遇到了你们。你们是那么包容、那么善解人意。大家对我像朋友一样,你们的热情和友好让我深受感动。虽然说我是个导游员,但更多的时候,我感觉到是各位朋友在照顾着我。小刘在这里真诚地对大家说:谢谢了!如果小刘在工作中有什么不足之处,请您知无不言,言无不尽。小刘有则改之,无则加勉。

明天各位就要重新回到各自的岗位上了,临别之际,小刘没什么礼物送给大家,唯有心里诚挚的祝福送给各位:

祝朋友们工作顺利,家庭幸福!

祝我们的老人身体健康,幸福长寿!

祝我们的孩子快乐平安,学业有成!

一次,某导游员为一个新加坡旅行团做全陪,近20天与客人相处,关系十分融洽。团队要离境了,在车上,客人七嘴八舌地议论到各地的景点和导游员。他们谈到某地一位导游员在分别的时候说“讲两句道别的话”,结果讲了十来分钟。客人问她:“您说讲两句道别的话,怎么讲了这么久?”客人其实是在考察她的应变能力。她一时语塞,无言以对,宾主都颇感尴尬。这样,预期的送别效果就完全走了样。当客人向导游员提出这样的问题时,到底该怎样回答才算得体呢?一个老导游说:“开头一句,结尾一句,中间忽略不计。我没计数,各位也没计数,人言人殊,没有标准答案。根据求同存异的原则,开始和结尾的一句是没有争议的,所以,一共两句。”对于这种幽默诙谐的解释,游客为之莞尔。

到了要和客人道别的时候,导游人员须不失时机地借题发挥:

“各位团友:大家在中国旅游了20来天,从南到北、从东到西,对中国有了一个概略的印象。该讲的话,各地的导游员都讲得差不多了。现在,是该轮到我讲两句道别话的时候了。今天只讲两句,名副其实的两句:

现在的一切都会成为过去,

而过去的一切,都会变成美好的回忆。

谢谢大家!”

言隽意永,余味悠长。客人当然不答应和他们相处了20来天的全陪只讲这么两句,不由得叫了起来:“不行!不行!再来两句!”该导游员接过话茬说:“好,那就是四句了。”于是该导游员讲了这么四句:

“机缘的牵引使我们异地相逢,

一次相逢是一次增加了解的机会，

一次相逢是一次增加理解的机缘，

我尤其珍视将来再一次为各位做导游员的那种机缘。谢谢大家！”

又有客人叫：“再来两句。”于是该导游员引述了《告别歌》：

“到了分别的时候，

就得说声‘再见！’

纵然天南地北，

我也会把你们想念。

短暂的聚会就要分手，

何时再相见……”

讲完第六句，该导游员说了一句：“后边是省略号。”客人的情绪被推向了高潮，还要求“再来两句”。于是，该导游员引述了自己的一首小诗《握别》：

“惧怕这离别的忧伤，

我迟迟不敢伸手。

惧怕这离别的惆怅，

我久久不肯抽手。

但愿这深情的一握，

天长地久。

但愿这醉心的一握，

情意悠悠……”

这一下轮到客人说：“后边是省略号”了。团长深有感触地说：

“这是我们最愉快的一次旅行。”

该导游员回答说：“不，团长先生，您错了。一位‘名人’说过，任何愉快的旅行，最愉快的还是最后那一段，那就是——回家！”

客人问:“这名人是谁?”

该导游笑着说:“自然是我啦!大家萍水相逢,和谐相处,一起度过了温馨的20天,我在团里的‘知名度’是最高的了……”

全团客人开怀大笑。一位小朋友问该导游员:

“叔叔,你不可以和我们一道走吗?”

导游员指了指天上飞过的小鸟,说:

“不啦!我和春天还有一个约会……

祝大家一路平安!回到家里千万别忘了代我向你们的亲人转达我的美好祝愿。再见了!”

这样别开生面的送别词所达到的效果,比那种四平八稳的欢送词要生动得多,留给客人的印象也要深刻得多。

【经典案例】

【案例1】是否能赶上飞机呢

【案情】

张先生是W市国旅的导游员,2005年开始做导游工作,初出茅庐,就遭遇了一场硬仗。

那一次,张导游员带着一个美国旅游团游三峡。这个团共有38名游客,游程是从重庆上船,顺流而下,至武汉上岸。游程很顺利,然而,张导游员却暗暗担心,游客能不能准时到达武汉。按照惯例,游船一般是当日中午12:00左右到达武汉,下午1:00下船,4:30飞机就要从武汉天河机场起飞,时间非常紧张,一点儿都耽误不得;万一游船不能准点到达,就会误机,给后面的游程造成很大的麻烦。张导游员的担心是有道理的。结果,由于游船公司的原因,张导游员所乘的那条船真的就不能正点到达武汉了。怎么办?张导立即与游船公司做了郑重交涉,船方同意让该团于当日早8:00从岳阳下船,转乘汽车去武汉。张导游员把这一行程的变更通知了自己的地接社——W市国旅,并取得了该团美国领队及全团游客的谅解,对行程改变做了相应的准备。谁知祸不单行,乘车途中赶上天下大雨,路不好走,司机说,照这样前进,即使到武汉不换车,不用餐,4:30也不一定赶得到天河机场。怎么办?张导游员立即与W市国旅进行联络:一、取消午餐;二、取消原定到武汉后换乘W市国旅的车再去机场的计划,请W市国旅派人直接把机票送到机场;三、请W市国旅与航空公司方面协商推迟飞机起飞时间。然后,张导游员在车上做了安抚游客的工作,并为每位游客预订了盒饭。同时,张导游员也做好了最坏的准备,并及时与游船公司的业务代表联系,万一真的误机,由游船公司负责安排全团在武汉的住宿及次日的机票。雨天路滑,司机一路高度专注。可是偏巧行车的这半边路上发生了堵车,眼见时间一分一秒地流逝,真是急死人了。怎么办?这时来了一辆警车,张导游员立即跳下车,向疏导车流的交通警察说明了这个旅游团的"窘况"。交通警察被他说服了,立即开起警车,引导旅游车逆行而上,绕过了堵车的地段。这样,几经周折,临近下午4:00,就在张导游员和游客的汽车快要到达飞机场、介于赶上与赶不上之间的时候,他的手机响了,W市国旅告知,他们与航空公司交涉成功,那次航班推迟到5:30起飞。张导游员终于深深地松了一口气。

【点评】

张导游员沉着冷静、机动灵活地应对了这样的遭遇,的确如同打赢了一场硬仗。这件事情的发生和应对,都具有一定的典型性。从事情本身来说,事发突然、矛盾突出、时间紧迫、变化复杂;从导游员的应对来说,事前有所准备、临事沉着灵活、抓住主要矛盾、选择最佳方案。张导游员的应对,可圈可点之处不少,关键的一条,他做了最坏的准备,争取到了最好的结果。第一,在旅途顺利的时候,张导游员已经在思考着后面有可能遇到的意外,这是居安思危,不是杞人忧天。当麻烦突然降临的时候,张导游员及时实施的那些——即使在事后看来也是最为有效的——应对方案,在很大程度上得益于他事前为此所做的思考。第二,面对突如其来的变故,张导游员应对沉着,并没有因此而乱了方寸。这样,他才能够“立即”与轮船公司去做“郑重交涉”,采取有效措施,控制事态向着有利的方面发展。第三,张导游员始终抓住克服“晚点”和争取“正点”这对儿主要矛盾,与轮船公司交涉、向W市国旅汇报、与航空公司交涉、做美国领队的工作及安抚游客、争取到交通警察的协助,一切努力都是为着争取时间,赶上飞机。围绕这一关键工作,他采取一切可以采取的措施,最大限度地发挥了自己的潜在能力。第四,张导游员预料了事情可能发生的各种结果,及其可能带来的各种后果,均做了相应的准备。一旦补救措施失败,“真的误机,由游船公司负责安排全团在武汉的住宿及次日的机票”,这项工作只有在事前做好,才能够免除雪上加霜的尴尬。最后,民航公司同意为等候他们而推迟一个小时起飞,这个喜讯使张导游员彻底摆脱了被动局面。可是一经分析,这个转机的最终发生,还是与张导游员此前所做的一切努力分不开的。正是由于张导游员事前与W市国旅的协调工作,才使航空公司有可能考虑他们的困难和要求;正是由于张导游员因势利导,争取了时间,赢得了一个“介于赶上与赶不上之间”的局面,才使航空公司有可能等候他们一个小时。

【案例2】预订的航班因故取消

【案情】

孙先生做导游员已经有十几年了,现在已经是某市某旅行社最出色的导游员之一。他讲述了一件自己刚开始带团时遇到的事情。

“20世纪80年代末90年代初的时候，台湾地区游客大量进入祖国内地观光游览。台湾地区游客的大量涌入，对内地的旅游业产生了积极的影响，同时也造成了一段时间里集中出现了飞机紧张、客房紧张的问题，一时间事故和投诉也陡然增加。1991年，我带一个台湾团去游览庐山，整个游程，游客都非常满意。按计划，游览结束后客人将从庐山乘车到九江机场，中午从那里飞往上海，第二天下午再从上海飞往香港。但没想到，我们到达九江机场以后竟被告知，预订的航班因故取消了，而且游客第二天上午也不能飞往上海。假如真是这样，将使该旅游团不能按时出境，而一旦因此给游客造成损失，旅行社也将连带受损，后果将是非常严重的。于是，我安抚住游客之后，立即与机场方面进行认真交涉，详细说明了我们的实际情况，尤其郑重指出：万一游客不能按时出境，只好由航空公司对由此产生的损失负责。为此，我提出，最迟要在第二天上午安排我团飞往上海。机场方面经研究，答应尽力做到，并安排游客住进了当地最好的饭店，同时，记下了我的姓名和团号。整个下午，我不断地与机场联系，始终没有得到确切的答复。晚饭以后，我与领队进行了协商，不管情况如何，先通知客人做好第二天一早去机场的准备。第二天早上6:30，机场来电话说我们上午可以起飞，要我们马上乘车到机场，只是他们担心对其他误机的旅客产生不好的影响，不便再派汽车来接我们。我向游客做了解释，悄悄地在饭店联系好了汽车，带着我团游客到达了机场，然后送他们登上了一架由日本游客包租的飞机飞往上海。游客终于按时出境了。说实话，那十几个小时，我一直是在高度紧张和亢奋中度过的。可喜的是，经过努力，控制住了局面，最终促成了问题的圆满解决。”

【点评】

随着中国旅游事业的不断发展和进步，像孙导游员所遇到的这类飞机航班取消(推迟起飞又没有准点)一类的事情,现在已是极少发生了。但是,这类事情中所蕴涵的矛盾关系,却还是普遍存在和经常出现的。其一,由于遇到了突如其来的变故,导致事前安排好的计划行程不能再继续照原样进行。要达到计划的最终目标,导游员只有相机而动、因势利导,从那时起改变行程,力争使最后的结果符合于计划外的预期目标,或尽可能使之接近计划的预期目标。其二,由于原定行程被迫改变,势必打破游客、旅行社和相关合作单位之间原有的利益均衡,造成各自的利益损失。导游员既要及时与相关协作单位明确界定造成这些损失的责任,又要争取他们积极采取补救措施,促使事态向着好的方向发展。其三,导游员在随机行事的过程中,要安抚好游客,最大限度地减少来自游客方面的阻力,最大限度地争取游客的理解和配合。其四,导游员要驾驭全局、权衡利弊、统筹计划和争取机会,防范最坏的结果,争取最好的结果。为此,要提前做好上策、中策、下策的安排,使之环环相扣,相互支撑,即使出现最坏的结果,亦有提前准备的保障。这样,免了后顾之忧才好放手一搏。这四种矛盾关系,是新导游员应当注意研究和把握的。

从处理突发事件的用心和技巧方面看,孙导游员做得也是恰到好处。第一,用自己努力的特殊性来说明自己问题的特殊性,没有因为自己遇到的问题在当时是普遍问题而有一丝一毫的松懈。其实,机场方面"担心对其他误机旅客产生不好的影响",正可以从孙导游员的特殊努力中得到另一个脚注。第二,孙导游员关于万一问题不能及时解决,"只好由航空公司对由此产生的损失负责"的说法,既指出了双方利益对立的焦点,又抓住了双方实现双赢的关键。只有及时、妥善地解决了问题,才是大家共同的利益所在。这两条,也是新导游员应当注意研究和把握的。

【案例3】她竟大胆地拿起对讲机与飞行员讲话

【案情】

"这件事儿,您可别认为它是小说。这是确切无疑的真事儿。出这件事儿的时候,机场高速路还没有修呢。"马先生是某市的导游员,人称大马,在讲这个故事的时候,神情格外专注。这个大马,今年22岁,长得人高马大,小伙子是从2004年开始做导游的。看得出,这段由前辈导游员创造的奇迹,对大马这个新导游员产生了很深的影响。

故事的主人公,是大马所在那家旅行社里的导游员吴女士。那一次,吴女士送一个来自美国的旅游团去飞机场。当时,她也是一名新导游员。吴女士接待的这20几位游客,住在香山饭店,离开饭店之前,行李都收拾清点妥当了,谁知道鬼使神差,吴女士带着游客上了路,行李竟然没有跟着同行。到了机场,办理登机手续的时候,他们这才发现行李没有跟来。游客们一个个心急如焚、坐立不安;吴女士则联想起由此可能带给游客的诸多麻烦,以及由此可能连环引出的多种严重后果,也感到了自己肩上的分量。吴女士马上和饭店联系,核实情况,这才知道是饭店那边出了差错,行李还原封不动地放在饭店里呢。此时,距飞机起飞的时间还有一个多小时。于是,饭店那边派人争分夺秒地把行李送往机场,吴女士这边则想方设法安抚游客;一个抓紧,一个放松,捏的却是同一把汗。时间不等人,吴女士先送游客上了飞机,再与机场工作人员交涉行李事宜。按照机场的规定,团体办理行李登机的手续,要在飞机起飞之前1小时办妥,过了这个时间,机场就不再办理此类手续了。时间一点点地流逝,直到离飞机起飞只剩不到15分钟的时候,游客的行李才送到机场。按照常规,游客与自己的行李只能分两次走了,眼看一场事故就要发生。吴导游员知道,无论再怎样与机场工作人员交涉,也达不到送行李上飞机的目的了，情急之下顾不得许多，就径直来到了飞机场的卫星厅，在该次航班的登机口，拿起入口处工作台上的对讲机，直接对着那次航班的飞行员讲话。她诉说了自己团队的情况、难处和理由，恳请飞行员叫那架飞机先别起飞，再等等，让她能够把游客们的行李送上飞机。飞行员被吴女士的真诚和大胆感动了，答应要等这批游客的行李送上飞机之后再起飞，并帮助吴女士和机场人员进行了联系。

大马长出了一口气，仿佛这件事情就是他刚刚亲历的一般："这才叫'山重水复疑无路，柳暗花明又一村'呢！天大的难题，眨眼之间，竟然奇迹般地解决了。我呀，真是打心眼儿里佩服这位吴女士！"

【点评】

导游员吴女士的确令人佩服。她创造的这个经典案例，能够在一个旅行社(乃至某市导游员的圈子)里传诵了十余年，能够令几代导游员为之感动、感慨，从中受到教育和鼓舞，这是值得所有导游员认真体会一番的。这样一件事情，之所以能够长久地为人传诵而不忘，不仅因为它有着古怪离奇的招数和情节，也因为它蕴涵着平凡朴素的道理。导游员更加关注的是，一旦到了关键时刻，这些平凡朴素的道理，怎样才能呼唤和驾驭那些离奇古怪的招数与办法，来落实和保障这些平凡朴素的道理。就像这家旅行社的后辈导游员大马所发出的感慨，"天大的难题，眨眼之间，竟然奇迹般地解决了"，难道这里面有什么秘诀吗？我们还是来看看吴女士给了我们怎样的答案吧。话分两头说：第一，世上无难事，只怕有心人；为游客排忧解难，这是导游员的天职。这就是对那些平凡朴素道理的概括。第二，化解奇难，必有奇巧，"巧"总是寓于"拙"而出于"拙"的。这就是一切出奇制胜的办法与招数的渊源。大巧若拙，寓巧于拙，欲弄巧，先守拙。什么是守拙？正视现实，恪尽职守，实话实说，实事求是，照着这样的职业习惯来做事，这就是守拙。您瞧，吴女士敢“叫那架飞机先别起飞，再等等”，这是何等的古怪离奇，但她的所求，她对着素不相识的飞行员所诉所说的理由，不过是“让她能够把游客们的行李送上飞机”，这又是何等的平凡朴实。吴女士只是以守拙的心态出招数，她并没有稳操胜券的把握；她的用心，实在是再简单不过了；为了让游客的行李和主人一起起飞，这个办法可以一试。后来发生的事情，恰恰是拙中出巧，奇巧化解奇难，天遂人愿了。因为获得了成功，吴女士的行为成了一个创举、成了一个经典。但是我要提醒新导游员，不要只是品味吴女士以奇巧化解奇难的工作方法，还要认真体味她那种勤于守拙的职业习惯。

【案例 4】还差 20 分钟火车就要开了

【案情】

袁导游员现在已经是身经百战的老导游员了，全然看不出下面这个故事中所讲的那种仓皇和窘迫。

“那是一个四川的旅游团，一共 24 名游客。事情出在最后一天游客们离开北京的时候。那天，游客要乘火车去大连，我掐着钟点安排送站计划，并未打出很多富余。可是，和我搭档的司机是一个新手，没有设计好当日最佳的行车路线和万一遇上堵车及早避开的准备。结果，汽车走到崇文门遇上了严重的堵车，马路像个停车场，不一会儿工夫，我们的车就前后动弹不得了。当时，离火车离站还有不到半个小时的时间。司机几次下车查看路况，确认前进彻底无望以后，顿时就着了慌，一个劲儿摇头叹气，话里还甩出了抱怨我的意思。这时，我哪里还顾得上和司机分辩责任？思索片刻之后，我对游客说，堵车的情况大家都看到了，你们对我的工作有什么不满意，可以放在以后再说。现在离火车开车的时间还有 20 多分钟，如果我们在这里等着，肯定要误点；如果大家抓紧时间,步行赶过去,完全有可能赶上火车。与其坐以待毙,不如放手一搏。大家看怎么办好哇?虽然有几个游客在抱怨,但是大多数游客愿意步行赶过去试一试。于是,我立刻组织游客,各自拿起随身带的行李,下车来到便道。一场负重赛跑就从那里开始了。24 名游客肩扛手提着随身行李,向已经看得见钟楼的北京站奔去。我真庆幸那个旅游团里没有带着小孩子的妇女,否则,这步行的努力是很难成功的。也真庆幸我们遇上了当时穿行于北京街头的小三轮车,他们帮我拉上了几个年老体弱的游客,大大提高了前进的速度。我一边走一边想,按时间估算,很可能是赶不上火车了,但我不能放弃努力,因为一旦放弃努力,将会产生非常严重的后果。20 几个客人当天要接着住饭店,公司赔钱不说,如果再买不到第二天的火车票,还要安排游客乘飞机走;而且,一旦行程打乱了,后面接着还不知道会出现什么连锁反应呢。终于进了北京站,离开车还有不到 10 分钟的时间。游客们一个个早已气喘吁吁,趁着还没停止检票,赶紧进站。进站口倒是通畅,我拿出票来递给了检票员,并向她说明了我们的特殊情况。谢天谢地,火车还停在站台边上,我们总算赶上了。我一面招呼游客抓紧上车,一面向车尾的行李车厢跑过去。只见行李员正在那里着急,游客的行李堆在车厢门口:人没有到,行李员也没有装车。我和那位行李员四目一对,彼此就明白了。于是那边游客上车,这边行李员和我验手续、上行李,几乎就在火车启动时、车身向后震动的那一瞬间,游客的最后一件行李被装上了车。”

【点评】

好悬呀!读这个案例紧张得简直令人喘不上气来。前面是堵、中间是急、最后是险,假如结果是没有赶上那趟火车,这些四川的游客不把袁导游员“活吃了”才怪呢。然而,这个案例的意义也正在于此。袁导游员出彩的地方就在于他面对危局敢于冒险,敢于作出一个“置之死地而后生”的决策，并且取得了成功。北京这个地方，堵车是常见的事情，也有一定的规律可循，然而，谁也不敢保证不出意外。袁导游员认为司机“没有设计好当日最佳的行车路线和万一遇上堵车及早避开的准备”，这似乎是对自己搭档的一种苛求，因为相对于当时已经发生变化的情况，事前再好的设计和准备都不能保证做到万无一失。对于新导游员来说，袁导游员有三点可学之处。第一，是他的当机立断。与其坐以待毙，不如放手一搏，遇到瘫痪性的堵车，只要步行有可能赶上，就应该组织游客试一试。袁导游员果敢地抓住了战机，争取了时间。第二，是他权衡利弊迅速准确。两利相权取其重，两害相权取其轻。袁导游员能够迅速掂量出轻重，作出准确判断，是因为他熟悉北京站附近的情况。情况熟悉有助于他做判断、下决心。第三，是执行决策的执著精神。一旦下定决心、执行计划，就要破釜沉舟、一往无前，有一种“不见输赢不下赌场”的劲头儿。

【实战演练】

1. 旅游团队出发前出现故障，导游员该怎么办

按照一般解决问题的规律，出现问题，首先要找到问题的原因，然后才能有针对性地去解决。如果是旅游团队出发前出现故障，重要的是导游员要尽快冷静下来，分辨清楚是哪个方面的故障，然后再找到出现这个故障的原因是什么，根据问题的性质和出现问题的原因，调动多方面资源、运用多种方法去消除这个障碍。

正如我们在前面章节阐述过，在旅游团到来之前，导游员的准备工作是非常细微且复杂的，尽管在现实操作中导游员会全面准备以防万一，但在旅游团真正到来或准备出发的时候，出现一些故障有时候却是在所难免，正所谓“计划不如变化快”，人为的

因素、客观的因素都会给导游工作带来障碍。

那么旅游团队出发前，我们会遇到哪些方面的故障呢？旅游团队出发前的故障有很多种，普通的故障，如，旅游车临时出现问题不能按时出发、旅游团领队或游客对导游员手中的行程有异议而需商议、天气突变导致道路损毁或者当天某个景点不能游览、某位游客突然生病，等等，都是阻碍旅游团队顺利出发的种种故障。

面对这些故障，首先，导游员不能慌张，要晓之以理、动之以情地去安抚游客。然后，迅速与旅行社计调部联系，在最短的时间内采取重新安排旅游车、在征得游客同意后适当调整景点游览顺序等措施，尽快解决问题，不要让游客滞留在出发地点。导游员要自信、沉稳，要相信没有解决不了的问题，这样才能有足够的力量去解决问题。如果该旅游团从出发的一刻开始就出现问题，而又没有得到最快的解决，那么在接下来的旅游行程中，无论导游服务工作如何周到和弥补，很可能都是失败的。同时，当旅游团出发前，问题得到解决之后，在接下来的导游服务工作中，导游员要更加细心、更加专业，以弥补旅游团出发之前的不足，重新获得游客的好感。

2. 导游员应怎样致欢送词，留下完美印象

欢送词和欢迎词一样重要，如果说欢迎词是导游员与游客建立感情的开始，那么欢送词则是导游员与游客延续感情的延缓剂、旅游结束后导游员和游客建立朋友感情的开始。从某种程度上来说，一篇优秀的欢送词甚至能够让游客一扫旅途中某些细微的不愉快，而转变对导游员的印象，甚至还能真正产生对导游员和旅游地的依依不舍之情。

那么致欢送词除本章阐述的五个基本要素之外，还有哪些小技巧呢？有六个字可以概括：真诚、幽默、包容。

• 真诚。即导游员致欢送词，感情要真挚、言语要动人，这样才能赢得共鸣。如果导游员所说并非发自内心，那么，无论欢送词怎么煽情，也不会让游客产生共鸣，反而还会让人觉得做作。

• 幽默。即导游员所致欢送词除发自真心之外，最好还要加入幽默的语言。毕竟离别总是让人有些伤感的，这个时候如果一味让游客沉浸于伤感之中，也不是我们致欢送词所要达到的效果。因此，就需要加入一些幽默的语言，让游客在轻松愉快的心情中结束旅游，同时也会给游客留下深刻的印象。

• 包容。即导游员要带着包容的心态来看待所有的游客，哪怕旅途中的某些问题是由游客造成的，不是自己的过错，在旅游结束的时候导游员也要看淡这一切，学会包容游客的过错，依然把他们当成自己的朋友。这样，最后所致的欢送词才可能会是情真意切的，并且游客肯定也会感受到导游员的这种胸怀。

除以上六字秘诀之外，导游员还要注意到两点：一是欢送词一定要有针对性，针对不同的游客群体，使用不同风格的导游词。如，文化型的、轻松活泼型的、搞笑幽默型的、总结知识型的，等等。有针对性的导游词才能够收到良好的效果。另外一点，是导游员在致欢送词时，还一定要有生动、丰富的体态语。光有内容和讲述还不是一种完美地致欢送词的方式，为了更深刻地去表达自己所写欢送词的内容，必要时，导游员要加上表情语和手势语，这样哪怕是再不易动情的游客也会被导游员所感染。

总而言之，导游员要在导游工作生涯中不断完善、不断总结、不断形成自己的风格，才有可能成就属于自己的优秀的欢送词。

参考文献

杜炜,张建梅编著. 导游业务. 北京:高等教育出版社,2002
侯志强. 导游服务实例教程. 北京:人民出版社,2003
李灵资编著. 趣味导游顺口溜. 北京:旅游教育出版社,2005
程新造编著. 导游接待案例选析. 北京:旅游教育出版社,2004
上海市旅游事业管理委员会编. 旅游案例评析. 上海:华东师范大学出版社
蒋炳辉. 导游带团艺术. 北京:中国旅游出版社,2002
生延超. 导游理论与实务. 北京:中国旅游出版社,2007
王苏琦. 带团艺术十七讲. 北京:旅游教育出版社,2007
郭赤婴. 新导游带团案例. 北京:中国旅游出版社,2006
陈蔚德. 我的导游生涯. 北京:中国旅游出版社,2003
杨军,陶犁. 旅游公关礼仪. 昆明:云南大学出版社,2000
张明清主编. 导游业务与技巧. 北京:高等教育出版社,2003
国家旅游局人事劳动教育司编. 导游业务. 北京:旅游教育出版社,2003
马建华编著. 形象设计. 北京:中国纺织出版社,2002
张道顺编著. 旅游产品设计与操作手册. 北京:旅游教育出版社,2006
全国导游人员资格考试教材编写组. 导游实务. 北京:旅游教育出版社,2001
全国导游人员资格考试教材编写组. 导游基础知识. 北京:旅

游教育出版社,2001

窦志萍编著. 导游技巧与模拟导游. 北京:清华大学出版社,2006

毛福禄主编. 模拟导游. 大连:东北财经大学出版社,2002

蒋炳辉编著. 导游员带团200个怎么办. 北京:旅游教育出版社,2004